U0605130

# 面向社会责任的
# 学生过程性评价

## 田园外语实验小学的实践

赵瑛群 主编

华东师范大学出版社
·上海·

**图书在版编目（CIP）数据**

面向社会责任的学生过程性评价：田园外语实验小学的实践/赵瑛群主编. —上海：华东师范大学出版社，2024. —ISBN 978 - 7 - 5760 - 4688 - 5

Ⅰ. G627.3

中国国家版本馆 CIP 数据核字第 2024A9B662 号

# 面向社会责任的学生过程性评价
## ——田园外语实验小学的实践

主　　编　赵瑛群
责任编辑　谢慧华
项目编辑　陈博凡
责任校对　彭华惠　时东明
装帧设计　郝　钰

出版发行　华东师范大学出版社
社　　址　上海市中山北路 3663 号　邮编 200062
网　　址　www.ecnupress.com.cn
电　　话　021 - 60821666　行政传真 021 - 62572105
客服电话　021 - 62865537　门市（邮购）电话 021 - 62869887
地　　址　上海市中山北路 3663 号华东师范大学校内先锋路口
网　　店　http://hdsdcbs.tmall.com

印 刷 者　上海商务联西印刷有限公司
开　　本　787 毫米×1092 毫米　1/16
印　　张　16.5
字　　数　256 千字
版　　次　2024 年 11 月第 1 版
印　　次　2024 年 11 月第 1 次
书　　号　ISBN 978 - 7 - 5760 - 4688 - 5
定　　价　68.00 元

出 版 人　王　焰

（如发现本版图书有印订质量问题，请寄回本社客服中心调换或电话 021 - 62865537 联系）

# 序

　　责任与尊重被普遍认为是重要的道德品质,《中国学生发展核心素养》框架也将社会责任列为"责任担当"素养的要点之一。社会责任素养有利于促进学生社会化与个性化协调发展,是协调个体发展目标与社会发展要求统一的关键素养。社会责任旨在培养个体对家庭、社群、社区、社会具有责任担当的道德品质,让我们的学生勇于、善于承担社会义务,践行社会道德义务,履行社会角色责任,承担可持续发展责任。

　　上海市闵行区田园外语实验小学秉持办学的社会责任担当,一直坚持"让每一个田园人成为更好的自己"的办学目标。近十多年来,学校坚持立德树人,持续深化教育改革,在德育领域不断探索学生责任教育,积累了丰富经验与成效。《面向社会责任的学生过程性评价——田园外语实验小学的实践》一书是学校全体教师在赵瑛群校长带领下,对如何在新时代深化五育融合、培育学生社会责任素养的智慧探索。

　　学校在对学生社会责任的培育中遵循道德教育规律,注重从认知、情感、意志与行为道德心理角度,促进其社会责任担当品质的形成与发展。学校注重让学生在学习、生活中养成社会责任感与践行社会责任,强调社会责任的培养是学生整体人格发展的重要部分,必须与人文精神、科学精神、学会学习、健康生活、实践创新协同发展,为此学校建构了"全方位养成、全过程评价"的社会责任担当的培养模式。

　　"全方位养成"强调养成的主体性和整体性。社会责任养成必须贯穿于学生的整个生活之中,贯穿于五育之中。在学科教学活动中"育"社会责任,是落实立德树人根本教育任务的必然举措,也是当前学科育人的时代需求。社会责任融入学科育人的关键在于评价机制的完善,合理的评价模式才能反映学生社会责任发展以及社会责任教育融入课程教学的效果，为学科育人提供指导方向。学校将社会责任教育融合于课程教学全过程，构建了社会责任素养与学科融合的培育样态：充分利用情境要素，开发了学科学习情境以触发学生必要的情感体验；通过多种学习与践行的途径，帮助学生积累丰富的道德经历，促进学生积极社会性情感和价值观的形成；在学习与生活过程中引导学生明确在学习活动中的责任，唤醒学生的责任意识，培养学生的责任感，增强学生履行责任义务的能力，能遵循规则、有序参与公共事务、践行社会道德。

"全过程评价"强调激励性、发展性。社会责任是一种复杂学习经历的结果，包含责任认知、责任情感、责任行为等多维内容，且其形成经历动态变化过程，利用过程性评价更能明晰学生社会行为的动机、情感、态度等养成水平。通过过程性评价激励学生产生社会责任担当的自觉，有利于持续发展学生社会责任担当的品质。通过过程性评价有效追踪学生道德学习过程，及时反馈学生的社会责任品质，不断增强学生的社会责任意识，增强社会责任担当的践行，同时也有利于教师发现育人过程中存在的问题并予以及时反馈与调整。

本书以丰富的实例呈现了各学科根据本学科特点，开展融合社会责任培养的课堂教学。学生从自身角色出发增强社会责任担当，或者从生活实际出发体验与履行社会责任担当。学校的案例在设计与实施过程中都充分细化了评价指标，以学生的过程性表现不断推进活动实践，从而真正将社会责任教育融入各学科、社会责任养成活动涵盖各年段、社会责任意识贯穿全过程。

我们相信，社会责任担当的养成会极大地提升学生的人文精神与道德境界，使学生的成长更上一个高度。让我们紧跟时代发展、社会进步的脚步，共创学生培养的美好生态。

陈向东

# 目录

# 第一章　绪论

## 第一节　研究背景

教育评价是教育质量的监视器，是保障我国立德树人教育根本任务落实的重要环节。同时，教育评价也具有指挥棒作用，对国家教育发展和人才培养方向具有重要的导向作用。长期以来大规模学业选拔考试一直主导着我国基础教育评价系统，过分注重结果评价而导致的功利性评价倾向，不利于引导学生发展核心素养和德智体美劳全面发展，拉大了区域间和校际间教育质量差距，加剧了教育资源分配不均衡。

教育评价改革从未停止，过程也非一日之功，全国上下不断探索符合时代需要和中国国情的教育评价实践路径，以保障全面贯彻党的教育方针，坚持社会主义办学方向，落实立德树人根本任务，遵循教育规律，促进教育现代化的推进，建设教育强国。2018年9月10日，习近平总书记在全国教育大会上明确提出新时代教育目标和任务，强调"培养德智体美劳全面发展的社会主义建设者和接班人"，落实"五育"并举。教育评价需要适应新时代教育目标和任务的新要求，改进结果评价，加强德智体美劳等多方面、多维度的综合素质评价，通过形成性测评、档案袋评价等方式强化过程评价，关注学生学业进步程度，探索增值评价，系统构建学生综合评价体系。

2020年6月30日，中央全面深化改革委员会第十四次会议审议通过《深化新时代教育评价改革总体方案》，明确提出"改进结果评价，强化过程评价，探索增值评价，健全综合评价"。这是继习近平总书记在全国教育大会上强调"扭转不科学的教育评价导向，从根本上解决教育评价指挥棒问题"之后，教育评价领域的又一份纲领性文件，提出了党和国家对教育评价改革的新要求，是对全国教育大会会议精神的深化落实,也是指导中国教育评价改革的行动指南。方案中提出"四个评价",直面"五唯"顽疾中的根本问题,强调"改进结果评价",同时提出"过程评价、增值评价、综合评价"的评价导向,为突破教育评价的现实困境提供了重要途径,发挥了教育评价指挥棒的正面导向作用。

作为基础教育改革的先行者,上海为推动基础教育评价制度改革,出台《上海市中小学生学业质量绿色指标(试行)》的实施意见(沪教委基〔2011〕86号),引领各级教育行政部门及中小学从过度注重学科知识成绩转向学生全面发展的评价,有利于学生向终身发展、健康成长的方向迈进。"上海市中小学生学业质量绿色指标"(以下简称"绿色指标")评价体系以抽样检测的方式定期测评上海市义务教育阶段学生学业质量和课程标准实施情况,不但诊断、发现教学中存在的问题,而且为政府和教育部门改进政策提供科学数据,旨在改变"以学习成绩论英雄"的单一评价现状,促进学生的综合素质提高,同时为全国其他省市和地区建立地方版评价体系进行示范。"绿色指标"标志着我国基础教育的评价机制正逐步走向完善,科学的评价观正在逐渐形成。


## 第二节　中国学生发展核心素养在教育中的落地

随着全球化与信息化时代的来临,面对崭新的更富挑战性的国际格局,各国教育改革都无法规避的一个重大问题就是:21世纪应该培养学生具备哪些核心素养,才能使他们成功地融入未来社会,进而推动整个社会的健康发展? 尤其是近年来,各国综合国力的竞争逐渐由表层的生产力水平竞争转换为深层的以人才为核心的竞争,致力于儿童青少年核心素养的提升,逐渐成为世界各国发展的共同主题。

为落实立德树人根本任务,培养全面发展的人,提升我国21世纪人才核心竞争力,我国坚持以马克思主义为指导,明确人才培养的目标指向;充分体现社会主义核心价值观,系统落实党的教育方针,细化人才培养目标的具体要求;传承中华优秀传统文化,突显人才培养的民族底色;洋为中用,批判性吸收核心素养国际研究的构建方法与合理成分;构建了中国学生发展核心素养体系。

中国学生发展核心素养作为连接宏观教育理念、培养目标与具体教育教学实践的中间环节，如何及时开展转化研究，落实基于核心素养的教育改革的实践途径与策略，真正实现其育人功能与价值是我们面临的迫切问题。

## 一、修订课程方案，建立基于核心素养的学业标准

课程标准是国家管理和评价课程的基础，体现了国家对不同阶段学生的基本要求，规定了各门课程的性质、目标、内容、框架及教学和评价建议，也是教材编写、教学、评估和考试命题的依据，以课程标准为载体是核心素养落实的便捷途径。

我国于 2014 年开始启动对于《普通高中课程标准（实验）》（2003 年颁布）的修订，2017 年由教育部印发《普通高中课程方案和语文等学科课程标准（2017 年版）》，并于 2018 年秋季在全国开始执行。修订后的普通高中学科课程标准的重要变化在于：在我国教育历史上第一次明确凝练了各学科的核心素养，并研制了学科核心素养的学业质量标准。

2022 年 4 月，教育部正式颁布了新的《义务教育课程方案》（以下简称"新版课程方案"），这是 2001 年《义务教育课程设置实验方案》实行 20 年来的首次全方位整体设计和系统完善。新修订的课程方案主要有四方面变化：一是突出了素养导向，强化育人主旋律。"聚焦核心素养，面向未来"是本次义务教育课程建设的五个基本原则之一。二是完善了培养目标，彰显国家意志。从有理想、有本领、有担当三个方面系统构建了"五育并举"的目标体系，彰显国家意志。三是促进了课程内容的结构化，提升系统性。课程内容是核心素养理念落地的重要载体。四是优化了课程结构与设置，体现一体化。

无论是高中还是义务教育阶段的课程方案都是将学科核心素养作为连接内容标准与学生核心素养的纽带，由国家或区域层面根据人才培养战略目标，研究公布核心素养内涵与框架，依次历经制订课程规划、开发或修订课程标准（或基本要求）和实施方案、开发课程资源、引导课堂教学与学业评价等环节，从而有目的、有计划、有步骤地将核心素养要义通过课程实施高效率地落实在教学实践过程中，将"空中楼阁"中的学生核心素养操作化落地，以更好落实中央新精神、适应教

育发展新需要、迎接时代新挑战。

## 二、基本要求和学业标准

根据《上海市教育委员会关于切实规范中小学课程教育工作深入实施素质教育的若干意见》（沪教委基〔2016〕30 号）文件精神，2017 年上海市教育委员会教学研究室组织中小学各学科编制了《上海市中小学语文等学科教学基本要求（试验本）》，作为上海市中小学教材编制、课堂教学和考试评价的依据。《基本要求》是以我国义务教育阶段国家课程标准（2011 年版）为根本依据，从素养和能力的角度，对上海义务教育阶段各年级学生应该达到的学习结果程度的描述，即学生经历不同阶段的学校教育后应该知道什么、应该能做什么。

为了使评价建议实际操作性更强，上海市于 2015 年 3 月出台《小学低年段语文学科基于课程标准评价指南》（试行稿），参照世界教育发达国家学业标准研究状况，结合了课程标准和小学低年段学生的特点来设置学习兴趣、学习习惯和学业成果这三个评价维度，有效促进学生的学习和成长。

基本要求和评价指南从中观层面，在落细、落小、落实上下功夫，纳入教育总体规划，细化为核心素养的具体表现，使社会主义核心价值观的影响像空气一样无所不在、无时不有。

## 三、围绕核心素养框架架构学校课程方案与实施教学

以学校课程为切入点，将原有课程框架重新规划、整合，以便承接中国学生发展核心素养的要求。通过课程与教学将核心素养转化为教育教学可运用的、教育工作者易于理解的具体要求，进而贯彻到各个学段，体现到各个学科，最终落实到学生身上，明确学生所需的必备品格和关键能力，用于指导人才培养的具体实践，促进"以学科体系为中心"侧重知识建构的课程教学向"以完整人为中心"强调素养培育的课程教学迈进。即每一门学科课程有重点地对部分核心素养作出独特贡献，所有学科课程可以全面承载学生发展核心素养，指向"完整人"的培育。

## 第三节　整体的研究思路

上海市闵行区田园外语实验小学（以下简称田园外小）1997年独立办学，从一所农村村小起步，经历了"双语实验——英语特色——特色学校"的发展之路。依据"让每一个生命成为更好的自己"的办学理念，不断彰显"绿色田园、人文田园、现代田园"的办学内涵，进一步明确"学会学习、学会合作、学会创造"的学生培养目标。2010年学校更名，2018年开办田园第二外语实验小学，实现"一校两区＋一体化"办学。

### 一、诊断学校课程现状，完善学校课程体系

学校通过师生访谈、问卷调查、文献研究、课堂观察等方式对课程现状进行了综合梳理，组建研究团队，建构了"七彩田园"课程整体框架，架构了"明理尚德、人文阅读"等七大课程群。每个课程群包含基础型课程与活动体验型课程，由基础型学科主管担任课程群负责人，组建了七支课程研究团队，保障了课程的研发与实施。

中国学生发展核心素养是整个学校课程的灵魂，为每一个学生提供均等、优质、科学的学习和发展机会，促进其核心素养的形成。学校发动全体教职工，集思广益，立足于学校特色、培养目标、教育发展，开展课程改革，希望通过学校课程的建设，让学生能形成未来发展所必备的核心素养，走向健康幸福的未来，成为最好的自己。

学校统筹课程规划和建设的各个要素，并与学校的学生培养目标相一致，以此为核心建构，促进课程目标、内容、实施、评价等方面的集中明确。学校基于"五育并举"的教育指导思想，明确"七彩田园"课程的理念与总目标，架构"明理尚德、人文阅读、数理思维、科技创新、艺术审美、生活劳动、身心健康"七大课程群，每个课程群形成各自分类的课程目标、内容、实施和评价体系，从而形成完整的"七彩田园"课程体系。

我们对学校课程进行全面梳理，并从促进学生发展素养的角度出发与国家课程建立内在的联系，明确"七大课程领域"。其中，"明理尚德"课程群包括"道法＋行规"，"人文阅读"包括"语文、外语＋阅读"，"数理思维"包括"数学＋思维"，"科技创新"包括"自然、信息＋科学"，"艺术审美"包括"音乐、美术＋兴趣"，"生活劳

动"包括"劳技＋习惯","身心健康"包括"体育＋健康"。七大课程群围绕"成为更好的自己"的课程理念,综合培养学生的"人文素养、科学素养、社会素养、健康素养、责任意识、创新意识"等六大素养,促进学生全面而个性化的发展。每个课程群均以1门基础型课程与1门活动体验型课程组成,形成了"1＋1"的课程架构。其中,基础型课程以国家课程校本化实施为目的,以单元整体教学设计为抓手,以单元教学流程的优化为突破开展课程实施的研究;活动体验型课程则由与基础型学科相关的主题活动、特色活动等组成,以跨学科主题设计和实施的方式整合基础型课程与活动体验型课程,提高课程间的关联性、递进性和互补性,实现育人价值的深度挖掘,从而达到育人效果的最大化。在课程研发的过程中,明确每个课程群的课程目标、课程内容、课程实施途径、课程评价方式等,通过七大课程群的

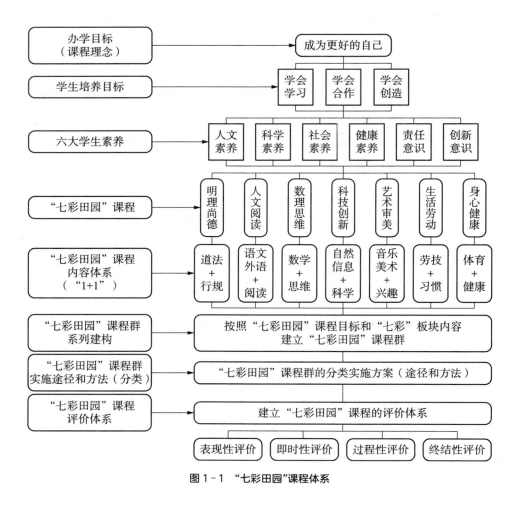

图1-1 "七彩田园"课程体系

不断更新和完善,实现"七彩田园"课程的进一步改进和优化。在课程研发过程中,始终坚持对课程研发组织机制和课程实施保障机制的完善和优化,确保课程的有效实施。在此基础上,研发七大课程群各自的分类评价体系,进而形成完整的"七彩田园"课程评价体系,在实践过程中不断调整和优化课程设置与课程内容,以优质的课程资源和完善的课程实施实现学生全面而个性化的发展,逐步达成"让每一个田园人成为更好的自己"的办学目标。

## 二、建立课程责任机制,变革学校课程管理

"七彩田园"课程的实施,对学校的组织架构、机制保障、团队建设等方面提出了全新的挑战。为适应和推动课程建设与教育教学改革,学校在管理上实行"板块责任群管理制",以校长为课程建设总负责,以分管教学的副校长为课程管理的第一责任人,由原来的学科主管发展为课程群第一责任人。教师们组成课程群研究共同体,共同探讨课程目标设定、课程计划安排、开展课程实施、整合课程资源、做好课程评价等问题,整合两校区班级、学科、年级的团队力量共同开展课程教学的实践与研究,以促进综合管理与整体推进。

## 三、完善课程内容体系,优化课程整体实施

为保障课程落地,学校明确了各课程群的具体实施路径,其中基础型课程以学科单元整体教学设计与实施为抓手;活动体验型课程整合了学校拓展、探究与主题综合活动课程、专题教育课程等内容。以跨学科学习、项目化学习、主题综合活动等形式强化两类课程在实施上的综合与融通,指向核心素养的发展,培养田园学生"学会学习、学会合作、学会创造"。

### (一)基于国家课程标准,优化单元教学流程

2018 年上海市教委发布各学科《单元教学设计指南》,单元教学实践研究开始在全学科中展开,但由于该教学设计流程是一种高度概括、全学科通用的模式,所以需要各学科具体操作层面上的细化。此外,由于各基础型课程研究基础和学科特点不一,所以在落实单元教学设计流程的过程中,需要聚焦学科单元整体教学的关键要素和特色做法进行深入研究。

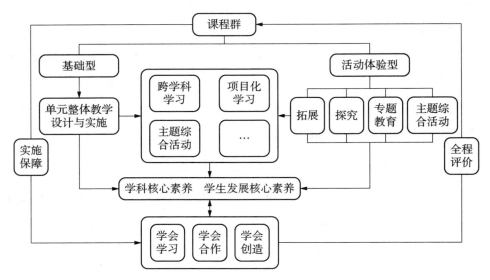

图1-2 课程群实施路径

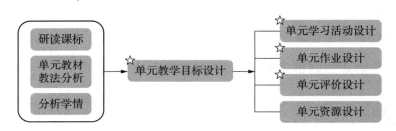

图1-3 单元教学设计流程图

2019年,各学科开始找寻研究切入点,构建优化单元教学设计的新流程。在语数英学科中率先形成了"演绎式教学、读写融合式教学、对话导向模式"单元教学实施流程。以语文学科"读写融合单元教学模式"为例,在梳理分析各年级教材中主要话题的基础上,教师通过内容整合,引导学生集中学习同话题下的单元内容,并提供相应的拓展阅读资料,过程中帮助学生学会提炼语言信息,积累语言素材,改变以往"阅读"与"写话"割裂的状态,让"阅读"指向性更加明确,让"写话"目的性更加清晰,促进学生读与写的有效融合,提升学生的阅读理解与写话表达能力。

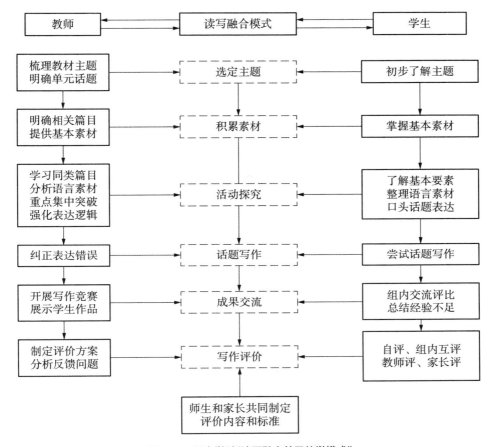

图 1-4 语文学科"读写融合单元教学模式"

2020 年居家学习对学校的教育教学提出了更高的挑战,如何再造单元教学流程以顺应新形势下的学科教学? 如何有效利用市教委"空中课堂"优质资源优化单元教学实施? 成为学校思考的重点。各基础型学科在原有单元教学设计与实施流程的基础上,通过了对"空中课堂"的切片式分析,梳理空中课堂观察点,总结优点、发现问题、对预设的互动内容和练习进行调整,并通过组内模拟上课,不断研讨优化,实现互动内容的精准设计和有效实施。制定了线上线下融合式的单元教学实施路径。

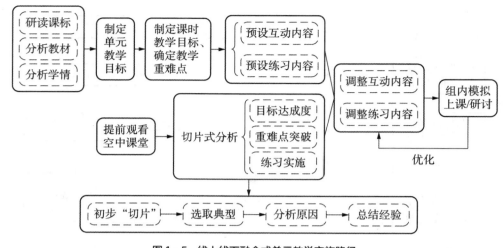

图1-5 线上线下融合式单元教学实施路径

### （二）面向个性学习需求，优化活动体验型课程实施

多年来，学校基础型课程在不断实践的过程中，已经形成了较为成熟的实施方式，也取得了一定研究成效。而活动体验型课程由于其开发尚处于初级阶段，因此，成为学校力图突破的重点领域。

**（1）通过"增、减、选、建"四种方式完善活动体验型课程内容**

增：结合校园四季活动，丰富主题综合活动课程的内容；开发校外课程资源，持续完善足球课程、京剧课程等特色课程的内容，满足学生个性化需求；

减：对拓展、探究课程进行全面考核，以问卷调查的形式了解课程实施现状，将课程间重合和交叉的部分进行组合，对课程内容进行删减与合并，提升课程品质；

选：对七大课程群中的活动体验型课程进行全面审核与筛选，明确每个课程的适用年级范围，为学生提供更加合适的课程资源；

建：建设家长课程、学生课程、专题教育课程，让学生、家长、社区充分参与学校课程建设，从多元主体视角完善学校课程内容。

**（2）通过跨学科学习、项目化学习、主题综合活动等方式完善课程实施**

活动体验型课程的目的是为学生创造接近真实生活的情境，推动师生、生生的合作学习,促进学生发展在真实情境中解决问题的综合能力。所以,其学习方式、学习路径、评价方式都与基础性课程大为不同,需要以创新性的方式推进课程实施。

如"科技创新"课程群中的"生态纸循环"课程,以项目化学习方式将民族创新文化与学校外语办学特色结合,将实践体验与信息化学习结合,将艺术创想与科学探究结合,引导学生"树立生态环保意识,提升创新实践能力"。

如"生活劳动"课程群中的"Happy 小当家"课程,以主题综合活动的方式开展,通过在家庭、学生、社区等各个场域中的生活劳动、生产劳动、服务性劳动培养学生的劳动观念、劳动情感、劳动能力与劳动精神。

又如"艺术审美"课程群中的"京韵润童心"课程。以"传统文化"为主线,积极推进跨学科学习在"京韵润童心"课程中的应用,进一步推动基础型课程与活动体验型课程的有效融合。

2019 年,学校"京韵润童心"与"生态纸循环"课程入选闵行区精品课程图谱,学校成为全国艺术教育特色单位。

如今,全学科都在开展培育学科核心素养,促进课堂学与教的变革。通过项目化学习指向学科本质的核心概念和关键能力;运用跨学科、主题式、项目化、探究式、游戏化等方式,学习建立学科知识与真实生活和情境之间的联系;通过项目化驱动性问题促进学科中高阶学习的发生,引发深度学习。

各学科学习以学科核心素养培养为导向,基于国家课程教材单元的教学内容与教学目标进行设计。如数学学科聚焦"数据整理与概率统计"模块单元进行项目化设计实施。依据课程标准和学科要求,研究教材,结合学生实际,根据每个年级此模块的目标和内容,安排了一年级分类达人、二年级收集达人、三年级制表达人、四年级光盘达人、五年级健康达人的项目化活动,在保证完成国家课程基本学习要求的基础上,借助项目化活动对基础型学科的学习内容、学习时空进行延伸和拓展。

### 四、优化课程评价设计,促进学生综合发展

学校积极构建"七彩田园"课程的综合评价体系,将表现性评价、即时性评价、

过程性评价、终结性评价贯穿学生学习的全过程，以多样化的评价方式支持与激励学生的综合发展。

学校梳理了七大课程群的核心素养目标，明确了各年段学生学习表现水平，从而形成了"田园外小课程核心素养发展指标"。

表 1-1　田园外小课程核心素养发展指标

| 课程领域 | 核心素养 | 培养目标 | 低中高年段具体表现水平 | | 评价指标 |
|---|---|---|---|---|---|
| 明理尚德 | 国家认同<br>社会参与<br>法治意识<br>品格修养 | ◇ 弘扬和践行社会主义核心价值<br>◇ 能有序参与公共事务，承担社会责任<br>◇ 尊法学法守法用法<br>◇ 具有正确的价值取向和道德定力 | 低年段 | | |
| | | | 中年段 | | |
| | | | 高年段 | | |
| 人文阅读 | 国际理解<br>人文情怀<br>沟通交流<br>合作发展 | ◇ 具有全球意识<br>◇ 有沟通和协作的能力<br>◇ 表达从容自信得体<br>◇ 运用多种语言来接受和表达思想<br>◇ 语言建构与运用<br>◇ 审美鉴赏与创造<br>◇ 文化传承与理解 | 低年段 | | |
| | | | 中年段 | | |
| | | | 高年段 | | |

第一阶段，基于中国学生发展素养明确学校育人指标，初步制定了各领域的课程目标。2017 年，随着高中课程标准的发布，在上海市教研室各学科教研员指导下，学校学习、领会学科核心素养内涵。

第二阶段，聚焦领域目标研究。组织全体老师细化各领域表现水平，制定评价指标，也为学校开展过程性评价提供依据。

第三阶段，学校计划将课程群的评价指标细化为若干个评测点，并根据各课程群与学生核心素养的关联度设置评价的权重，形成了各年级各课程的学习态度、习惯与能力表现的评测比重表，思考评价结果的呈现方式和综合运用。

# 第二章　研究综述

## 第一节　基于学科核心素养的评价

学科核心素养指学生通过特定学科的学习需达成反映该学科特质的重要思维品质和关键能力[1]，是一种包含知识、技能和态度等的综合素养。面向核心素养的教学不仅仅是知识的教授，更强调学科核心能力的培育[2]。构建指向学科核心素养的评价体系是学科核心素养落实与推进的关键，创新和完善学科核心素养评价体系是顺应时代发展的必然要求，也是基础教育领域亟待解决的重要课题。

### 一、学科核心素养的内涵

核心素养最早来源于欧盟 2006 年提出的"key competences"，被定义为实现个人终身发展和社会发展所需的能力[3]，包括沟通能力、人际交往能力、学习能力、创新精神等，其主要目标是达成个人在社会生活与工作关系上的有效整合[4]。继欧盟之后，西班牙、意大利、美国、英国、新西兰等国家也陆续推行教育改革，围绕核心素养提出一系列课程与教学改革措施。通过分析比较，不同国家和组织提出的核心素养框架在内容选择上大都有国际性和民族性结合的特点，其共性主要体现在 3 个方面：在人与工具的相互关系上，侧重沟通能力、技术利用能力和信息能力；在人际关系方面，注重创新能力和问题解决能力；在人与社会的相互关系上，强调社会交际能力。虽然各个国家提出的核心素养具有一定的相似性，但同时又兼具国家民族特征。

我国于 2016 年颁布《中国学生发展核心素养》，标志着中国学生核心素养框架的基本建立。该框架将"培养全面发展的人"作为核心，涵盖文化基础、自主发展、社会参与 3 个层面，具体又可细分为人文积淀、人文情怀、审美情趣、理性思维、批判质疑、勇于探索、珍爱生命、健全人格、自我管理、乐学善学、勤于反思、信息意识、社会责任、国家认同、国际理解、劳动意识、问题解决、技术运用18条基本要点（如图2-1所示）。中国学生发展核心素养的落实依赖于学科课程教学，因此，各学科专家以此框架为顶层设计，结合本学科的特点与我国基础教育课程的实际需求，引入了各学科的核心素养，为中国学生发展核心素养的实施提供了基础保障。

**图2-1　中国学生发展核心素养框架**

学科核心素养包含四大特征：第一，学科核心素养的培育承担着落实核心素养的任务；第二，学科核心素养的实施依赖于具体的学科；第三，不同科目的学科核心素养既有独特性，也与其他学科核心素养相互关联；第四，学科核心素养的培育融入具体的活动中，知识、情感、交流等能力在活动中动态习得。因此，学科核心素养与核心素养两者之间具有一定的层次性与继承性：学科核心素养是学生发展核心素养的具体化、精准化与学科化[5]；核心素养为学科核心素养的构建提供了方向指引。从核心素养到学科核心素养，体现出我国核心素养落实的铿锵步伐。

### 二、学科核心素养的评价取向

学科核心素养的提出，为"培养什么样的人"作出了回应。如何实现核心素养从理论框架到教育教学活动的落实，是教育领域的重要议题。在"评什么教什么"的现实逻辑下，落实学科核心素养的培养，就须以有效的评价机制作为保障，这既是传统教学评价转型的必由之路，也是核心素养时代教学评价的应然选择。

核心素养的评价是根据核心素养的目标要求，依照一定的规则对核心素养培养效果做出描述与确定[6]。林颖[7]指出核心素养的评价必须以一定的理论为根基，对核心素养导向的课堂活动进行理解与监控。基于有效教学理论的核心素养评价关注教师对学生认知与元认知的影响，教学有效性体现在学生学习速度、学习体验以及学习效果[8]；基于深度学习理论的核心素养评价强调运用知识解决问题，并在知识迁移与内化过程中发展核心素养[9]；基于信息加工学习理论的核心素养评价则以阅读能力、思考能力以及表达能力为核心，认为经过阅读、思考、表达三个环节可将知识转化为素养[10]。基于学科核心素养的评价本质上是对学生复杂表现、整合经验等的评价，需对学习结果进行分类与细化，并立足于多个情境视角。各个国家与组织尝试使用不同的评估工具与方法对学科核心素养进行评价。例如，奥地利公民教育中心使用个人成长小册子来对学生的问题发现能力与意愿、判断与决策能力、抽象概念思维等进行评估；卢森堡使用档案袋的方法收集学生的过程性数据，以此评估学生的核心素养能力发展；英国以任务为评价载体，观察和评估学生在任务解决过程中的核心素养发展。

可以看出，与知识导向的传统教学相比，面向学科核心素养的评价在评价理念、评价目的、评价主体、评价内容、评价工具等方面都大有不同。第一，指向核心素养的评价是教学过程的重要组成部分，核心素养评价既是教学工具，也是学习支架；第二，核心素养的评价目的从关注学习结果转向促进学习过程，教师利用评价来把握教学过程，学生把评价视为学习过程调整的依据[11]；第三，核心素养的评价主体从教师转向多主体联结，应兼顾学生自我评价、同伴评价、家长评价等多个相关主体；第四，核心素养的评价内容从知识本位转向过程性评价、欣赏性评价；此外，核心素养的评价强调整体性和综合性，需混合使用质性和量化分析方法，以此促进可持续发展，同时深度挖掘核心素养评价内涵[12]。

### 三、面向学科核心素养的测评框架

基于核心素养的课程改革需要构建更平衡、更综合的评价体系，以便体现核心素养所描述的学习结果，特别是高阶思维、问题解决能力、复杂认知技能等[13][14]。

欧盟委员会指出,核心素养的测量是当前研究最大的挑战[15]。为此,众多研究者围绕美术、音乐、化学等学科核心素养的测评进行了理论构建与实践探索。其中,语文和数学学科方面的研究相对丰富。

在语文学科方面,李倩[16]等人指出语文学科核心素养测评框架构建应遵循三条原则:以语文课程标准为根本依据、落实以评促学的核心理念、突出"情境—活动"核心价值。基于这三条原则,其构建了包含筛选与提炼、整理与分类、比较与抽象、迁移与运用、整体感知、推断探究、评价反思、陈述与叙述、描绘与表现、解释与分析、介绍与说明11种关键认知能力的语文学科核心素养测评框架,并通过对405位高二、高三学生进行测试,验证了框架内容的效度。北京师范大学王彤彦[17]等人以认知心理学理论为基础,参考国际相关测评项目经验,构建了以核心素养为核心的语文学科关键能力图谱,具体包括学习理解、实践应用与迁移创新3个能力维度,以及识记、信息提取、整体感知、解释说明、分析推断、感悟品味、鉴赏评价、发散创新、解决问题9个关键要素。

在数学学科方面,李钰[18]等人通过分析大数据在数学学科核心素养评价方面的可行性,提出构建基于个人与环境、学习行为、学业成绩、心理状态4个层面数据信息的数学学科核心素养评价框架。其中,个人及环境包括个人基本信息、学校基本信息、家庭基本信息3个维度数据;行为数据包括数学交流、问题解决、作业订正、课外自学4个维度数据;学业成绩包括作业、测评、教师评价3个维度数据;心理状态包括学习态度、自我效能、目标导向、学习动机4个维度的数据。陈蓓[19]基于新课标提出的数学核心素养的6个要素,通过德尔菲法构建了包含6个一级指标、14个二级指标的数学核心素养评价模型。具体包括:数学抽象(二级指标为数学表征、抽象思考),逻辑推理(二级指标为合情推理、演绎推理),数学建模(二级指标为问题提出、模型建构、解释验证),数学运算(二级指标为运算法则、运算策略),直观想象(二级指标为几何直观、空间想象),数据分析(获取数据、加工数据、解释数据)。朱立明[20]通过对51位专家、教研员、一线教师进行问卷调查,编制了包含数学知识、问题解决、数学思维3个一级指标,以及知识记忆、知识理解、知识创新、问题情境、问题表征、问题策略、思维空间、思维变式、思维迁移9个二级指标的数学学科核心素养测评模型。

## 四、基于学科核心素养的课堂评价实践

课堂是学科核心素养培养的重要场所,基于学科核心素养的课堂教学需根据核心素养的特点选择相应的评价方法,如过程性评价法、表现性评价法、实践性评价法、发展性评价法等,以真实地反映学生核心素养状态,有效推动学生学科核心素养发展。

重庆市巴蜀小学以"评价创新促进学科核心素养落地"为主题,进行了语文核心素养校本化探索[21]。一方面,从过程性评价和终结性评价两方面对语文课程核心素养进行横向评价。其中,过程性评价以"快乐小书虫""小小书法家""超级演讲家"3个活动为载体,注重学生在语文学习活动中的参与动机、兴趣投入、知识运用等;而终结性评价主要包括语文学科知识测试与卷面评价。另一方面,针对不同年段特征的学生给予纵向的核心素养评价标准。例如,针对"超级演讲家"活动,三年级标准为"普通话标准,自信大方",而五年级标准为"主题明确,观点正确,内容有条理"。同时,为了指导老师有效开展学科核心素养评价,该小学研发了《律动评价学生手册》,学生可以用读书笔记、读后感等方式记录学习过程,并以此为载体开展家庭评价、自我评价、同伴评价等,多元评价主体助推语文核心素养落地。

北京市龙樾实验中学关注基于核心素养的过程性评价设计,评价体系包含常规表现、亮点表现、落实评价三个维度[22]。其中,基于核心素养的常规表现包括学生课后作业、随堂检测和课堂参与等;基于核心素养的亮点表现包括各类数学课外活动;落实评价则指各类核心素养的评估,如逻辑推理、直观想象、数学建模、数学运算等。Huang[23]分析了人工智能课程对学生核心素养培育的重要性,并参照人工智能学科发展和中小学人工智能课程内容研究,构建了包含编程知识、图形处理知识、自然语言处理知识、机器人知识、人工智能发展历程、人工智能伦理和机器学习7大板块的人工智能课程体系,并通过包含知识能力、团队协作能力和学习能力的量表对课程效果进行评价。

此外,贵州乐湾国际实验小学立足于单元学习的视角,探析学科核心素养为导向的单元学习评价[24],分别通过学生"课堂行为观察记录表""学生学习评价卡"

辅助开展形成性评价与终结性评价。甘肃省七里河小学开发了"七色花"评价体系，初级阶段（班级七色花金钥匙）、中级阶段（年级纯色七色花）、高级阶段（校级水晶七色花）三个阶段对学生能力与发展目标进行规划，并制定了操作手册，保障评价的实施[25]。

综上所述，学科核心素养是全面深化教育改革的关键举措。学科核心素养的落实，重点在于其评价过程是否得到有效实施。虽然已有研究者从学科核心素养的测评框架、课堂实践等方面进行了诸多探索，但整体来说，我国学科核心素养的评价仍未成熟，需要更多理论与实践层面的探讨与研究。

## 第二节　项目化学习的发展

基于项目的学习（project-based learning，PBL）旨在通过让学生以基于探究的方式参与到真实的问题情境中来实现深度学习，其不仅强调以学生的需求为中心，而且鼓励通过协作学习，让成员在社会交互中自主进行知识建构，是一种适合培养中小学生核心素养的教学模式[26][27]，也是学科核心素养培养的重要手段。

### 一、项目化学习的理论基础

在教育领域，项目化学习并不是崭新的词语。孔子、亚里士多德和苏格拉底等人的思想中都曾体现了项目学习理念。杜威把项目学习作为一种教学方法，强调"从做中学"，认为儿童不是知识的被动接受者而是参与者，主张在实践中获得知识与技能。认知主义、建构主义等理论也都对项目化学习的发展产生重要而深远的影响[28]。

认知主义理论认为项目化学习本质上是学生认知图示的改变，具体表现在[29]：①问题是项目化学习的驱动因素，是学生已有知识与经验出现不平衡的表现；②项目问题解决过程伴随着新知识内化到认知图示，是新旧知识的融合再构；③项目问题解决的结果是认知结果的外化载体。此外，认知主义理论认为在项目化学习中包含同伴交互、个体反思、思维建模三类认知活动。其中，同伴交互通过使学生参与到知识建构的解释和推理活动中来促进认知和元认知发展；通过对问题解决过程的监控与评价,学生审视并反思协作表现,提高元认知能力;通过对问题结构、领域知识、学习过程进行建模,提高假设、猜想和推理等认知技能。

建构主义认为知识是通过用过去的经验来扩充新思想而主动建构起来的。在知识建构过程中,学生基于已有的知识,在新旧知识间进行意义加工,使新旧知识产生有意义的联结。而这种意义建构过程通常在与他人(包括教师和同伴)的互动之中得以实现。基于实际生活情境的驱动性问题创设、强调小组协作、关注方案在互动中的优化调整等都体现出建构主义视角下的项目化学习活动思想。

## 二、项目化学习的要素与特征

项目化学习有三大特点:劣构性问题、跨学科知识、具体制品。劣构性问题表现在问题目标不明确、问题解决方案不唯一、问题解决结果开放;跨学科知识体现了项目化解决问题过程中知识的综合性;而制品则是对项目化问题解决结果的有效反馈,是学生认知建构的结果。问题与制品是项目化学习的 2 个关键要素,分别反映出学习的起点与最终结果的外化。

斯科特(Scott)[30] 对 10 位专家开展的 PBL 活动进行分析,归纳了 6 条公认的 PBL 标准(如表 2-1 所示),并认为 PBL 过程中应秉承几个观点:①PBL 的过程始于定义或解释一个驱动性问题,或是设定一个待解决的问题,且一个有效的问题应对当前的困难进行概括;②问题解决的过程中应要求学生基于已有知识和相

表 2-1　项目化学习的标准

| 要　素 | 标　准 |
| --- | --- |
| 驱动性问题 | 定义或解释需要解决的驱动性问题 |
| 学生探究 | 自主搜索与驱动性问题或亟待解决问题相关的主题与资源 |
| 团队合作 | 团队合作产生可能的解决方案或行动路线 |
| 反馈与修正 | 在教师指导或同伴支持下,对方案进行修订与调整 |
| 有形产品 | 协作生产出一个具体的产品 |
| 公开展示 | 向其他学生公开展示产品以获得反馈评论 |

关资源自主查阅、获得信息,并在寻求答案的过程中发展批判性思维能力;③团队协作能力是一种高阶技能,掌握冲突管理策略、决策策略、沟通技巧、团队成员个人责任处理等是有效合作的重要前提;④PBL 结构松散开放,有多种评估和反馈的机会,应使用形成性反馈对学生问题解决过程进行持续评估;⑤学生必须协作生产一个具体的产品,以解决驱动性问题或待解决的问题;⑥应为学生创设分享观点与解决方案的机会。

巴克教育研究所提出项目化学习的 8 大"黄金准则"[31],具体包括:①重点知识的学习和成功素养的培养;②解决一个有挑战性的问题;③持续性的探究;④项目要有真实性;⑤学生对项目要有发言权及选择权;⑥学生和教师在项目中进行反思;⑦评论与修正;⑧项目化学习成果的公开展示,这八大原则被广大教育研究者所接纳,并在此基础上加入不同教育理念,形成不同的项目化学习特点。

国内学者夏雪梅基于学科核心素养探索项目化学习活动设计,指出将核心知识、驱动性问题、高阶认知、学习实践、公开成果和全程评价作为项目设计的六大关键维度[32](如图 2-2 所示)。她强调:①项目化学习最本质的特征是指向核心知识的再建构,即项目化活动的教学目标是让学生学习核心知识(包括关键学科概念、学科能力等);②项目化要创建真实的问题,即项目化所获得的知识可在真实

设计公开成果
凝结学科核心知识和探索历程的公开成果
设计评价要点
深化全程评价
同时评估学科核心知识和跨学科实践
形成评价量规

指向学科素养
寻找核心知识
基于学科关键观念或能力的知识网络

指向跨学科素养
设计认知策略
高阶带动低阶的认知策略组合
设计学习实践
多样而有意义的思考与行动;评价设计要点

设计驱动性问题
由学科本质问题在特定情境中转化而成的
对学生的,激发学生主动投入和思考

**图 2-2 夏雪梅-学科项目学习双线设计简图[32]**

人类世界中使用,而不是局限在特定的课堂;③项目化应用高阶学习带动低阶学习,即在驱动性问题中激发内驱力、锻炼高阶思维,在完成作品中不断与各种文本、材料进行互动,获得低阶知识与技能。这6大维度也为基于学科核心素养的项目化学习活动设计提供了依据,是当前应用较为广泛的实践框架。

### 三、项目化学习的作用效果

项目化学习的理论与实践研究均表明其对学生知识获取、技能习得、能力培养等方面具有重要作用。首先,在项目化学习过程中,学生共识对策、对话和讨论的技能,为项目任务、冲突解决和团队领导提供建设性和评估性的反馈,在成员协作互动过程中提高社交能力与沟通能力[33]。其次,项目化学习涉及一系列有关任务内容和技能的评估,能为学习过程提供多层次、多维度的形成性反馈[34]。最后,项目化学习可以鼓励学生将所学知识与发现的实际问题联系起来,激发了学生的好奇心与学习的独立性[35]。贝尔(Bell)[28]也强调项目化学习在帮助学生建立兴趣并寻求更深层次的理解、按照自己的进度成长和学习,并找到适合个人阅读水平和使用水平的资源等方面的优势。

为了应对新世纪挑战,美国提出21世纪技能并将其引入教育体系,包括学习和创新技能、生活和职业技能、信息媒介与技术技能等。21世纪技能的内容与专业知识要求不仅要重视核心课程,更要理解跨学科主题,对所学内容达到深层理解。而项目化学习要求并允许21世纪技能的发展,如协作、批判性思维、创造力和沟通。斯科特[30]对比分析了PBL与21世纪学习创新技能的契合要点(如表2-2所示),认为项目化学习与21世纪学生技能与能力是彼此交融的,基于项目式的学习可以为这些技能的培养创造条件。

表2-2 PBL标准与21世纪学习和创新技能对比

| 21世纪学习和创新技能 | PBL标准 |
| --- | --- |
| 创造力和创新技能<br>● 创造性地思考<br>● 与他人创造性地工作<br>● 实施创新 | PBL标准3:团队合作产生可能的解决方案或行动路线<br>PBL标准5:协作生产出一个具体的产品<br>PBL标准6:向其他学生公开展示产品以获得反馈评论 |

| 21 世纪学习和创新技能 | PBL 标准 |
|---|---|
| 批判性思维与问题解决<br>● 有效推理<br>● 使用系统思维<br>● 做出判断和决定<br>● 解决问题 | PBL 标准 1:定义或解释需要解决的驱动性问题<br>PBL 标准 2:自主搜索与驱动性问题或亟待解决问题相关的主题与资源<br>PBL 标准 3:团队合作产生可能的解决方案或行动路线<br>PBL 标准 4:在教师指导或同伴支持下,对方案进行修订与调整 |
| 协作技能<br>● 有效与他人协作 | PBL 标准 3:团队合作产生可能的解决方案或行动路线<br>PBL 标准 4:在教师指导或同伴支持下,对方案进行修订与调整<br>PBL 标准 5:协作生产出一个具体的产品 |
| 沟通技能<br>● 能清晰沟通 | PBL 标准 3:团队合作产生可能的解决方案或行动路线<br>PBL 标准 5:协作生产出一个具体的产品 |

与此同时,许多实证研究也表明高质量的项目化学习和学生学习质量之间存在积极正向的关系。克罗基特(Cocket)等人[36]采用对照实验,对两组社会学研究生分别采用传统教学法和基于项目式教学法。结果表明,采用传统教学方法的学生在一年以后保留了 15% 的知识,而使用 PBL 教学法的小组保留了 70% 以上的知识,显著表现出更深层次的理解。史鹏楠[37]设计了基于项目式的小学 Scratch 编程教学模式,并在教学前后分别使用创造力量表调查学生创造力水平。结果表明基于项目式学习的 Scratch 编程教学对学生创造力有显著提升。斯佩齐亚莱(Speziale)等人[38]的研究也发现,与传统学习方法相比,项目式教学法在小学科学和数学课堂上的应用能提高学生学业成就、课堂参与和动机。

## 四、项目化学习与学科核心素养

新一轮课程改革立足变化的时代背景,以核心素养为中心,培养学生具备适应终身发展和社会发展需要的必备品格和关键能力。在此背景下,众多专家、学者、一线教师纷纷探索落实核心素养的可行路径。其中,项目化学习因其问题具有挑战性、以小组协作探究等特点受到广泛青睐,成为学科核心素养培育重要的实践路径。

项目化学习作为一种课堂教学新样态,为学生提供了自主探究的平台,也推动了核心素养育人理念落地。首先,学科内容可整合项目活动,在项目问题解决过程中实现已有知识经验与新习得学科知识的融合与更新;其次,学科核心素养中的高阶思维能力培养,可通过项目化学习实现。项目化学习有助于培养学生问题解决能力[39]、创新能力[40]、协作能力[41],这些高阶能力都是核心素养发展的要求。无论在学习目标、学习形式等方面,项目化学习都是学科核心素养培养的重要手段。

在此背景下,许多研究者进行了实践探索。例如,王晓晓[42]基于艾迪(ADDIE)模型,设计了高中信息技术项目化教学模式,并以"数据与计算"单元为例,从教学模式、教学目标、教学过程、教学设计、教学评价等过程开展了教学实践,结果表明基于项目化的教学模式有利于学生的信息技术基本知识的掌握与学科核心素养的培养。仇咪[43]分析了小学语文课堂融入项目教学的可行性,并在建构主义、实用主义等理论的指导下,设计了基于项目化的小学低年级语文教学模式,结果发现项目教学虽对低年级学生的语文学业成绩提升效果并不明显,但能充分激发学生的学习兴趣,提升学生的自主学习能力、协作学习能力、问题解决能力。薛雨静[44]选取面向五年级的《环保送水》和面向三年级的《制作日历》两个案例,从项目化学习的几个步骤出发,设计了具体的活动环节,结果表明基于项目化的学习模式能提高小学生的数据分析能力。

## 第三节　共享调节学习理论

协作学习是当今时代最为主流的学习方式之一,也是落实学科核心素养最为典型的活动载体,在强化学科知识技能、发展社会性能力、提高问题解决意识等方面具有重要作用。由于协作成员之间的差异性与多样性,协作过程参与不均衡、"搭便车"、观点不统一等现象层出不穷,影响协作学习效果。因此,如何有效地开展共享调节以促进协作学习,已成为协作学习领域中的重要研究内容。

### 一、共享调节学习的理论内涵

共享调节是指在团队层面计划、监控、调节和评估学习的过程[45]。相关研究数据表明,共享调节与团队协作效果密切相关。例如:周春红等人发现[46],共享调节水平和集体效能感有较高的相关性;休斯顿(Hou)等人的研究表明[47],共享调节频率更频繁的团队表现更为出色,具有较高共享调节水平的群体在社会网络上的情感和信任联系也更为紧密;陈向东等人[48]将共享调节引入社会性阅读活动中,结果表明这样的阅读模式能够增强小组阅读过程中的物理和社会情境的提取,提高小组阅读水平。相比于传统的协作学习,共享调节学习具有明显的内容特征与阶段特征:

第一,共享调节不仅强调协作知识的建构,更关注协作团队认知、元认知、情感与动机等多维度的调节。认知维度的调节强调成员对集体共有知识的协同构建[49],即团队成员公开与分享彼此的知识与技能,以形成对"团队的任务是什么""谁熟悉什么""谁最擅长什么"等关键信息的共享认知;元认知指的是团队共同计划、协调与监控群体学习过程的技能与策略[50],成员需对"团队需要做什么""团队应该怎么做"达成一致意见;由于团队成员之间存在相互冲突的观点和社会情感挑战,因此为了保障协作的顺利完成,情感与动机调节在共享调节学习中也格外重要。情感与动机调节强调鼓励成员积极参与协作,主动了解并协调成员动机、构建积极的情感互动氛围等[51]。也就是说,在共享调节学习中,团队成员应积极通过各种策略,调节团队中发生的各种认知、元认知以及情感动机活动。

第二,共享调节包括任务理解、目标计划、任务执行、监督评价、调节适应等多个阶段[52],并且不同研究者根据目的和手段的不同,划分的阶段也有差异。例如:哈德温(Hadwin)等人[53]提出了根据自我调节的过程,归纳了共享调节学习的4阶段模型,包括计划、监控、评价与调整。郑兰琴等人[54]在共享调节支持工具的设计研究中,将共享调节的过程细化为8个阶段:定义任务、设定目标、制定计划、采择策略、实施计划、监控和控制、反思评价以及适应性调整。尽管划分方式不尽相同,但在每一种分类中,共享调节学习的过程都以目的为导向,按照一定的阶段过程循环迭代。此外,不同的共享调节过程在协作学习中具有不同的作用。例如共享任务计划过程能促进团队任务理解共建共享,而成员间的共享监控过程有益于团队知识建构[55]。值得注意的是,尽管强调集体成员共同参与的调节,但是共享调节理论认为[56],在协作学习小组中,学生不仅要调节自己的学习,还要调节小组其他成员的学习,以及团队群体的学习。因此,在共享调节视角下,自我调节、同伴调节、共享调节同时发生,共同作用于小组协作。

## 二、基于共享调节的课堂实践

随着共享调节理论的不断发展与完善,基于共享调节的各类教学开始广泛应用于课堂实践中,能够有效改善团队成员的协作表现,促进学生高阶协作能力的发展。

从课堂模式来看,越来越多的研究者尝试将共享调节学习融入跨学科课程(STEAM)、微格训练、综合实践等不同的课堂教学中。例如:白雪[57]针对高中信息技术课程协作学习的现状及存在的问题:学生协作过程分工不合理、学习效率低、参与贡献度不均衡、协作氛围不佳等,通过梳理共享调节理论在理论与实践层面与信息技术课程融合的可行性,设计了基于共享调节的信息技术协作学习活动,结果表明这样的学习模式能够有效促进团队协作过程,提高学生对信息技术课程的重视度与参与度。张江翔[58]指出学生之间的差异性和多样性阻碍协作过程的认知、情感动机调节,不利于发挥 STEAM 教学模式在调动学生主动性、积极性等方面的优势。因此,通过探讨基于共享调节的 STEAM 课程改进方向以及STEAM 课程与共享调节的融合路径,设计了基于共享调节的 STEAM 课程教学模式,并将其应用于家居设计课程及 3D 打印课程中,结果表明学生对自己和同伴有更准确的认知、表现出更好的情感动机态度。

从活动载体来看,共享调节理论广泛应用于探究性学习、项目式学习、基于问题解决的学习等各类面向协作的学习活动中。例如:黄东丽[59]指出初中学生在知识基础、自身技能、个人情感以及原生生活环境存在较大差异,导致其对项目学习的内容、目标认知等不一致;同时由于课堂自制能力差异,学生在团队分工、贡献率上存在不均衡现象。因此,在项目化学习模式中引入共享调节,强化项目目标共同理解、改进项目团队有效沟通策略、加强项目过程的共同监控能够提高项目学习的效率,内化核心素养的培育。锐克(Ucan)[55]等在科学与技术课程中设计了基于共享调节的探究性学习活动,发现元认知过程的协同调节具有激发学生反思和理清思维的功能,有助于构建新的科学认识,而元认知过程的共享调节有利于学生建立任务的共享理解,维持持续性知识建构过程。因此,培养学生在协作探究学习活动中的共享调节意识有利于群体互动,提高探究性学习质量与效率。

从研究对象来看,共享调节研究案例涵盖初等教育到高等教育各个学段。例如,郑文(Zheng)[60] 通过采用内容分析法、滞后序列分析和聚类分析法对 96 名大学生(共 22 组)的在线学习数据分析发现,学生在行为模式和行为转变上表现出不同的协同调节特征。丁达(Dindar)[61] 等人收集分析高中学生两个合作学习阶段的视频和生电数据发现,团队共享监控的发生有赖于任务类型。也有相应案例关注小学阶段的团队合作,例如林内布林克(Linnenbrink)[62] 等人通过对 24 位六年级学生(分为 6 组)在 3 个数学任务中的视频数据观察分析发现:①高质量的计划和有效的行为参与为监控内容理解的认知过程奠定了基础,而内容监控为学生提供获得反馈、支持和解释的机会,从而促进更深层次的数学理解和任务高质量的共享调节;②协作互动能使得小组关注共同的任务理解,且积极的社会情绪有助于确保监控的反馈信息传达,帮助团队有效维持行为投入。

### 三、共享调节支架与工具

在真实的协作实践中,由于缺乏调节学习的技能与策略,协作成员往往难以自发产生与维持共享调节,因而需要相应的支架与工具进行引导、干预[63]。

从支架功能来看,共享调节学习支架可分为认知性支架与社会性支架。认知性支架关注协作知识建构,强调通过提供文字、图表等方式,引导学生关注特定的知识内容。为了支持调节学习的共享任务理解阶段,以及任务理解在任务计划、执行、反思等阶段的调节,罗淳[64] 设计了促进共享任务理解支架,以便在概念、元认知等方面提供支持,并基于协同性支架设计原则,设计了个人任务理解支架、共享任务理解支架等,引导学生明确任务结构中的任务成分并与相关资源整合。社会性支架则是任务类型、团队构成、任务职责分工、合作的形式以及时间安排这五个属性的集合[65],关注协作知识建构过程中的团队交互。

共享调节工具包括结构化脚本与群体感知工具两大类。结构化脚本指序列化与过程化的活动流程,意在通过角色分配、协作脚本设计、协作行为提示等,引导与支持协作进程。宏观协作脚本是一种结构化的教学活动模式与策略的组合,而微观协作脚本则是提供具体的协作支架。在大多数协作情境中,宏观脚本与微观脚本相互嵌套,共同支持团队共享调节行为的发展。郑兰琴[54] 等人结合调节学习模型细分共享调节学习的宏观与微观脚本。其中宏观脚本包括定义任务、设定目标、制定计划、采择策略、实施计划、监控和控制、反思评价、适应性调整 8 个阶段;而在每一阶段又嵌入了任务评估策略、协商分工策略等作为微观协作脚本,以辅助学生在每一阶段进行认知、元认知等方面的调节。

在复杂的协作情境下,协作者需要了解自己和同伴在行为、认知和社会交互等维度的信息,以及相关的情境要素,以此调整学习行为从而促进小组协作[66]。共享调节学习中的群体感知工具为团队成员提供了认知、过程、情感可视化的支持,有利于成员明晰协作状态,激励成员协商策略与问题解决。例如,拉沃埃(Lavoué)[67] 使用 Visu 工具记录成员互动过程,成员可以添加注释来标记情绪状态(绿色—积极,红色—消极,黑色—游离),并以时间轴的形式呈现个人、小组、班级在各个时间上的情感动机信息,从而促进团队的集体反思与调节。为了加强成员间知识交流,促进成员共享认知理解,恩吉尔曼(Engelmann)[68] 等人设计了知识感知工具(Knowledge Awareness Tool,KAT)。KAT 支持学生进行自我评估,以及在每个文本单元格旁标记评估结果(白色—未掌握,绿色—已掌握),并通过可视化学生与小组成员的知识差距,维持团队认知维度的共享调节。总的来说,结构化支架与群体感知工具从知识建构和社会交互等多个维度为协作学习过程提供支撑,优化了团队共享调节学习进程。

### 四、共享调节对学生过程性评价的作用

共享调节学习评价的分析手段多种多样,如内容分析法[69]、滞后序列分析[60]等,但早期这些分析方法存在数量利用率较低、分析方法缺少互证等不足。随着人工智能技术、多模态等的发展,张蕾[70] 提出基于社会网络分析的共享调节学习评价,通过收集团队协作过程的各维度信息,如面对面交流数据(对话交流、情感互动等)、在线交流数据(组内成员交互信息、组内组间交互信息、网络日志记录等),并利用基本社会关系、群体凝聚力展示、多模社会关系、角色或位置展示等工具,从认知、元认知、动机、情感 4 个维度对团队协作过程进行分析,丰富了共享调节学习过程性评价的内容。

综合已有的研究可以发现,共享调节学习活动的评价具有关注各个维度、贯

穿整个过程、强调群体感知等特点，能为学生过程性评价提供指导与支持：第一，共享调节学习评价关注认知、元认知、情感动机等各个调节维度，全方位的评价内容有利于学生过程性评价的科学性；第二，共享调节学习评价贯穿任务理解、目标与计划制定、监控调整、评价反思等协作环节，全阶段的评价有利于学生过程性评价的客观性；第三，共享调节学习评价强调认知、元认知、情感动机等各个维度的感知，可视化的感知为学生过程性评价提供了反馈的途径。

# 第三章　社会责任

## 第一节　社会责任的内涵

社会责任指个体对社会、国家和集体的责任认知，以及个人对相关道德规范、法律制度、公民义务自觉履行的态度[71]。作为中国学生发展核心素养指标中的要点之一，学生社会责任的培养既是我国教育改革中一项重要战略任务，也是学生成长成才的必由之路。

### 一、社会责任的定义

责任是人们对自己的行为做出有效和充分反应，从而适应社会行为规范的能力[72]。从哲学的角度来看，责任是一种价值。英加登（Ingarden）等人[73]将责任定义为一种具有普遍和必要的认知基础的价值，或者是一种依赖于文化条件和历史事实的价值。基于他的观点，责任与知识无关，而是一种体现某种行为的特征。这些行动可以被描述为使用适当和正确的工具来实现目标的特定行为。因此，一个人通过外部规范的内化来获得责任，同时充分发展他们的认知和评价能力。从心理学的角度来看，道德发展与道德社会化是解释责任的重要理论基础[74][75]。詹金斯（Jenkins）[76]将责任定义为在道德和法律管辖范围内承担自己的行为和事件后果。

责任包含感受、技能、个人特征和性格等内容维度[77]，类型上又可分为个人责任和社会责任[78]。个人责任指为了实现个人目标，完全接受所有的任务与结果。社会责任可以表现为"关心他人，履行自己对他人的义务，投入社会发展，致力于缓解痛苦，努力创造一个更美好的未来"。我们在个人、社会和工作生活的不同领域发展着自己的角色和功能。最终，我们的行为取决于我们的信念和价值观。一个有社会责任感的个人以合乎道德的方式对待自己和他人，并会考虑他们的决定和行动对环境的影响。这样的环境将包括家庭、邻里、工作场所、今世后代、自然资源和地球的可持续性。因此,社会责任是一种态度,而不是简单地尊重规则。这种以尊重、同理心、互惠、诚实、尊重以及其他价值为基础的态度,包含了对人类社会全面发展的积极向往,并成为一种永久社会意识来源,将美好的愿景转化为有利于社会大众的规范行动[79]。

## 二、社会责任的结构

社会责任是一个多学科关注的主题,社会学、教育学、心理学等学科都从不同的视角对社会责任的结构进行了广泛探讨。综合已有研究来看,对社会责任内涵与结构的研究大体可归纳为四种研究取向(如表3-1所示)。

表3-1　社会责任结果的几种取向

| 研究取向 | 内 容 结 构 |
| --- | --- |
| 心理过程取向 | 社会责任认知、社会责任情感、社会责任行为 |
| 责任对象取向 | 个体责任感、同伴责任感、集体责任感、家庭责任感、国家责任感等 |
| 发展取向 | 尝试阶段、明确阶段、领会阶段、主动阶段、内化阶段 |
| 综合取向 | 认知、情感、行为,每个维度下又分对自己、他人、家庭、集体、民族等 |

从心理过程取向来看,可以从知、情、行3个维度来分析社会责任,即社会责任认知、社会责任情感以及社会责任行为。社会责任认知指个体对自身所承担的责任的认识与理解,不仅包括对责任具体内容、意义、重要性的理解,也包括对责任行为的感知、判断与评价。社会责任认知主要包括对以下能力的认识:第一,正确认识责任的能力,能够理解责任的内涵与要求;第二,责任判断能力,能够在不同情境中感知自身所肩负的各种责任;第三,责任评价能力,能够根据道德标准准确评价个体行为;第四,行为后果预知能力,能对个体行为引发后果进行预知;此外,需具备责任反思能力,不断总结经验教训,减少失职行为发生。社会责任情感指基于社会责任认知以及践行社会责任时产生的情感体验,如快乐、自豪、羞愧等。社会责任情感是社会责任构成中至关重要的要素,经激发与鼓励后可以演变为责任意志,用以调节个体责任行为。社会责任行为指履行社会责任过程中的具

体行动。这种行为依赖于个体社会责任认知和情感,是一种稳定的自觉行为,也是社会责任认知与情感的外显化体现,一般用来作为判断社会责任感强弱的依据。社会责任认知、情感与行为三者是密切相关的,社会责任认知是社会责任情感与行为的基础,社会责任认知和情感促成社会责任行动,而社会责任行为的结果又影响着社会责任认知与情感,社会责任认知、情感与行为统一于社会责任感的形成过程中。

从责任对象取向来看,社会责任根据不同的领域和主体可分为个体责任感、同伴责任感、集体责任感、家庭责任感、国家责任感等。个体责任感指对自身生理上的认同以及对个人人生价值的认同;同伴责任感指与他人相处时的规则与约定,如待人友善、团结互助等;集体责任感指对所在集体的认同感与荣誉感;家庭责任感指与父母、兄弟姐妹等家庭成员之间良好关系氛围营造的能力;国家责任感则是对所属国家所表现出的爱国情感与民族意识。

从发展取向来看,社会责任感形成是复杂的动态过程,包含 5 个阶段:尝试阶段、明确阶段、领会阶段、主动阶段以及内化阶段。在尝试阶段,个体热情参与所有社会活动中;在明确阶段,个体开始权衡利弊得失,明确参与特定的社会服务;在领会阶段,个体更加坚定自己的信念,更关注特定的人群与事件,真正聚焦于需要帮助的人们;在主动阶段,个体有十分强烈的自我认知,认为自身与服务对象密不可分,并逐渐将社会服务融入生活或职业,也就进入内化阶段。

综合取向则统整心理过程、责任对象、发展过程等维度于一体,其中最典型研究应为"责任三角模型"。该模型将责任同规则、事件、身份三要素联结起来,认为责任是特定环境中,个体通过对自身身份认同,结合特定的事件所赋予其应有的行为规则的互动。综合取向的研究往往将社会责任认知、社会责任情感和社会责任行为作为一级指标,进一步包含自己、他人、集体、国家等二级指标,既反映社会责任的具体领域,又体现了社会责任的心理过程,被认为能够充分有效地描述社会责任内涵与结构。

### 三、核心素养视角下的社会责任

结合中华民族传统文化及现实需求,《中国学生发展核心素养》将学生社会责任界定为以下几个方面：①自尊自律，文明礼貌，诚信友善，宽和待人；②孝亲敬长，有感恩之心；③热心公益和志愿服务，敬业奉献，具有团队意识和互助精神；④能主动作为，履职尽责，对自我和他人负责；⑤能明辨是非，具有规则和法治意识，积极履行公民义务，理性行使公民权利；⑥崇尚自由平等，能维护社会公平正义；⑦热爱并尊重自然，具有绿色生活方式和可持续发展理念及行动等。基于《中小学综合实践活动课程指导纲要》《小学生守则》《小学生日常行为规范》等，曲佳玮[80]从对自己负责、对家庭负责、对他人负责、对社会负责4个层面提炼整合小学生社会责任素养，与一般学生社会责任素养对比如下表3-2所示。

表3-2 一般学生与小学生社会责任核心素养对比

| 一般学生社会责任素养 | 小学生社会责任素养 |
| --- | --- |
| ● 自尊自律，文明礼貌，诚信友善，宽和待人；<br>● 孝亲敬长，有感恩之心；<br>● 热心公益和志愿服务，敬业奉献，具有团队意识和互助精神；<br>● 能主动作为，履职尽责，对自我和他人负责；<br>● 能明辨是非，具有规则和法治意识，积极履行公民义务，理性行使公民权利；<br>● 崇尚自由平等，能维护社会公平正义；<br>● 热爱并尊重自然，具有绿色生活方式和可持续发展理念及行动等。 | ● 对自己负责：养成良好生活习惯、学习习惯，热爱运动、饮食健康；<br>● 对家庭负责：积极承担力所能及的家务，尊敬长辈，爱护兄弟姐妹；<br>● 对他人负责：乐于助人，与同学友好相处，积极参与团队协作；<br>● 对社会负责：环保意识、节约意识。 |

社会责任是中国学生发展核心素养框架中"责任担当"素养的要点之一，与国家认同、国际理解共同构成责任担当素养。社会责任、国家认同、国际理解分别可看成是"对社会负责""对国家负责""对世界负责"，三者之间具有层次上的递进，是由"小爱"到"大爱"的转变过程。因此，社会责任的培养是责任担当素养形成的基础，也是发展核心素养的关键指标，对中小学生核心素养培育具有重要意义（如图3-1所示），具体可体现在以下3个方面[81]：

第一，在社会责任教育中有利于发展合作参与素养。合作素养有助于个体发展与社会进步，在规范学生社会行为，促进民主文明社会风气形成等方面具有重要作用。前文提出的21世纪核心素养模型中，即将合作素养列为其中重要的维

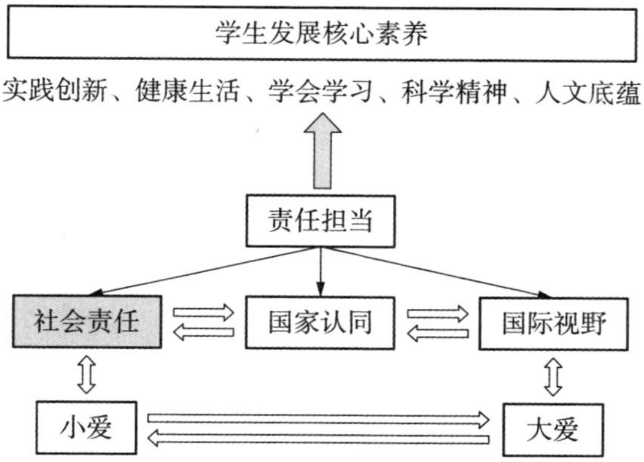

图 3-1 社会责任对核心素养的作用

度之一。徐冠兴等人[82] 指出,合作素养包含愿景认同、责任分担和协商共进三大要素。其中,愿景认同指个体认同小组或团队的目标、愿景、价值等,并转化为内在信念,从而激发积极性与创造性;责任分担是协作中的关键环节,学生通过分解任务、分配角色、监控任务等完成发展自我管理技能,同时促进团队任务完成;协商共进指通过与小组成员合作对话,在自我和他人之间寻求观点平衡,在个人发展与团队目标之间达成利益一致。从这些层面来说,社会责任教育有利于学生深刻理解合作参与内涵,提高合作参与和团结互助意识。

第二,在社会责任教育中能帮助理解健康生活素养。健康生活素养是个人全面发展的基础与前提,也是经济社会发展的重要指标。贾绪计等人[83] 认为,健康素养是一种获取与评估健康知识的能力,也是理念健康、心理健康与社会健康的综合,其最终目的在于维护和提高生活质量,包括个人生活质量与社会生活质量。从个体角度而言,主要关注个体健康知识获取、健康技能提升与健康品质形成;从社会角度而言,则指人、社会与环境的整体健康发展。从这些层面来说,在社会责任培养活动中,学生意志、心理素质、道德品格等都会受到熏陶或磨炼,故而将更好地理解健康生活素养,促成全面健全的人格发展。

第三,在社会责任教育中能提高实践能力。社会责任教育并不仅仅是理论知识的传授与教导,更重要的是从具体的活动中体验与承担责任。在实施社会责任教育活动时,学生社会实践能力、生活实践能力、人际交往实践能力等均得以成长,不仅能养成良好的劳动意识,同时也能挖掘学生创新素养、批判性思维以及自主探究能力。

## 第二节　社会责任的评价

社会责任是中国学生发展核心素养的一项重要内容,也是教育评价改革背景下人才培养的重要要求。社会责任融入日常教学的关键在于评价机制的完善,只有合理的教学评价才能反映学生社会责任素养的发展情况以及社会责任教育融入课堂教学的效果,为课堂实践提供指导方向。因此,如何基于核心素养视角下的社会责任育人目标开展相应的评价,是落实社会责任培养的突破口,也是教育评价改革实践中的重点与难点。

### 一、社会责任的评价内容

基于不同的理论基础(如建构主义理论、认知主义理论、多元智能理论等)及研究取向(如理论研究、内涵辨析、构造组成等),社会责任的评价内容多种多样。具体来说,当前社会责任的评价在内容层面可分为以下两种:

一种从社会责任的内涵出发,将社会责任分解成若干可操作的子维度,从而对其进行评价。例如,邓燕琳[84] 以《中国学生发展核心素养》为基础,通过理论推演与因素分解法,将社会责任评价分为"对自己负责""对家庭负责""对他人负责""对集体负责""对环境负责"5 个内容。其中"对自己负责"分为"关注自身健康和安全"和"关注自身学习与成长";"对家庭负责"分为"生活自理并分担家事"和"孝敬父母并尊老爱幼";"对他人负责"分为"关心帮助他人"和"悦纳尊重他人";"对集体负责"分为"主动履行班级义务,维护班级荣誉"和"对待同学友爱互助,团结协作";"对环境负责"分为"勤俭节约"和"保护环境"。王娜等人基于社会主义核心价值观,结合专家访谈,将社会责任的评价内容分为"诚信友善""合作担当""法治信仰"以及"生态意识"4 个方面,分别又细分为"诚实守信""文明礼貌""孝亲敬长""志愿服务""互助精神""团队合作意识""敬畏法律""法治意识""遵纪守法""坚持公平正义""绿色环保意识""节约意识"等 12 个子内容。

另一种评价内容则与社会责任结构相对应,即从认知、情感、行为等层面对社会责任素养进行评价,且根据不同的研究对象及情境又衍生出多种的称呼。例如,为了了解初中生社会责任素养现状,严莹[85]编制了包含社会责任认知、社会责任情感以及社会责任行为3个内容成分的社会责任素养调查问卷;而朱磊[86]从社会责任认知、社会责任认同、社会责任行为3个方面对大学生社会责任素养进行了评价。这两者关于社会责任的评价内容在名称上虽略有差异,但均从心理过程取向出发,基于知、情、行3个维度对社会责任进行分析与测评。

## 二、社会责任的评价方式

正确客观地评价个体的社会责任是提高公民社会责任素养的重要前提,而科学全面地评价社会责任素养的关键要素是评价方法的使用[87]。综合已有研究来看,社会责任的评价方法主要包括以下方面:

第一,考试测验评价反映学生实际学习情况。社会责任教育一般通过标准化的测试题来进行效果评估。在发展核心素养背景下,越来越多的评价研究开始从"标准答案"的考试转向"证据推理"的测验,以获得学生社会责任素养的准确情况,进而给予有效反馈。例如,黄徐丰[88]将社会责任素养分为"单点结构""多点结构""关联结构""抽象拓展结构"4种水平层级。这种以反映社会责任素养的4个开放性问题测试取代传统的知识性的考试,更能精准地对学生社会责任素养进行评价。

第二,过程性评价内化社会责任素养。周文叶等人[14]指出,对于复杂认知技能、高阶思维以及问题解决能力等学习结果的评估,表现性评价更能挖掘出学生行为背后的动机、情感、态度等隐性因素。社会责任素养关乎道德品质与价值观,是一种复杂认知学习结果,因而与过程性评价更具匹配性。基于此,孙佳晶等人[89]通过设计表现性评价任务,并开发相应评分规则,对学生社会责任素养的发展过程进行反馈与评价。

第三,自我与他人评价促进社会责任素养形成。社会责任本身包含同伴责任感、家庭责任感、国家责任感等多个层面,因此,他人评价能有效督促与推动个人社会责任素养的形成,是科学评价社会责任不可或缺的环节。湖南师大附中黄雅苓[90]通过将家长、教师等主体评价与学生个体评价相结合,一方面通过家长评价会引导家长构建社会责任评价标准,另一方面通过学生自我反思及教师点评促进学生社会责任素养的发展与完善。

第四,个体与团队评价助力社会责任素养发展。个体评价指以学生个人为单位,依照一定的评价标准对学生表现进行分析,团队评价则是将个体置身于团队情境进行评价。对于社会责任的评价,应兼顾个体评价与团队评价两种方式。一方面,个体能在团队评价中反思个人表现与贡献,促进团队建设;另一方面,团队评价中关注个体的存在,也推动了个人社会责任素养发展。

### 三、社会责任的评价工具

评价工具是获取社会责任素养的信息来源,也是实施社会责任素养教育的重要支持,既能为教师提供可观测或测量的表现行为标准,也能为社会责任素养的发展提供科学性与客观性的反馈与指导。概括言之,当前社会责任评价工具的使用主要有以下两种情况:

一方面,使用量表工具量化社会责任评价。国内外学者围绕社会责任的测量开展了大量研究,其中社会责任的评价工具绝大部分都为量表。例如,马里纳斯卡斯(Malinauskas)等人[91]采用包含尊重和关心帮助 2 个维度,共 14 个问题项的量表(其中尊重 6 项,关心帮助 8 项)来测量学生的社会责任感。从社会责任的发展取向来看,社会责任感的形成是一个复杂的动态过程。基于此,魏海苓[92]采用社会责任发展阶段量表测量我国大学生社会责任感现状。该社会责任发展阶段量表包括尝试阶段、领会阶段与行动阶段 3 个过程,共 35 道题项。

陈蓉立足于认知发展理论,以心理学中知、情、意 3 种形式为基础,采用 REA 量表对学生社会责任感进行了测量。其中,社会责任认知维度包括内涵与意义 2 个二级指标,细分为社会责任概念的理解、社会责任内容的理解、社会责任表现的理解、社会责任对大学生自身的意义、社会责任对家庭的意义等 10 个三级指标;社会责任态度与情感维度包含自我评价和外界评价 2 个二级指标,细分为 14 个三级指标;社会责任行为同样包含自我评价和外界评价 2 个二级指标,并细分为 14 个三级指标。通过内容有效度(Content Validity)、效标关联有效度(Criterion-

Related Validity)、架构有效度（Construct Validity）三个方面的效度分析表明该 REA 量表能有效反映个体社会责任感水平。朱磊[86] 也采用 REA 量表调查学生社会责任状况。通过修订与删减，其挑选出 40 个题项从社会责任认知、社会责任认同以及社会责任践行三个维度开展调查，并通过分析表明该量表具有较高的信度与效度。

另一方面，也有研究通过任务单、反思单、活动表现记录表、学生成长记录表、日常谈话、观察等质性评价工具对社会责任素养进行分析。作为促进学生素养发展的工具，社会责任的评价要贯穿于学生学习的全过程，突出评价促进发展的导向作用，不宜硬性通用量化标准，也应结合使用质性评价分析。因此，部分中小学实践教学者与领域专家尝试使用质性分析方法对社会责任素养进行评价。上海市行知中学闫白洋使用"实证中心"模型（Evidence-Centered Design，ECD）测量学生社会责任核心素养水平，该模型通过设置一系列任务（试题），从学生完成任务的行为或答案中提取相关特征，并根据特定的证据判断学生社会责任核心素养水平。闫白洋的研究中使用的质性评价工具除了任务试题外，还包括调查问卷、档案袋等。广州市增城区派潭镇中心小学翁汉标[93] 使用校内与校外小学生社会责任素养记录表对学生日常表现进行记录与评价。校内表现行为记录表包括文明礼仪、勤奋学习、遵守纪律、清洁卫生、勤俭节约等项目，校外表现行为记录表包括文明行为习惯、安全自护习惯、健康生活习惯、良好学习习惯、小手拉大手等项目。每个项目均由学生、小组、教师根据个人日常行为记录表进行评价打分。此外，还可以通过实践活动（如系鞋带和红领巾比赛），对学生个人社会责任素养进行评价，激励与增强学生社会责任意识[94]。

# 第三节 如何将"责任担当"融入教育教学中

《中国学生发展核心素养》确立了六大学生核心发展素养（人文底蕴、科学精神、学会学习、健康生活、责任担当、实践创新），"责任担当"素养是学生发展的核心素养之一；英国培根曾说过，"责任心是世界上最珍贵的种子，它若早早地播种在孩子的心田里，将会收获一生的幸福。"小学生正处于身心发展的关键期，关于责任担当素养的培养应该从小学阶段便开始。责任担当素养也是小学生成人成才的基石,推进核心素养背景下小学生"责任担当"培育,这既是我国人才发展战略的需要,也是新时代背景下新一代青少年适应社会发展的需要。

"责任担当"是指主体自觉主动地履行其社会角色要求的分内事,并对其履行情况及后果勇于承担责任。主要指学生在处理与社会、国家、国际等关系方面所形成的情感态度、价值取向和行为方式。对于田园学生而言,需要"开启"的是以"主动性"为核心的"主体意识""角色意识"和"群体意识"的统一体。主动性是一种品性,更多指向态度,要主动做好分内之事,主动承担责任;主体意识主要指作为小学生最基础的是要有对自己负责的基本意识;角色意识则强调让学生意识到自己在班级、家庭、社会、国家等不同情境中扮演不同角色所应承担的责任;群体意识指学生要意识到自身处于一个社会大环境中,人与人之间相互依存,只有履行好自身角色所应承担的责任,他人的权利才不会受到损害,自身的权利也才能得以保障。

在实践中,我们可以按照"体验——思考——抽象——迁移"四步框架进行操作。体验:在模拟、案例学习、实地考察、亲身经历、演示等充分合理的情境预设中充分体验。思考:在充分体验的基础上,通过小组活动或集体讨论等方式多角度观察和回顾自身体验活动和经历。抽象:通过观察和思考内容的分享与传递形成基本的概念和认识。迁移:以体验、实验或实际应用的方式在实际中应用和检验。

# 一、学科教学中推进"责任担当"教育

学科教学渗透指在日常的学科教学活动中,挖掘适合培育学生"责任担当"的要素,充分利用,渗透"责任担当"教育。

## (一)内容渗透中发展责任认知

责任认知是培养学生责任担当的第一步,是学生对于自己所需承担和所应承担的各种任务、角色的相应责任的认识,是个体对任务的自觉期望、要求、选择和认同,对责任的感知和理解。在学科教学中要有意识地梳理、寻找学科内容中有助于学生"责任担当"素养培育的内容,紧紧围绕小学生"责任担当"启蒙教育的要点展开,注重挖掘责任教育的教学资源。一般来说,从学科内容出发渗透"责任担当"教育有挖掘和扩充两种方式。挖掘学科内容,充分发掘学科内容的育人因素,尤其关注这一学科内容对于学生"责任担当"培育的功能和价值。

例如:在英语学习中,话题主要围绕"人与社会"和"人与自然"两个方面,功能意念主要围绕"交往""感情"和"态度"三个方面。教师在进行教材分析时,首先要明确话题和功能的类别,以及单元的育人价值。如:牛津英语(上海版)二年级第二学期 M3U2 Rules 单元中,话题属于"人与社会",功能为"交往"中的"Advice and suggestion(建议)",育人价值为:了解遵守交通规则的重要性,并自觉遵守交通规则。在本单元的学习中,学生在语境中用核心词句"Look at the light. It's red/yellow/green."描述交通信号灯变化,并用"Let's stop/wait/go."提醒他人要遵守交通规则,不乱穿马路。学生在不同场景中,根据自己的判断,对他人提出合理的建议,不仅是语言能力、思维能力的体现,也是责任意识形成的过程。因此,教学中要善于将教材中蕴含的各种人文内涵与当前社会所面临的诚信危机、环境污染、无视规则等社会责任意识缺失的问题相结合,从而使学生树立起正确的人生观以及价值观。

主要包括:学生身体和心理健康方法的内容;感恩、公益、团队互助、规则意识方面的内容;绿色生态、可持续发展方面的内容;国情认识、国民身份识别方面的内容;传统文化、民族风俗等方面的内容;光荣传统、伟大理想方面的内容等。如道德与法治学科,在二年级第二学期设计了"上海传统九子游戏小达人"学习活动,传统游戏的种类有很多,可国家课程安排的教学内容只有一节课的时间,不能满足学生对"游戏"的认识、探索和体验。故根据上海本土的传统游戏特点及学校的"七彩田园"课程的研究与实施,结合现代学生对游戏的认识与理解,基于学科核心素养的单元设计与评价,设计用项目化学习的方式支撑、解决生活的实际问题。采访长辈,用调查、体验等方法了解上海传统九子游戏。上海传统九子游戏承载着本土文化传统,体现着过去人们的生活方式、休闲智慧,是当时的儿童健全自信、娱乐的方式,也是人与人之间相互沟通的方式。深入挖掘教材的教学资源,引导学生进行深入思考,在潜移默化中让学生主动参与到传统文化的传承与弘扬行动中,明白传统文化的重要性,初步培养为社会作出担当的责任意识。

又如,在音乐学科从京剧剧目中包含的戏剧矛盾冲突、京剧人物的思想道德品质、京剧唱词里囊括的传统文化精髓，以及从京剧布景配乐、唱念做打中隐藏的能够带给人精神陶冶和审美感染的"责任担当"要素进行研究，对学生进行正确价值观的引领。如现代京剧《红灯记》就包含着"爱国"的"责任担当"因素。这部歌颂中国人民不屈不挠与日寇抗争的红色经典剧目，自搬上舞台以来，感染着几代观众，剧中革命英雄形象给观众留下深刻印记，"痛说革命家史""都有一颗红亮的心""临行喝妈一碗酒""光辉照儿永向前"等，很多广为流传的唱段激动人心。欣赏它们、学习它们，必然能使学生受到"责任担当"的感染，必定能将"爱国"的种子深深植入他们的内心。"忠孝、诚信、礼义、廉耻""为天地立心，为生民立命，为往圣继绝学，为万世开太平"等有积极价值导向的传统文化思想，不仅能培养学生美德，还能塑造其言语表达能力，净化其心灵。

**（二）情境预设激发责任情感**

"情"与"境"都有助于学生情绪的触发，合理充分的情境设计可以更有效地触发学生必要的情绪体验。学生在情境中的体验学习除了掌握更充分，理解更深刻，其情绪也得到更积极的体验。

如，数学学科对于学生的发展价值，除了提供数学知识本身以外，还使学生通过数学知识的发现，了解知识与生活、知识与知识间的来龙去脉，了解发现的视角和形成猜想的意识；也可以通过数学问题的解决，了解形成知识的过程，产生丰富的体验和有意义的认识；又可以通过数学内在的结构关系和规律的揭示，产生主动探究的欲望和形成学习的内驱力；还可以通过发现事物数量，数形关系及转换的思维策略，建立判断与选择的自觉意识。这些数学学科独有的育人价值，激发学生主动探索的欲望，提供学生发现的方法和思维的策略，从而获得积极的责任情感。

在数学教学中，重视开展形式多样的实践活动，将书本知识、经验与社会调查等实践活动资源联系起来，充分利用活动中的责任教育资源，发挥各种实践活动的责任教育价值。如教学中设计学生讨论的活动，让学生在探究中理解责任与个人及社会的关系，个体只有在社会合作与交往活动中，才能真正体验人与人之间的利益关系，深刻理解相互尊重与相互协调统一的必要性，在切实感受到自己所担负的责任的基础上才能萌生责任动机,激发责任情感,引导责任行为。

数学不仅作为人类经验和精神文化的成果,更作为人的生命实践活动的过程和关系。它内含着人类在社会生活中发现问题的过程,在解决问题过程中遭遇的困难和障碍,以及人类利用经验和智慧克服困难和障碍,实现创造发明的生命实践过程。通过数学的学习,学生能够经历和体验人类创造的生动过程,把他人生命实践活动过程当中的经验和智慧,通过自己的体悟和践行转化为自己生命成长的资源和精神的能量。因此,数学学科进行责任教育就是要深入学科内部,把握学科核心,让学生体会其所蕴含的理性精神、科学内涵、真理诉求,充分体现数学学科责任教育的独特且无法被代替的意义,感受和践行着唯有在数学学科的学习中才有可能经历、体验和形成的对责任产生自觉的认同感与责任期待,在思想交流中相互影响、激发积极的责任感与养成负责任的态度,逐步延伸到责任行为的落实与责任品质的养成。

以英语学科"5B M1U3 How noisy!"为例,教师通过创设贴近生活的情境以及问题引领的方式,让学生感受不同声音给人们带来的感受,体会到在公共场所自觉放低音量不影响他人,是一个公民应当履行的责任。

**场景一:在路上(In the street)**

教师呈现马路上车辆川流不息大声鸣笛的视频,并提问:"What do you hear? Do you like the noises in the street?"学生扮演文中人物回答:"No, I don't."教师追问:"Why not?"学生根据自己的生活经历以及观看视频后的感受回答:"Because they're too loud/noisy."

**场景二:在图书馆(In the library)**

图书馆里有一位同学在大声说话,教师提问:"Do you like the sound? Can you give him some advice?"学生回答:"I don't like the sound. We must be quiet in the library."教师这时呈现更多场景,让学生判断图中人物的行为是否正确:"Are they right? What can you say to them?"并且让学生结合自身实际,说一说正确的做法:"If you were in the library, what will you do?"学生在思考判断的过程中,不仅学会了用核心语言知识点进行表达,更明确了自己作为社会成员的一分子应尽的责任。

积极的责任情感让学生的责任行为不仅出于内心的义务、律令，还出自内心的欲求，产生因为承担一定责任或者坚持责任准则并按责任行事而来的自豪感、荣誉感、满足感和成就感。

### （三）丰富体验中落实责任行为

各种手段积累丰富、正向的体验，对于学生学科知识的掌握和理解有深远的意义和影响，同时，丰富的体验也有助于学生积极正向的情感、价值观的确立。

如在美术学科"'京·彩'——水墨人物"项目化学习中，渗透美术学科德育的培养。通过合作探究学习，明确组内分工，合作完成项目计划。学生根据兴趣选择京剧曲目内容和展示形式，通过对课程内容的自主学习和实践探究，了解京剧人物特点及动态特征，综合运用笔墨技法表现创作水墨人物形象。积极交流评议，通过欣赏感受京剧水墨人物的表现形式和艺术效果，培养识别与解读图像的能力和审美判断能力，激发传统艺术的创造兴趣和创造能力，提升理解文化多样性的能力和创新意识。

计划与分工环节，学生主动探究，自觉了解项目化学习主题与内容，学生间自愿分组。小组分工、制定计划、确定主题，学生养成了自觉学习、主动探究的习惯，培养学生团队合作、有效协作、尊重他人的品质。

探究与交流环节，引导学生明确探究主要任务，引导学生借助媒体和多种资源，积极搜索和收集资料，培养搜集、分析和利用信息的能力。通过运用多种媒材开展艺术实践活动，引导学生养成良好的学习习惯。通过欣赏京剧人物传统民族艺术作品，体会艺术美感，感受京剧人物造型和水墨特点，通过了解中外艺术观念及手法的不同，学习艺术家勇于创新的精神，体验多元文化的特点，激发学生对民间艺术的热爱之情。

尝试与创作环节，引导学生运用笔墨等美术语言，选择恰当的工具材料和表现技法创作京剧水墨人物形象，表达自己对京剧人物角色、要素、特点、水墨表现方法的感受，引导学生热爱生活、美化生活的情感。通过创作京剧水墨人物的活动，培养学生认真细致的学习习惯，感受传统民族艺术的内涵，体会我国传统艺术的博大精深,同时也开拓了学生视野,增强了欣赏能力,对祖国悠久灿烂的传统文化艺术感到自豪,在美的感受中接受爱国主义教育。

展示与分享环节,小组协作策划、举办绘画展,乐于分享和展示作品,运用画展资源,鼓励引导小组发挥合作精神,展示有创意、特别的作品形式,乐于分享经验和建议,在学生自评、互评与教师评价中总结经验,勇于反思不足,使学生学会分享、合作和尊重他人,培养学生小组合作、创意表现美术作品、善于总结反思的能力。

### (四)合作学习中提升责任能力

合作学习是一种有明确责任分工的互助性学习,有利于培养学生的责任心,唤醒学生的责任意识,让学生具有公共参与素养,具有集体主义精神,遵循规则,有序参与公共事务,践行公共道德;合作学习让学生善于对话协商、沟通合作、表达诉求,激发他们的责任感,培养他们履行责任的能力。

例如,在自然学科"舌尖上的美食"探究学习中通过社会热议的"营养早餐"问题,学生在小组合作过程中积极主动发表个人观点,分工合作,共同运用所学知识规范地检测食物中的营养成分,并对检测结果进行合理解释。在小组合作探究过程中,学生体验学习科学的乐趣,获取科学知识,养成尊重事实、善于质疑的科学态度,养成关注社会热议问题的意识和科学的自然观、世界观,养成解决生活问题的社会责任担当和能力。

如何使学生在小组合作中更有效地提升责任能力呢?该探究学习活动在小组的组建与分工中给予了充分的关注。小组的组建首先要体现学生的自主性,就要让学生按共同的兴趣,自主分组。但学生在组合时又往往缺乏理性思考,仅根据个人喜好来分组,有时可能会出现"强强联手"和部分学生"没人要"的现象,这时就需要教师的集中指导和调整。教师做调整工作时,尽量尊重学生意见,并让学生明白分组是应考虑的问题。首先,小组人数要合理,该探究活动以 6 人为一组。其次,小组成员要搭配均衡,本项目活动采取异质分组,例如 F 小组 6 个成员:A 同学动手能力较弱,但做事比较认真细心;B 同学动手能力一般,但积极探究的愿望很强烈;C 同学学习能力和动手操作能力比较强;D 同学善于总结和归纳;

E同学性格开朗,具有较强组织领导能力;F同学动手操作能力较强,但不善交谈。小组成员强弱搭配,各有所长,相辅相成,共同成长。再次,小组分工要合理。在分组后,小组要推荐活动小组组长并进行分工,这时需要教师在方法上做适当的指导,让学生掌握一定的合作分工技能。分工的基本原则是遵循优势互补,要尽量考虑个性差异,让每个同学在小组中都能发挥独特的作用,做到扬长补短,人尽其才。小组合作活动做到责任到人,并在努力做好"本职工作"的同时,积极协助他人。例如,F小组6位成员,在检测食物营养成分中,领导能力较强的E同学担任组长,带领大家搜集检测食物营养成分的相关资料并制定检测计划,实施过程中根据成员特点进行分工,细心的A同学和积极的B同学负责准备相关食材并布置实验器材,动手能力较强的C同学和F同学主要负责实验操作,善于总结的D同学负责记录并整理实验结果。分工合理让每个组员的价值都得到了发挥,当然还可采用动态轮换的分工方法,这样可以保证在解决生活问题中,学生愿意积极主动承担责任,并互相配合解决问题,形成良好的团队合作。

## 二、综合活动落实"责任担当"教育

学生的综合活动,与学科教学相辅相成,共同构筑了学生责任教育的坚强后盾。学校综合活动从责任教育的适切性、序列性与有效性深入研究,紧密围绕"七彩田园"课程体系中学科课程与"活动"的关联,深入培养学生对自我、对他人、对自然、对社会的责任,在生活主题式、螺旋式与体验式活动中知责任、明责任、行责任。

### (一)面向生活主题式设计——责任教育的适切性

"责任"是学生时刻携带的"随身物品",却又不易被孩子们察觉。如果没有实际的生活体验做载体,那这样的责任很容易变成了"口号"或"空架子"。为了让责任真正深入学生们的"心",我们直面学生的真实生活情境,选择学生生活中感兴趣的话题、真实遇到的问题以及典型的生活案例,捕捉生活中的"责任",确保责任教育的适切性。如当上海市开始实行"垃圾分类"时,我们以"我身边的垃圾该去哪里"为主题,开展主题综合活动,让学生们在为自己每天产生的垃圾进行分类处理,并关注"它们"的去向体验中,明白自己作为班级中的一员、田园的一员、闵行的一员,甚至上海的一员,该如何承担起自己"垃圾分类"的职责。

直面生活的主题式责任教育,让学生从身边点点滴滴中感受到了处于不同层面小学生的不同责任,从小事中学会担当、潜移默化地产生心怀家国天下的意识。

**(二)分阶段螺旋式设计——责任教育的序列性**

不同年龄段、年级的学生对"责任"的理解程度因身心发展、生活经验不同而有所不同。为了更好地实现责任教育的成效,学校将学科教学与综合活动有机融合,采取分阶段螺旋式设计,将责任教育进行分步骤有序推进,形成责任教育的序列性。

从综合活动整体架构来看,全校性开展"新时代小主人"争创活动:一年级"家庭小主人",二年级"班级小主人",三年级的"学校小主人",四年级的"社区小主人"以及五年级以志愿服务为主的"社会小主人"系列活动。引导学生以小见大,一步步感受"小主人"身份的变化,意识到不同年龄阶段责任的层次性推进。同时,这些责任并不是完全割裂,而是相互融合交错,彼此助力生长,帮助学生逐步理解"社会主义接班人"的内涵,并以此指导学生的责任实践。

**(三)多元参与体验式设计——责任教育的有效性**

"七彩"田园指引下的综合活动在注重活动规划与设计的同时,尤为关注活动中学生的体验。只有真正践行着"责任",才能正确诠释责任的内涵。如学校的"Happy 小当家"活动,以劳动为主线,培养学生对家、校、社的不同责任;以不同形式的劳动体验,让学生理解不同主体下责任的变化,承担起不同角色下的不同责任。"Happy 小当家"项目中逐步"解锁"的劳动技能:一年级关注劳动意识启蒙,探究"劳动工具的前世今生"、二年级深化"劳动技巧"、三年级关注劳动中的"自主合作"、四和五年级关注"志愿服务"等,真实真切,体验丰富。与此同时,将"责任教育"融于学校四季活动,结合不同季节特征,彰显劳动特色,如春季的种植、夏季的为"劳动者"送清凉、秋季的"收获"以及冬季的"为小树穿冬衣"等。多元的参与、丰富的体验,为学生的责任教育提供了丰富的素材、积累了丰硕的经验。

同时,学校还为学生的体验提供丰富的展示与评价平台,如校园微信公众号、各类宣讲小使者活动等,让学生在责任中培养自信心,获得自豪感,深入推进责任教育的有效性。

"勇于承担的孩子最优秀",我们的教育,不仅要让学生知道自己的责任,理解与感悟不同的责任,更重要的是还要将"责任"扎根于心田、付之于行动。学校始终基于学生立场,以序列化、体验式活动设计,引领孩子们在成长过程中勇于承担、敢于突破,在新时代主题下,承担起属于自己的家国情怀。

## 三、德育中渗透"责任担当"教育

为认真贯彻党的教育方针,落实学校教育"立德树人"的根本任务,学校通过"完善德育工作架构——制定德育评价指标——打造评价展示平台——改进德育工作设计"的循环优化机制,以"品格教育"为核心,以"责任教育"为主体,构建学生德育体系,提升德育工作实效,积极培养学生"责任担当"意识,使之形成面向未来发展所需的必备品格和关键能力,为学生的幸福成长奠定基础。

### (一)以"三类角色"构建德育体系

学校基于社会主义核心价值观,结合学生的日常学习和生活,通过顶层设计,挖掘品行养成与德育工作的内在关联,建立包含"学习指导、健康管理、社交礼仪、道德法治"四大领域的学校德育工作体系。我们梳理了关乎学生身心健康发展的"十大必备品格",包含"尊重、自信、感恩、超越、分享、创新、勇敢、诚信、合作",并以"责任"为主体品格,在"培养品行兼优田园好少年"的目标引领下,明确了学生成长过程中的"三类角色"与"责任担当"之间的内在关联,有目标、有路径地不断深化学生"校园小当家、家庭小主人、时代好少年"三类角色意识。过程中,我们始终关注学生在学校、家庭和社会中的责任意识培养,将德育渗入学生日常生活。

---

**核心目标**

做一个品行兼优的田园好少年。

**内容细化**

校园小当家,自信、明责、爱分享;

家庭小主人,尊重、诚信、能感恩;

时代好少年,创新、合作、勇超越。

---

（二）以"三方共育"培育角色意识

我们通过"三个一"的操作方式：每月"一系列依托口袋书的主题学习、一本家校学习单、一场志愿服务活动"，在校园、家庭、社会串联起多维育人平台，点燃共育活力，给予德育工作以扎实的着力点和辐射点，形成极富张力的教育力量，润"责任教育"于细于实。

**1. 在校园：一系列依托口袋书的主题学习**

**① 认知学习**

我们拓宽宣传教育平台，以"口袋书"的形式，将学生在校、在家、在社区的学习与活动及其要求进行提炼，以达成学生对规范要求和责任要求的认知学习普及化和童趣化。

**普及化**：一方面利用升旗仪式主题发言、主题班会、开学日活动、红领巾广播等作为载体开展一系列宣传教育工作，过程中不断充实相关德育主题的内容和系列；另一方面将原本的口袋书纸质手册制作成电子资源，生成二维码，使得师生结合班队活动、道德与法治等学科学习、开展学生活动等，随时可以进行主题学习和反馈；通过学生自学、同伴互学、家校共学等不同形式进一步明确规范和要求。

**童趣化**：我们通过班级或个人评优，借助学校校园影视特色拍摄学习专题视频，在全校展播；少先队宣传部还开播了校园广播节目《"口袋书"里话责任》，新颖的学习形式和新鲜的话题深得学生喜爱。

**② 实践活动**

学校策划了"德润田园"新时代行规教育系列实践活动和"口袋书里的你我他"漫画创编活动。紧密结合校园生活节奏，融入德育内容，引导学生在实践中，学会观察、积极思考、努力践行，用画笔记录文明，逐步提高自身素养和责任意识。

**2. 在家庭：一本家校学习单**

以品格教育为引领，我们推出了《田园外小人》的家校学习单，对在家庭中的责任意识培养进行了明确。我们要求家长按照学习单上的提示，做好监督员；要求学生根据学习单上的要求，在家逐一对号实践评价；并将自己在家学习、劳动、承担力所能及家庭责任时的规范与创意,以短视频等形式,提交学校,学校每周通过校园电视台"先锋榜样"栏目播放优秀典型事例介绍。这让学习单"摇身一变",成为学生的家庭教育指导"老师",敦促孩子们做好"时间的小主人、自己的大管家、知礼的感恩娃"。

同时,为了更好地激励学生在家的责任意识养成,这份家校学习单还从原先单一的"行为评价单"转向了长程式评价,既关注了学生行为意识养成的整体设计,同时体现了对学生"在家"角色的线下评价。

### 3. 在社会:一场志愿服务活动

学校在充分利用校内和家庭教育资源的基础上,将德育阵地拓展至校外,进一步挖掘学生在社会生活与实践中的教育切入口,帮助学生做好新时代"小公民"角色。每学年,学校以"七彩田园"教师志愿服务队伍建设为支撑,结合社会教育资源,教师团队协同设计一系列形式多样、贴近学生的社会实践活动。活动的设计与开展重点围绕培育目标,帮助学生在活动中形成问题解决能力、磨炼自身意志、提升社会认知、强化责任担当,为学生提供自我成长的指向与空间。

学生每月一次开展"优秀雏鹰假日小队"评选活动,学校每学期进行"优秀志愿者"活动的评选,更好地体现学生践行"时代小先锋"的责任与使命。


## 第四节　技术支持

### 一、完善数字化环境,保障数据采集与分析

学校在办学历程中逐步形成"七彩田园"课程体系,为学生全面而个性化的发展奠定坚实基础;坚持以目标为导向的课堂教学研究机制,开展基于标准的单元整体教学与评价,优化信息化应用,促进教与学方式的变革;注重学生学习全过程的评价研究,基于实证,及时反馈,有效激励,形成循环优化的"教学——评价——改进"学业质量保障体系;开展"问题导向,循环优化"的校本主题教研,实现各梯队教师的均衡发展,走出了一条教研训一体化——从外力驱动走向专业自觉的教师发展之路。

然而,在研究和实践的过程中,我们也产生了一些困惑:如何基于核心素养体系全面科学地评价学生? 如何有效地采集学生成长过程中的综合数据? 如何基于数据实现学生自我发展、学校教育教学和家庭教育精准度的提升?

为解决这些问题,学校将目光逐渐转移到真实反映学生发展状况的"学生数字画像"研究上。这一转变,主要基于以下两方面的实践体验与深入思考:

第一,"绿色指标"对学生素养全面评估的需求。为全面落实立德树人,推动学生核心素养发展,上海市在进行教育改革的过程中,积极推动"上海市中小学生学业质量绿色指标"体系从 1.0 到 2.0 的发展和优化。"绿色指标"以学生学业水平指数、学生身心健康指数等 10 个指标为依据对学校教育教学和学生成长发展做出全面评估,为学校提供了改革方向。

第二,闵行区数字化平台的指向与引领。近年来闵行区通过"互联网＋教育"构建了以师生发展为核心的数字化感知和支持系统,以学生个人成长空间、教师专业发展支持系统等为载体逐步开始"聚焦学生的全面成长""聚焦教师的专业发展"。在项目的参与实践中,学校感受到了信息技术对教育教学方式带来的冲击与变革。

基于此,学校逐步构建了数字化的学习环境,并对校园网络学习空间进行功能开发和应用更新,以"大数据"为基础,利用"学生数字画像"逐步实现了学生的精准评估、教学的精准改进、教育的精准改革。

**（1）系统开发智能空间,保障学生数据采集**

为了保障对于学生成长全过程的记录和分析,实现对学生的准确数字画像和精准教育教学,学校与技术公司合作,开发建设了"五大系统一个平台",多样的智能化学习环境架构,覆盖了学生成长和课程教学的全过程,为完善学生数据的采集奠定了基础。

**（2）针对学生成长需求,生成学生个性课表**

课程学习是一个全面感知和体验的过程,依托网络学习空间,学生能够充分利用丰富的课程资源并体验别样的学习经历。基于学生个性化学习需求,学校在课程学习管理系统中开发了基于微信的选课功能,学生通过微信端简单点选即可

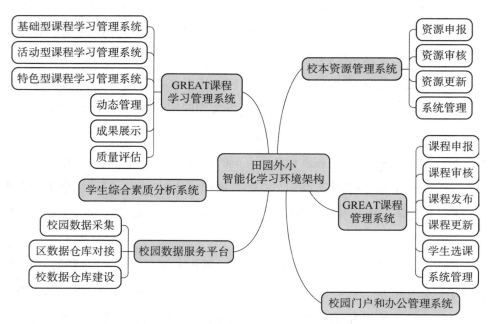

图 3-2　田园外小智能化学习环境架构图

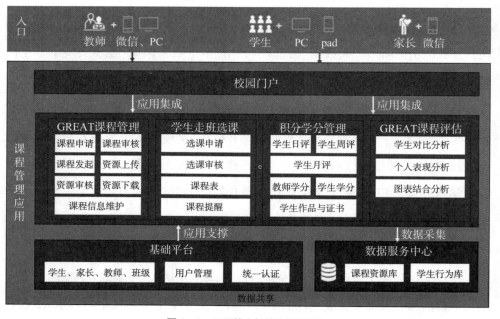

图 3-3　田园外小智能化选课平台

完成拓展、探究课程的选课操作。同时,结合学生的兴趣爱好和个性化需求,系统会为学生自动生成个性化课表,实现了从"一班一课表"向"一人一课表"的转变。

（3）完善数据过程采集,生成数字综合报告

学校通过闵行区学生成长空间和校本学生分析系统,对学生学习全过程的数据进行全面采集和深度挖掘,全面了解学生的学习兴趣、学习态度、学习习惯、学业成果等学生评价的关键因素,实现数据的过程性采集和分析。基于课程学习和多元评价的需要,学校还为每个班级和专用教室配备相关软件,有效帮助教师对学生日常表现做出及时的评价、跟踪和指导,进一步完善学生过程性数据的综合采集和分析利用。

教师以学生在学习过程中的动态数据为基础,定期完成核心评价指标的统计和分析,形成每月一次的学生核心素养发展阶段评价报告。结合阶段报告,学校每学期还会综合区"学生成长空间"数据,生成学生综合素质发展报告,解读每个学生的发展状况,为学生进行精准画像,为教学提供改进方向,真正实现了"一生一报告,一生一画像"。这些措施,都为实现基于学生数字画像提升学校教育教学精准度奠定了基础。

## 二、完善智能化空间,探索评价转型与变革

学校在开展"七彩田园"课程建设与优化的过程中,建设了较为完善的物理学习空间,打造了以教师指导为主的结构化正式学习空间,如劳动教育教室、纸艺教室等,也形成了以学生自我指导为主的非结构化正式学习空间,如梧桐广场、红领巾种植园等,还有结合两者的学习空间,如校园电视台、纸艺长廊等,形成了校园

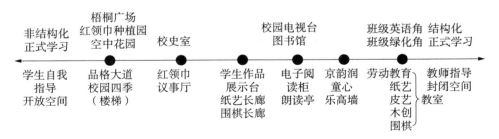

图 3-4　校园一体化物理学习空间

一体化物理学习空间。

学校持续完善智能化虚拟学习空间,如自主学习空间、评价空间、家校互动空间,并开发了"五大系统一个平台",通过课程融合、教学实践、平台建设、数据集成、学习分析、有效诊断、实时干预等方式,聚焦基于学生核心素养的"学生数字画像"研究与实践。目前校园系统设备齐全,无线网络全覆盖,学校设有基于师生课堂交互行为采集的录播教室、智能语音教室、创新实验室等专用教室。此外,校园开放活动区域配备电脑等终端设备,增设了移动电子书柜、中文在线电子阅读屏、安全互动体验机等,满足了学生个性化学习的内在需求。

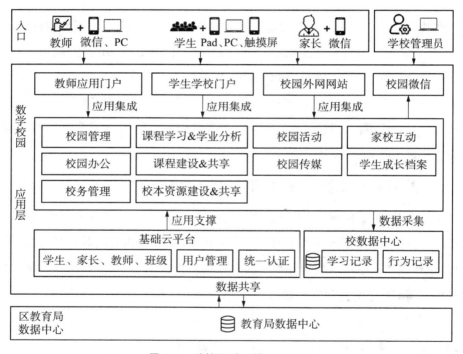

图 3-5 我校"五大系统一个平台"

学校围绕"构建智能空间,促进学习变革"这一主要目标,积极开发建设校园智能化学习空间,强化学习空间的虚实结合,探索基于智能学习空间的数字画像,构建学生为中心的智能化学习模式,丰富学校的课程服务,推动个性化学习的普遍开展,保障教育资源的协同共享,满足教与学方式变革的需求。

**（1）开发智能化学习空间，优化学校综合育人环境**

学校从基础网络覆盖着手，把"物理学习空间与虚拟学习空间的有机结合"作为校园智能化学习空间建设的重点。通过与科技公司合作，引进智能校园场景建模、交互学习体验系统、增强现实等技术手段，升级改造现有的物理学习空间，如在围棋教室中采用人工智能技术、虚拟现实技术等应用，提升围棋学习的交互性与生成性，强化学生的学习体验。

同时，借助可穿戴设备系统、校园物联网信息收集系统、校园地理信息系统等技术手段，进一步实现环境感知系统的智能化升级，打造了智能化的学习体验空间，让教学形态更多样，教学内容更多元，教学评价更多维，满足学生学习的新需求。如对学校原有的空中花园进行整体改造，建立智能植物培养与观察系统，让学生能够通过智能终端观察植物生长过程，了解植物习性，为学生自主探究学习提供支持。

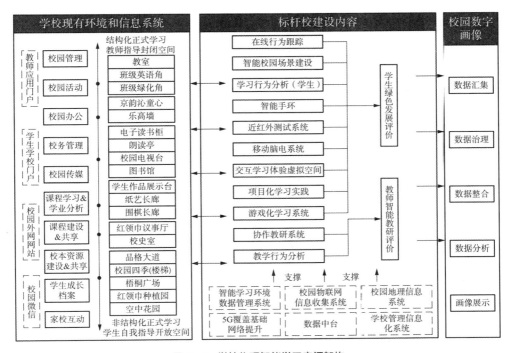

图 3-6　学校物理智能学习空间架构

**（2）利用智能化信息技术，实现师生精准数字画像**

校园智能学习空间的开发、建设与改造，不仅有助于促进学生的个性化学习，而且有利于完善数字画像应用系统，推进学生学习行为分析、学生绿色发展评价、教师教学行为分析、教师智能教研评价的研究与实践，进一步优化学校对于师生的精准数字画像。

学校通过智能学习环境数据管理系统和校园物联网信息收集系统采集学生在虚拟与物理学习空间中的动态学习数据，借助可穿戴设备与校园地理信息系统获取学生的在校学习轨迹、身体健康等数据，基于在线行为跟踪系统与教学行为分析系统记录师生课堂互动行为，最终利用数据中台强化数据的综合管理和融通运用，逐步建构基于大数据的学生评价体系、教师评价体系与教学改进体系，从而促进数据驱动下的教育教学改革。

学校原有的数字画像主要通过五大系统一个平台来对学生学习全过程进行数据采集。尽管采集系统较为完善，但评价还是会受到教师主观判断的影响。为

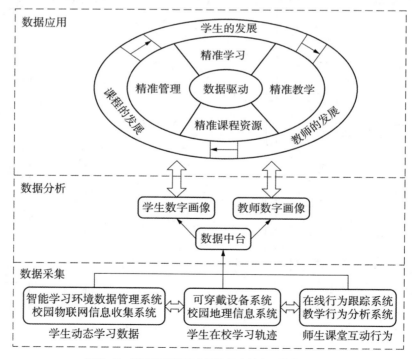

图 3-7 基于智能学习空间的师生数字画像实施路径

客观真实地反映师生发展状态,学校以上海市绿色学业质量指标为基础,在智能学习空间的建设过程中,不断明确评价维度与指标,实现对每位师生的精准数字画像,也能够进一步为师生制定更为精准的未来发展规划和具体学习方向。

**(3) 优化智能化空间应用,探索教与学方式的变革**

学校将通过对环境感知系统、数字画像应用系统、智能学习系统等智能空间应用的升级与改造,进一步细化学习空间的功能和定位,优化"七彩田园"课程的学习资源建设与课堂教学实施,促进学生自主学习。

校园智能化学习空间的建设将有效激活学生的学习动力,让校园环境成为一个大的数字化课堂,改变传统课堂关注知识与技能传授的现状,面向教育 4.0 时代的育人要求,培养以人为本的技能,关注学生的全球公民技能、创新和创造力技能、技术技能以及人际交往技能。

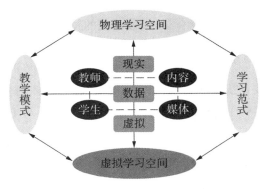

图 3-8 师生在智能学习空间下的交互关系图

在智能学习空间的新环境下,促进评价方式的变革,通过改进结果评价,强化过程评价,探索增值评价,健全综合评价,充分利用信息技术,提高教育评价的科学性、专业性、客观性。学生基于智能学习空间开展综合性、跨学科的有效学习,在探索、沟通、协作和分享的过程中,也将收获个人素养的全面综合发展。

# 第四章 "春之阅读悦成长"项目化学习

## 第一节 "春之阅读悦成长"活动背景

《义务教育语文课程标准》(2022年版)倡导综合性学习,它从大语文观着眼,注意学科知识的交叉渗透,构成多维度的开放性的教学空间,把重点放到了培养学生语文素养的层面上,注重语文学科与其他学科以及学生生活的整体联系,使课堂的范畴扩大到家庭、社会、大自然、图书馆、信息教室等。本节以研究小学语文的阅读现状为出发点,从阅读背景、阅读研究的发展历程两方面进行深入探讨。

### 一、阅读研究背景

语文学科活动要走出书本,走出教室,走出校园,融入自然和社会,让学生在生活中学语文、用语文,提高读写听说能力和与人合作、与人交流的各方面的能力。例如语文春季拓展活动。语文春季活动中,以全课程的教育理念倡导生活化的学习,以培养学生的综合素养为目标,覆盖学校全部生活,是学校四季拓展活动课程的起点,它们螺旋上升,层层递进,构成完整的系统,帮助孩子完整地认识世界和自我。推动学科全面融合。面向与教学相关全部要素的综合性课程改革。其唯一指向就是培养人格健全、思维活跃、个性鲜明、素质全面的儿童。

整本书阅读旨在引导学生开展深度阅读并进行思考,项目化学习作为整本书阅读的一种学习模式,以"真正的问题"为导向,以真实的阅读状态,深入的阅读讨论,可视化的阅读成果培养学生的高阶思维能力,助力提升学生的语文素养与能力,推动整本书阅读走向深处。在小学阶段根据儿童不同年龄段的心智发展程度进行分层次的整本阅读指导,可以帮助儿童丰富自身的情感、思维、精神等核心素养,达到儿童语文学习的理想状态。

## 二、阅读研究的发展历程及现状

随着社会的发展,阅读不但成为全社会讨论的主题,而且是一个国家文化软实力的主要体现之一。学生在阅读过程中,不断经历语言的建构与运用、思维的发展与提升、审美的鉴赏与创造、文化的传承与理解,核心素养不断生长。当前阅读研究主要可以归纳为整本书阅读、分级式阅读、合作阅读等方面。

### (一)整本书阅读

1941年,叶圣陶在《论中学国文课程标准的修订》中对"读整本的书"提到:"把整本书作为主体,把单篇短章作辅佐",这是叶老第一次明确提出要读整本书。但因历史条件的限制,叶老只对初中和高中提出了读整本书的要求。此后,许多专家学者在此基础上提出了"整本书阅读课程化",将整本书阅读作为小学语文课程中的一个必要的组成部分。

"整本书阅读"这个概念,始于2001年的《全日制义务教育语文课程标准(实验稿)》。实验稿课程标准颁布近20年后,北京大学教授温儒敏主持编写统编语文教材时,将整本书的阅读要求编入教科书,设计了"和大人一起读"(一年级)、"我爱阅读"(二年级)、"快乐读书吧"(一至六年级)等栏目,有序安排整本书的阅读。"整本书阅读"不仅包含教科书所涉及的内容,也包含了课程标准"关于课外读物的建议"中推荐阅读的书。

随着"整本书阅读"课程观的不断深入,瞿卫华以及李怀源对整本书阅读课程的建构也提出了自己的见解。瞿卫华在《教学与管理》上发表的《小学高年级整本书阅读课程开发策略初探》一文中对"整本书阅读"课程的构建提出了一系列策略。他认为"整本书阅读"课程的构建分为3个步骤:首先,有明确的时间保障,通过师生"共读"与"漂读"为"整本书阅读"课程的推进构建了立体空间。其次,有明确的阅读方法,将教材和整本书相通融,实现阅读资源的整合以及阅读方法的迁移。最后,有明确的阅读收获,通过阅读和实践相结合,让学生的阅读所得内化吸收。李怀远在《孩子们去读整本书》一文中指出,"读整本书"是语文学科的重要组成部分,他主张将整本书阅读纳入学校体系,并构建了"读整本书"的课程体系。他指出教学目标和质量标准要体现学生核心素养;内容标准和教学建议要促进学生形成核心素养；内容要精选，学科要整合，实施要简便，评估要全面，整个体系能够促进学生核心素养的发展。

综上所述，"整本书阅读"在近年来的发展中逐渐被视作语文课程的一个重要组成部分，其课程体系建设也日趋完善。"整本书阅读"有别于单篇阅读，"整本书阅读"使得儿童可以掌握更加完整的故事内容，构建一个完整的语言环境，传递完整的文化价值观。

（二）关于分级式阅读

不同年龄段的儿童，其认知的水平也是由低向高渐进发展的。因此儿童阅读是需要根据其年龄特征进行分级指导的。语文学科组基于不同学龄段儿童的特点，进行了细致的分级阅读指导，根据其不同年龄段的特点，从培养趣味入手，由浅入深，不断扩大阅读范围和提高阅读难度，逐步让孩子有一个相对自由的阅读空间，培养其良好的阅读兴趣和习惯。

此次项目化学习设计中，各年级共读一本书，一年级学生主要阅读童谣和儿歌《和大人一起读》；二年级阅读童话《神笔马良》；三年级学生阅读寓言童话《克雷洛夫寓言》；四年级学生阅读科普类童话《细菌世界历险记》；五年级阅读民间故事《列那狐的故事》。5本书阅读难度逐步提升，从培养阅读兴趣到扩大阅读知识面，增加阅读量，给予了学生阶梯式上升的阅读体验。

（三）关于合作阅读

合作阅读属于阅读教学的一种新路径，可以更好地培养学生的阅读素养。合作阅读主要是指两个及以上的学生因为相同的目的而展开协作配合、互相帮助的学习模式。通常来讲，也就是把全班同学平均分成几个不同的小组，让学生可以在小组范围内与其他同学进行合作阅读。

小学阶段是合作阅读教学的起始阶段，以基于小组合作的整本书阅读来发展小学生语文核心素养的策略具有显著的研究价值。合作阅读学习策略给学生提供更大的发挥空间，能够使学生之间的互动性得以有效加强，利用对阅读内容进行深入剖析，对内容中的新型词汇进行学习，使文章内容被很好地理解，同时让学生利用比较简洁的语言对自己的阅读成果进行总结，学生阅读的积极性以及创造性得以很好地发挥,学生的阅读兴趣不断提升,从而提高学生的语文阅读能力。

## 第二节 "春之阅读悦成长"活动设计

项目化学习是指学生围绕具有一定挑战性的项目主题,在精心设计任务与活动引导的基础上,展开较长时间的开放性探究活动。学校语文学科组力图在小学语文整本书阅读教学实践中,开展项目化学习,激发学生的阅读动力,让学生的阅读从零碎走向融通,从机械走向灵动,从浅表走向深层,从虚假走向真实。项目式学习的系统构建,能帮助学生逐步从低段对阅读内容的熟悉认知,到中高段理解故事的主要内容,体会故事所表达的思想感情,直至具备初步的阅读分析能力和概括能力。

### 一、项目化阅读活动背景与整体介绍

国家统编教材四年级语文下册第二单元围绕"蓝天、森林、大海,蕴藏着自然的奥秘;过去、现在、未来,述说着科技的精彩……"这一诗意化的人文主题安排了教学内容,如图4-1所示。

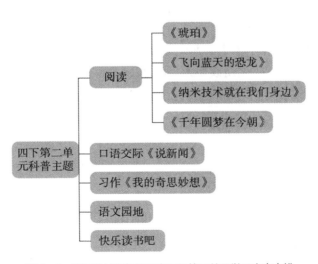

图4-1 统编教材四年级语文下册第二单元学习内容安排

该单元要落实的语文要素之一是"阅读时能提出不懂的问题,并试着解决",这一语文要素指向的是阅读策略中的提问,《语文课程标准》(2011版)在中年级段阅读目标中提出"能对课文中不理解的地方提出疑问。"本单元四篇课文的教学围绕语文要素,继续强化学生提问题的意识和能力,鼓励学生从多个角度提出问题,提出一些有探讨价值的问题,并能记录、梳理问题。但是这四篇课文在"提出问题解决问题"方面的要求也各不相同,如表4-1所示。

表4-1　单元语文要素

| 文章篇目 | 语文要素 |
| --- | --- |
| 《琥珀》 | 提出不懂的问题,并试着解决。 |
| 《飞向蓝天的恐龙》 | 把不懂的问题写下来,并试着解决。 |
| 《纳米技术就在我们身边》 | 能提出疑问,与同学交流,解决问题。 |
| 《千年梦圆在今朝》 | 通过查资料等多种方法,解决疑问。 |
| 语文园地 | 交流平台:引导学生回顾、梳理学到的解决问题的方法。 |
| | 词句段运用:丰富学生的词汇积累,让学生了解到词语随着时代的发展而产生的变化。 |

## 二、项目化阅读活动设计

项目化阅读活动的设计首先需要依据课程内容要求选定阅读书目,制定阅读计划和要求,在班级内成立阅读小组,学生以小组为单位共同阅读、交流,完成既定阅读目标。其次,在项目的进行过程中,需要针对学生的完成情况,设计干预工具,具体分为:认知群体感知工具、交互支持工具以及过程性反思工具三类,共同推进项目式阅读的完成。

### (一)项目化阅读活动简介

该项目基于国家课程内容、学期安排和学生实际发展水平,将项目实施与校春季活动有机结合,实现了国家课程的校本化实践。通过设置匹配学生学情的阅读书籍,以小组化学习模式开展整本书阅读,实施分3个周期开展,项目时长为一个半月,整个项目活动进程安排如图4-2所示。

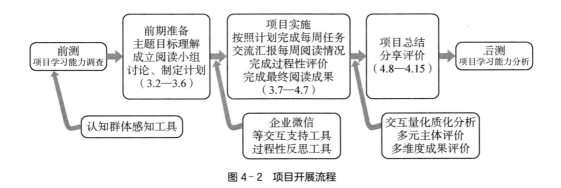

图 4-2　项目开展流程

四年级"春之阅读悦成长"项目化学习结合部编教材小学语文四年级第二学期第二单元科普阅读任务和《快乐读书吧》阅读活动,面向四年级学生设计并开展了在线教学期间学生居家阅读科普书籍——《细菌世界历险记》的学习活动。四年级学生在语文教师的指导下,和小组成员共同进行阅读。在阅读过程中,学生们需要完成每周阅读任务,旨在继续落实"阅读时能提出不懂的问题,并试着解决"这一单元语文要素,增强学生主动提问的意识,养成阅读时积极思考、主动解决问题的良好习惯,帮助学生了解基本科学知识,提升学生阅读科普类作品的兴趣,丰富学生的科学素养。此外,学生在小组学习交流和完成阅读任务的过程中,提升了语文学科的理解和表达能力。

同时,该项目在落实学科课程标准的基础上,引入共享调节和群体任务理解的理念,教师引导学生在学习中展开团队协作,理解小组合作阅读的相关任务和要求,制定相匹配的小组计划,利用多种资源进行合作学习,以提升学生的责任意识和合作能力,激发学生阅读热情,培养良好的阅读习惯。

（二）干预工具设计

本项目化活动中主要使用三类干预工具:认知群体感知工具、交互支持工具,以及过程性反思工具。

**1. 认知群体感知工具**

项目化学习前期,班级以小组为单位,对参与学生进行了分组安排,根据班级人数的不同和学生实际能力特点以 5 至 10 人为基本小组,有组织地围绕项目主题与目标进行学习任务的理解。在该过程中,组成一个团队的学生需要将任务进行进一步明确。由于学生个体认知的差异,团队中每个成员对于任务都会有自己的理解,整个团队需要通过共享调节达到任务的共同理解。因此,设计了相关的"共享调节水平问卷"。

项目化学习过程中,团队利用线上工具进行讨论,在团队组长的组织下,内部进行观点分享,并记录讨论全过程,记录各自对阅读同一章节内容的理解、记录不同问题的看法等。在群体讨论中增进了团队成员彼此的了解,为后续在全班展示交流小组讨论后的成果、项目进一步开展奠定基础。

### 2. 交互支持工具

由于学生第一次尝试线上分组交流,"见面"频率低,学生年纪小,可能存在项目浅尝辄止的情况,要科学地组织、协调和控制项目学习的实施过程,有效、及时的团队沟通就显得尤为重要。有效沟通对项目学习的顺利开展和人际关系的改善都有促进作用,因此,分组阅读时交互的过程也值得关注。

在划分小组时,组织者力求每个小组实力基本均衡,学生通过文字对话、语音、表情符号等将协作过程直接在线上进行展示。在团队协作的过程中,每周阅读完计划内容后,学生的线上交流也会进行分析,从而对其阅读进度进行有效跟进,及时做出提醒和指导。如图4-3所示,记录阅读发帖情况,形成比对。

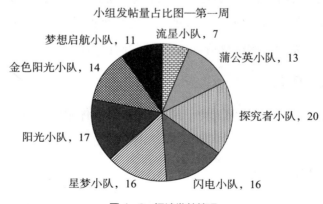

图 4-3 阅读发帖情况

### 3. 过程性反思工具

在项目化学习中,需要对学习进度进行调控,即对项目学习各阶段的进展程度和项目学习成果最终完成的期限进行管理,其目的是确保项目学习活动按照预先的计划正常开展。在项目化学习活动过程中,可以利用项目规划时所确定好的时间安排进度表来开展活动,要经常检查实际进度是否按照计划执行,如果出现偏差,则需要及时分析原因,采取必要的补救措施或调整原计划,以确保项目化学习顺利开展并按时完成。在项目实施过程中会进行评价填写,以观测组员的阅读表现。评价表最终以雷达图形式呈现,每位学生各个维度的表现一目了然,继而再形成小组雷达图评价,如图4-4所示。

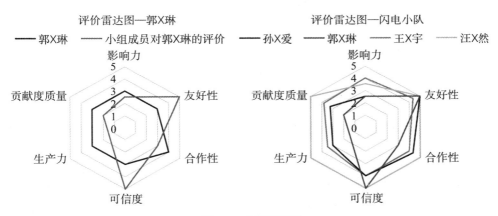

图4-4 评价雷达图

## 三、阅读评价设计

学生在项目学习的最后需要填写项目学习能力评价表。通过组内自评与组内互评的方式对项目学习的过程进行回顾,回答相关问题,以星级的形式对项目式阅读完成情况进行评价。

### (一)学生评价

对于学生的评价除了自评、组评,还有指导者对其的评价。指导者每周填写阅读情况汇总表,如表4-2所示,从几个维度过程关注学生阅读情况。

表 4-2　阅读情况汇总表

| 阅读情况汇总表(第　周) | | | | | |
|---|---|---|---|---|---|
| 班级： | | | | 教师： | |
| 阅读书籍： | | | | | |
| 小组 | 小组成员 | 书籍阅读<br>(10分) | 作业完成<br>(10分) | 小组协作<br>(10分) | 总计<br>(30分) |
| | | | | | |
| | | | | | |

在学习过程中期,小组开展了小组合作能力和阅读理解能力的小组内自评与互评,这种评价方式帮助学生既能自我分析问题、解决问题,又能总结经验,取长补短、互相促进、互相监督、相互激励。此外还能增强个人进取意识、责任意识。

在学习终期,再针对小组合作能力及阅读理解与表达能力进行了组与组之间的评价。通过评价范围的扩大和改变,把小组合作学习从个人之间的竞争变成小组之间的竞争,把小组总体成绩作为了评估或认可的依据,形成了"组内成员合作,组间成员竞争"的新格局,使得整个评价的重心由鼓励个人竞争转向组内合作达标和组间竞争。这种评价方式,激发了学生的责任意识,增强了学生集体责任感。

此外,教师也对组员的参与情况、小组单方面的突出表现给予了中肯的评价和激励,激励所有成员学会主动承担责任。小组内出现互动、互助、互勉、互进的局面,强化了学生的合作意识,责任意识。

**(二) 项目作品评价**

阅读结束后,各小组以作品呈现阅读体会,如编制读物手册作为项目学习作品。项目作品的评价采用多维度评价。首先,评价是否凸显阅读文本特点,将内容表达的准确性和价值性置于首位。其次,就内容(科学性)、组员分工(协作性)、手册编排(艺术性)等维度设计评价指标。

相比以往只注重结果的评价,本研究设计的学生评价、过程性评价与多元主体、多维度项目学习成果评价相结合的方式,体现了面向共享调节的信息技术项目学习模式,更加重视项目学习过程中学生认知能力、问题解决能力、情感态度掌握能力等一系列核心能力的培养。本项目的评价设计比较客观，符合新课程标准，基本上能综合、全面地对项目作品进行评价。

## 第三节 "春之阅读悦成长"活动实施

在上述项目设计阶段，通过以往的阅读经验分析，总结了共享调节理论在与小组阅读活动融合过程中起到的调节作用，并对小组阅读活动过程的干预、调节支架还有项目评价进行了设计，初步得到了比较完整的基于共享调节的小组合作阅读项目的学习改进措施，接着教研组通过四年级的两个班级进行案例实践研究，这两个班级被命名为 A 班和 B 班，依据设计好的项目学习理论干预过程，开始进行项目学习实践实施。

### 一、阅读活动实施过程

阅读活动的实施过程由项目准备、项目执行、项目反思评价三部分组成。在项目实施准备阶段，需要确定前期准备工作、确定活动分工合作、明确学生特点及能力；项目执行包括阅读书籍和完成读书报告；项目反思评价分为个人评价、团队成员评价和作品多主体、多维度评价三部分。

#### （一）项目实施准备

#### 1. 确立活动目标

准备阶段的第一步是确立本次任务以学校春季阅读活动为依托，结合四年级下册教材单元开展为期一个月的课外科普阅读活动。此次任务希望学生以小组形式一起阅读书籍《细菌世界历险记》，了解它们的衣食住行、生活习惯、生活方式等，最终共同制作完成一份关于细菌的阅读报告，并向全班同学展示报告成果。同时，将小组作品分享到班级群，由全班同学共同参与评价，评选出班内的"优秀阅读小组"。

#### 2. 确定活动分工

准备阶段的第二步确定学生阅读活动的分组。通过视频会议的方式，小组成员将基于个人的任务理解,共同讨论小组的任务,达成一致的任务理解。接着,小组讨论并制定共同的阅读计划,组长将讨论后的计划表(电子版或手写拍照)发到班级群,供组员随时查看。最后,学生认领制作阅读报告的分工任务。

**3. 明确学生特点及能力**

准备阶段的第三步是明确该年段学生特点以及实际阅读能力。为此教研组配合设计了前测问卷(如图4-5所示),来了解学生对于完成小组阅读《细菌世界历险记》项目学习的动机、情感、认知等信息,由学生自己填表,并将结果在小组内共享,以缩小小组成员对该项目学习理解的差异。以其中2个班的调查情况为例,本次问卷研究共发放问卷80份,回收80份,有效问卷80份,得出以下分析结果。

**共享调节水平问卷——前测**

班级:＿＿＿＿＿＿＿　　姓名:＿＿＿＿＿＿＿

在以前的学习过程当中,相信大家都有小组合作完成作业的经历,请围绕同学们小组合作的情况,回答以下问题(请在对应选项中打钩"√",每题只能选一个答案)。

一、

| 序号 | 题目 | 很不符合 | 不太符合 | 可能是 | 比较符合 | 非常符合 |
|---|---|---|---|---|---|---|
| 1 | 我们小组喜欢一起完成作业。 | | | | | |
| 2 | 我们小组能够很好地合作。 | | | | | |
| 3 | 一起完成作业过程中,我们能重视每个同学的想法。 | | | | | |

二、

| 序号 | 题目 | 很不符合 | 不太符合 | 可能是 | 比较符合 | 非常符合 |
|---|---|---|---|---|---|---|
| 1 | 在每次开始合作前,我们都会认真理解作业的要求。 | | | | | |
| 2 | 合作过程中,我们小组会制定共同的计划。 | | | | | |
| 3 | 在小组合作过程中,我们会留意作业的完成情况。 | | | | | |
| 4 | 合作过程中,我们小组考虑问题很全面,会思考许多问题。 | | | | | |
| 5 | 每次作业完成后,我们会主动总结合作过程。 | | | | | |

图4-5　共享调节水平问卷——前测

（1）学生项目化学习动机分析

从图 4-6 分析得出 80％的学生对于小组合作阅读充满兴趣,图 4-7 则表示 35％的学生对于合作完成阅读还不是非常理解。这提示了后续实施中需从提高学生的综合能力入手,通过干预,让学生在阅读过程中感受小组合作阅读和个体阅读的差异和优势。

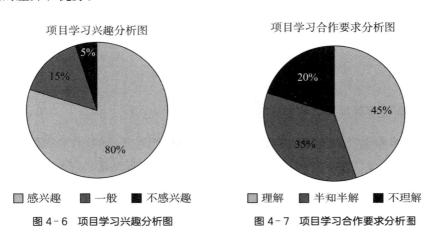

图 4-6　项目学习兴趣分析图　　　　图 4-7　项目学习合作要求分析图

学习的最好刺激就是对学习内容的兴趣。因此,在进行项目化学习时,需先挖掘阅读材料中的兴趣因素,并注意捕捉学生生活中的兴趣点,适当引导学生将虽有所感触却不明白的课外问题恰当地引入课堂。这样能保证系统地进行阅读,做到严密、循序渐进和深入,从而使学生将问题带入阅读故事的内容,尝到学习的乐趣。

（2）学生项目认知分析

小组合作阅读需要根据指定的计划完成阅读任务,学生能认真按计划完成阅读任务、尽力分担小组任务,最难的一个部分是在阅读过程中遇到困难如何解决这个问题。图 4-8 显示 35％的学生以往是自己上网查阅资料解决问题,52％学生会向家长或者老师求助,只有 12％的学生会在合作过程中大家一起想办法解决。虽然学生对最后作品完成期待度非常高,但在最后作品完成需要的能力方面数据却显示学生在阅读任务完成时需要补充知识,在每周反馈时了解学生问题出现在哪些方面,并指导通过小组合作来完成。

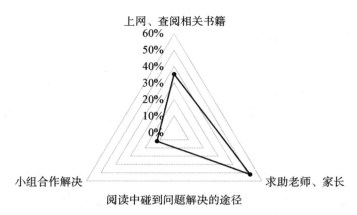

图 4-8　项目学习合作要求分析图

### （3）学生项目学习过程中情感变化分析

图 4-9 显示小组阅读活动前学生解决问题的积极性,54％的学生对小组阅读项目学习很有信心,但是对于这一阅读过程中可能会遇到的问题,23％的学生没有信心,这一点非常不利于组内项目学习活动的展开,因此在项目学习中要不断加强学生对自我的认知,提高学生的兴趣和完成项目的自信心。音乐、画画易引起小学生的兴趣,因此阅读成果的展示通过图画的方式来呈现,那么阅读的内容就变得有趣,学生就更有动力去体会阅读的快乐。

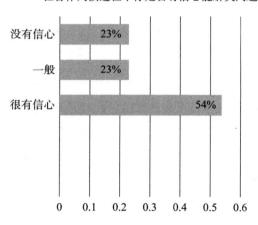

图 4-9　合作阅读时遇到困难的信心分析

## （二）项目执行

准备工作结束后,为期四周的阅读活动正式开始。在阅读过程中,学生每周需要完成的任务有:阅读书籍、通过小程序打卡、与组员积极互动、完成读书报告、每周周末开展一次线上小组交流会。在完成任务的过程中,教师会及时跟进各小组的阅读情况,并予以反馈。本次阅读任务主要分为 3 个主要部分:阅读书籍、完成读书报告和制作作品,如图 4-10 所示。

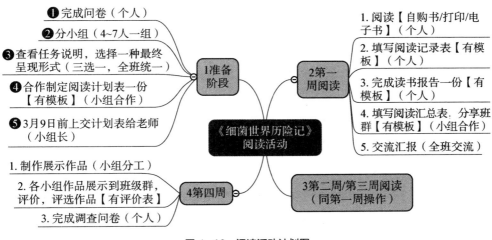

图 4-10　阅读活动计划图

### 1. 阅读书籍

最终的作品要在原书的基础上进行创编,所以首先要根据阅读进度完整地阅读——《细菌世界历险记》,需要了解的内容包括:主人公"细菌"的衣食住行、生活习惯和生活方式,然后塑造形象,再进行汇编故事。

从图 4-11 中可以发现第一周按计划进行阅读,B 班有 3 个小组阅读积极性非常高,组内成员阅读能力较强。而且在阅读过程中如果出现问题,这 3 组成员解决问题的方式较为多样。所以他们解决问题花费的时间相对较短,他们能利用更多的时间阅读书籍,阅读进度就较快。剩下的 5 组能基本完成制定的阅读计划。这几组的学生还没有很好地利用小组合作的优势。小组合作阅读过程中发现了问题,是可以通过同伴的相互帮助,了解书中疑惑的内容,并努力克服自身认知方面的不足,通过自我调节和团队共享调节,提高阅读的能力。

阅读活动中也体现了合作教学的理论。在阅读过程中体现"你不会学习,我来教你;你不愿学习,我强迫你学习。"转变为"你不会学习,我来教你;你不愿学习,我来吸引你学习。"用吸引学生学习的方法提高学生阅读能力和培养学生的阅读兴趣。

### 2. 完成读书报告

阅读内容完成后,小组成员需要根据书本内容完成相关章节的读书报告,梳理本周阅读的收获,并给作品主人公"细菌"建立人物档案。小组成员通过讨论解决本周阅读中出现的问题、形成最后作品的雏形。

在每周完成阅读任务后,小组成员按照读书报告内容,完成相关内容的撰写,整理每周的收获和启发。在小组讨论后,梳理文中主要内容,完善主人公"细菌"的资料,使创编的故事内容完整。

以上任务执行的过程大概需要三周时间,学生认真阅读书籍、不断跟进,利用线上交流会议发言讨论,小组内互相解决问题和交流每周任务。

在小组合作阅读的过程中,每周结束时组长带领进行一次线上交流活动。在每周阅读任务的时间节点,根据本周的任务和计划,小组成员通过进度表和阅读报告,依次汇报阅读进度、阅读时遇到的问题及解决办法。

在小组成员认真按照既定计划执行阅读任务时,小组成员同时填写一份关于自己的努力程度和团队现阶段成员协作交流调查问卷(如表4-3所示),有利于将小组成员各自的贡献率可视化。小组成员在控制完成阶段性阅读任务时间节点的同时,应该兼顾预期作品展示的成功性;对整个小组而言,通过阶段性协作调查可以了解如果存在小组成员任务分配不均或与作品呈现度不高的问题时,该小组组长应该将以上出现的问题反馈给组员,然后组内可以通过调整分工来解决此问题;对学生个人而言,如果看到自己比组内其他人参与程度低后,肯定会调整自己的节奏,为实现项目目标而努力。针对两个班级在此过程中填写的协作交流调查问卷进行统计,结果如图4-11所示。

**表4-3 成员协作交流调查问卷**

(多选题)以下是有关你与所在小组的其他成员协作交流的整体网络问卷,请你选择相应的小组成员(如果个别题目没有相关情况,也可以不勾选)。

| 认 知 维 度 | 组员1 | 组员2 | …… |
|---|---|---|---|
| 阅读书籍过程中,你和哪些成员分享了与书籍内容有关的知识? | | | |
| 完成阅读任务过程中,哪些组员评价过你的作业,或为你的作业提出建议? | | | |
| 完成阅读任务过程中,当你遇到困难或问题时,你会向谁请教? | | | |
| 元认知维度 | | | |
| 完成阅读任务过程中,你和谁一起讨论或分享过任务进度? | | | |

| 认 知 维 度 | 组员 1 | 组员 2 | …… |
|---|---|---|---|
| 完成阅读任务过程中,你和谁相互提醒过要及时完成任务(包括单项任务提醒)? | | | |
| 完成阅读任务过程中,你和谁一起讨论或解决遇到的问题? | | | |
| 完成阅读任务过程中,你提醒过谁要放下手头其他事情,认真参与到协作中(例如专心倾听其他组员的发言)? | | | |
| 完成阅读任务过程中,谁总会说出他自己的想法? | | | |
| 完成阅读任务过程中,谁会提醒其他人说出各自的想法? | | | |
| 动机和情感维度(情感、非正式情报、信任) | | | |
| 完成阅读任务工程中,你夸奖过哪些组员的想法或作业/作品? | | | |
| 完成阅读任务工程中,哪些组员反对或不支持你的想法或作业/作品? | | | |

**梦想启航小队-阅读进度图**

| | 章节内容 | 曾X铭 | 陈X怡 | 常X然 | 赵X霆 |
|---|---|---|---|---|---|
| 科学童话:菌儿自传 | 我的名称 | | | | |
| | 我的籍贯 | | | | |
| | 我的家庭生活 | | | | |
| | 无情的火 | | | | |
| | 水国游记 | | | | |
| | 生计问题 | | | | |
| | 呼吸道的探险 | | | | |
| | 肺港之役 | | | | |
| | 吃血的经验 | | | | |
| | 乳峰的回顾 | | | | |
| | 食道的占领 | | | | |
| | 肠腔里的会议 | | | | |
| | 清除腐物 | | | | |
| | 土壤革命 | | | | |
| | 经济关系 | | | | |
| 科学小品:细菌与人 | 人生七期 | | | | ☺ |
| | 人身三流 | | | | |
| | 色 | | | | |
| | 声 | | | | |
| | 香 | | | | |
| | 味 | | | | |
| | 角虫 | | | | |
| | 细菌的衣食住行 | | | | |
| | 细菌的大菜馆 | | | | |
| | 细菌的形态 | | | | |
| | 细菌的祖宗 | | | | |
| | 清水和浊水 | | | | |
| | 地球的繁荣与土壤的劳动者 | | | | |
| | 细菌学的第一课 | | | | |
| | 毒菌战争的问题 | | | ☺ | |
| | 凶手在哪儿 | | | | |
| 科学趣谈:细胞的不死精神 | 细胞的不死精神 | | | | |
| | 单细胞生物的性生活 | | | | |
| | 新陈代谢中蛋白质的三种使命 | | | | |
| | 民主的纤毛细胞 | ☺ | | | |
| | 纸的故事 | | | | |
| | 漫谈粗粮和细粮 | | | | |
| | 炼铁的故事 | | | | |
| | 谈眼镜 | | | | |
| | "天石" | | | | |
| | 灰尘的旅行 | | | | |
| | 电的眼睛 | | | | |
| | 镜子的故事 | | | | |
| | 摩擦 | | | | |
| | 热的旅行 | | | | |
| | 温度和温度计 | | | | |
| | 从历史的窗口看技术革命 | | | ☺ | |
| | 土壤世界 | | | | |
| | 水的改造 | | | | |
| | 衣料会议 | | | | |
| | 光和色的表演 | | | | |

**探究者小队-阅读进度图**

| | 章节内容 | 朱X凡 | 韩X哲 | 钱X志 | 赵X斐 |
|---|---|---|---|---|---|
| 科学童话:菌儿自传 | 我的名称 | | | | |
| | 我的籍贯 | | | | |
| | 我的家庭生活 | | | | |
| | 无情的火 | | | | |
| | 水国游记 | | | | |
| | 生计问题 | | | | |
| | 呼吸道的探险 | | | | |
| | 肺港之役 | | | | |
| | 吃血的经验 | | | | |
| | 乳峰的回顾 | | | | |
| | 食道的占领 | | | | |
| | 肠腔里的会议 | ☺ | | | |
| | 清除腐物 | | | | |
| | 土壤革命 | | | | |
| | 经济关系 | | | ☺ | |
| 科学小品:细菌与人 | 人生七期 | | | | |
| | 人身三流 | | | | |
| | 色 | | | | |
| | 声 | | | | |
| | 香 | | | | |
| | 味 | | | | |
| | 角虫 | | | | |
| | 细菌的衣食住行 | | | | ☺ |
| | 细菌的大菜馆 | | | | |
| | 细菌的形态 | | | | |
| | 细菌的祖宗 | | | | |
| | 清水和浊水 | | | | |
| | 地球的繁荣与土壤的劳动者 | | | | |
| | 细菌学的第一课 | | | | |
| | 毒菌战争的问题 | | | | |
| | 凶手在哪儿 | | | | |
| 科学趣谈:细胞的不死精神 | 细胞的不死精神 | | | | |
| | 单细胞生物的性生活 | | | | |
| | 新陈代谢中蛋白质的三种使命 | | | | |
| | 民主的纤毛细胞 | | | | |
| | 纸的故事 | | | | |
| | 漫谈粗粮和细粮 | | | | |
| | 炼铁的故事 | | | | |
| | 谈眼镜 | | | | |
| | "天石" | | | | |
| | 灰尘的旅行 | | | | |
| | 电的眼睛 | | | | |
| | 镜子的故事 | | | | |
| | 摩擦 | | | | |
| | 热的旅行 | | | | |
| | 温度和温度计 | | | | |
| | 从历史的窗口看技术革命 | | | | |
| | 土壤世界 | | | ☺ | |
| | 水的改造 | | | | |
| | 衣料会议 | | | | |
| | 光和色的表演 | | | | |

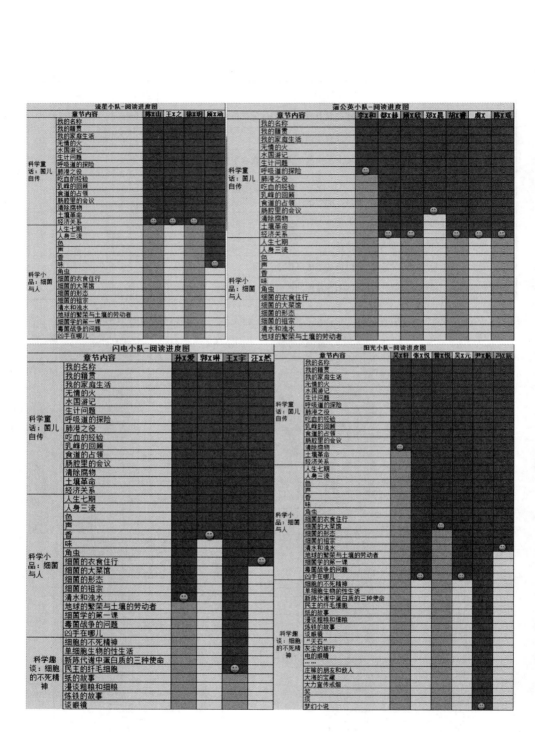

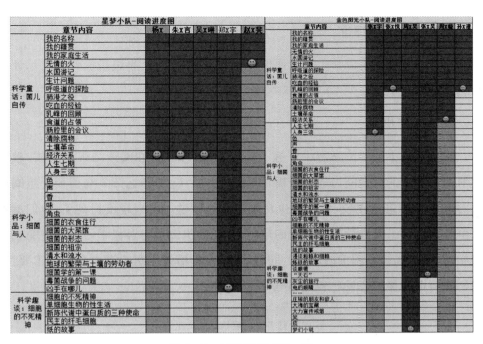

图 4-11　阅读进度表（第一周）

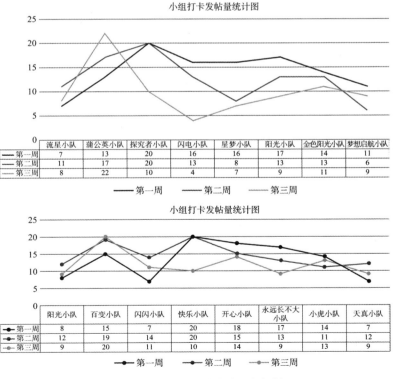

小组打卡发帖量统计图

| | 流星小队 | 蒲公英小队 | 探究者小队 | 闪电小队 | 星梦小队 | 阳光小队 | 金色阳光小队 | 梦想启航小队 |
|---|---|---|---|---|---|---|---|---|
| 第一周 | 7 | 13 | 20 | 16 | 16 | 17 | 14 | 11 |
| 第二周 | 11 | 17 | 20 | 13 | 8 | 13 | 13 | 6 |
| 第三周 | 8 | 22 | 10 | 4 | 7 | 9 | 11 | 9 |

——第一周　　——第二周　　——第三周

小组打卡发帖量统计图

| | 阳光小队 | 百变小队 | 闪闪小队 | 快乐小队 | 开心小队 | 永远长不大小队 | 小虎小队 | 天真小队 |
|---|---|---|---|---|---|---|---|---|
| 第一周 | 8 | 15 | 7 | 20 | 18 | 17 | 14 | 7 |
| 第二周 | 12 | 19 | 14 | 20 | 15 | 13 | 11 | 12 |
| 第三周 | 9 | 20 | 11 | 10 | 14 | 9 | 13 | 9 |

——第一周　　——第二周　　——第三周

图 4-12　两个班级协作交流调查表分析

## （三）项目反思评价

项目的反思评价以学生个人评价、团队成员评价以及小组最后作品展示评价相结合的形式呈现。

### 1. 个人评价

学生在本小组阅读学习中掌握了一定的阅读能力，在阅读结束的时候，教研组对所有学生的综合能力进行分析，形成如图4-13的雷达图。与前期小组阅读学习能力前测进行比较，发现学生对于小组阅读学习的兴趣度提高了，他们能够了解自己在小组阅读学习中所处的角色，并能够积极参与合作学习。通过完成阅读学习，他们提高了阅读的能力。同时，学生也领悟到小组阅读中合作的重要性，更愿意听取同伴的意见并表达、分享自己的观点。

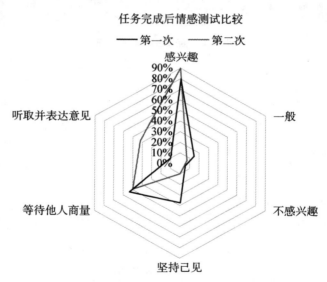

**图4-13　学生学习情感前测-后测对比分析**

在每次评价过程中，利用网络平台进行互动学习。网络交流、展示是开展各项活动的重要手段，根据本次活动需要，及时共享阅读资料、阅读进度等。这种方式使得阅读成效更有说服力，同时学生会得到组内同学的帮助并进行交流，以达到提高自己阅读能力的目的。

### 2. 团队成员评价

有效的过程性评价有利于增强学生主体意识,还可以促进学生进行知识的构建,有助于教师更全面地把握学生发展的方向。因此,在阅读任务进行的过程中,小组成员之间进行了互评,以帮助学生了解在任务进行时自己的不足和优势,能更好地完成最终的任务展示。学生的合作性在此期间有了很大的提高,大部分学生的友好性和可信度较高,是积极合作的表现。但是影响力、贡献度质量、生产力由于学生之间的阅读能力和综合能力的表现高低,个体和个体之间的差异就非常明显。这也是想通过小组阅读活动,在共享调节的影响下,提高学生的合作阅读能力的原因。如图 4-14 所示。

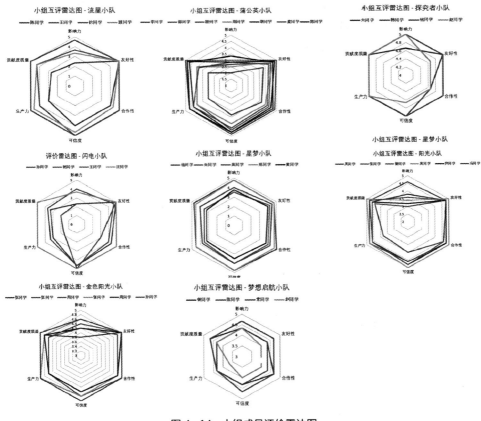

图 4-14 小组成员评价雷达图

### 3. 作品多元主体、多维度评价

项目学习作品的评价依据图 4-14 进行,从评价主体、评价维度、评价标准三个方面进行考虑,基本上能客观地、全面地对作品进行整体评价。在实施展示评价时,几乎每个小组都认真地欣赏并且热烈讨论,与阅读任务实施前期相比,学生的积极性被充分调动了起来,他们都在努力参与,尽量客观、全面地做好自评、互评工作。最终,用小组作品展示为此次阅读任务画上圆满的句号。

在本次阅读活动中,增加了学生与教师、学生与学生之间的反向信息交流。苏霍姆林斯基的《给教师的建议》中强调了教师培养学生阅读能力的重要性。他指出:学生到了中年级和高年级能不能顺利地学习,首先就取决于他会不会有理解地阅读。一个能够在阅读的同时进行思考的学生,比起掌握简单的迅速阅读能力的学生来,就显得能够更迅速、更顺利地完成任何作业。在小组合作阅读过程中,就会调动不同阅读能力的学生。

**第2题:** 请选择你最喜欢的小组作品。 [多选题]

| 选项 ⇕ | 小计 ⇕ | 比例 |
|---|---|---|
| 流星小队 | 11 | 27.5% |
| 蒲公英小队 | 17 | 42.5% |
| 探究者小队 | 6 | 15% |
| 闪电小队 | 9 | 22.5% |
| 星梦小队 | 11 | 27.5% |
| 阳光小队 | 16 | 40% |
| 金色阳光小队 | 27 | 67.5% |
| 梦想启航小队 | 23 | 57.5% |
| 本题有效填写人次 | 40 | |

**第2题：** 请选择你最喜欢的小组作品。 [多选题]

| 选项 ⇕ | 小计 ⇕ | 比例 | |
|---|---|---|---|
| 阳光小组 | 12 | | 30% |
| 百变小组 | 15 | | 37.5% |
| 闪闪小组 | 13 | | 32.5% |
| 快乐小组 | 16 | | 40% |
| 开心小组 | 18 | | 45% |
| 永远不长大小组 | 21 | | 52.5% |
| 小虎小组 | 11 | | 27.5% |
| 天真小组 | 14 | | 35% |
| 本题有效填写人次 | 40 | | |

图 4-15　最喜欢的小组投票

## 二、个案分析

为更好地了解项目学习案例的实施过程,本案例选择 A 班第四组"永远不长大小组"为研究典型进行分析。"永远不长大小组"由 5 个人组成,1 个女生和 4 个男生。女生 A:学习能力较弱,绘画能力较好;男生 A:综合能力一般,执行力很强;男生 B:动手能力强,喜欢自吹自擂;男生 C:善于总结,善于发言,组织能力强;男生 D:学习能力一般,喜欢人工智能。

"整本书阅读"项目化学习活动的关注焦点落到了学生的协作能力的培养方面,教师利用入项、执行、出项 3 个阶段,为学生营造一个适合进行项目化学习的空间。

### (一)入项活动

入项活动分为 3 个步骤进行,分别是了解阅读活动,提出问题;前期问卷调查;制定学习合约。

### 1. 了解阅读活动,学生提出问题

项目伊始,教师利用 PPT 向学生展示本次阅读活动的任务说明及阅读活动流程图,具体内容见图 4-16、图 4-17、表 4-4。

**阅读任务说明**

在接下来的一个月，同学们将会以小组形式共同阅读书籍《细菌世界历险记》。走进"细菌世界"了解它们的衣食住行、生活习惯、生活方式等。在阅读过程中，小组要结合任务要求，共同制定阅读计划，完成每周的小作业，相互帮助并了解组员的阅读进度，彼此分享交流阅读感想及收获。

阅读完成后，每个小组共同制作一份关于细菌的科普小册子（页数不限，电子版或手绘均可，使用 A4 大小的纸张），于 4 月 5 日将小组作品分享到班级群，由全班同学共同评价，评选出班里的"优秀阅读小组"。

温馨提示：在作品创作中，小组要全员参与，合理分工，团结协作，共同制作一份精彩的科普小册子！

图 4-16 《细菌世界历险记》阅读任务说明

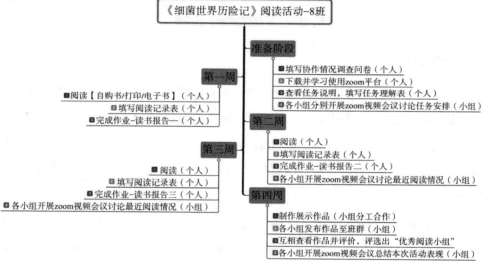

图 4-17 《细菌世界历险记》阅读活动流程图

表 4-4 项目化学习的阅读任务计划

| 阅读阶段 | 阅读时间 | 教学课时 | 项目化学习内容 |
|---|---|---|---|
| 感知阅读 | 一周 | 1 课时 | 通读全书，从故事情节、人物、环境、主题等要素入手，把握整本书的主要内容及艺术特色。 |
| 品赏细读 | 两周 | 2 课时 | 圈点批注重点章节，品味语言表达的精彩之处，梳理出"细菌"的形态特征、衣食住行、生活习性以及对人类生活的影响。 |
| 探究阅读 | 两周 | 2 课时 | 结合四年级第二学期快乐读书吧阅读任务，在独立阅读的基础上，分小组合作探究，完成读书报告，举行读书交流会，分享阅读体验和探究成果——《科普小册子》。 |

学生在了解阅读任务后，首先提出自己的困惑，教师及时进行解答，以便后续的正式开展可以更好地进行，减少不必要的困难与障碍。

### 2. 前期问卷调查

为了能够更好地检验与评估学生在学科项目化学习之后的学习质量与结果，教师利用问卷调查的形式对全班的同学进行了前测，前期问卷调查的内容主要分为互动质量、调节水平、参与度 3 个维度，目的是为了确定学生在项目化学习之前的共享调节的水平。图 4－18 为学生前测问卷数据分析图。

| 小组 | 姓名 | A1 | A2 | A3 | B1 | B2 | B3 | B4 | B5 | C1 | C1反 | C2 | C3 | C4 | C5 | C6 | C7 | C8 | C8反 | 互动质量 | 调节水平 | 参与度 | 总 |
|---|---|---|---|---|---|---|---|---|---|---|---|---|---|---|---|---|---|---|---|---|---|---|---|
| 阳光小组 | 刘X嫣 | 3 | 3 | 4 | 3 | 4 | 4 | 4 | 5 | 3 | 3 | 4 | 4 | 4 | 5 | 3 | 3 | 2 | 4 | 3.33333 | 4 | 3.75 | 3.75 |
| | 徐X | 5 | 4 | 5 | 5 | 5 | 5 | 5 | 5 | 1 | 5 | 5 | 5 | 5 | 5 | 5 | 5 | 1 | 5 | 4.66667 | 5 | 5 | 4.938 |
| | 乔X蕾 | 3 | 5 | 4 | 4 | 5 | 5 | 4 | 4 | 4 | 2 | 4 | 4 | 5 | 4 | 5 | 5 | 1 | 5 | 4 | 4.4 | 4.25 | 4.25 |
| | 刘X瑜 | 5 | 4 | 4 | 5 | 5 | 5 | 5 | 5 | 4 | 2 | 4 | 5 | 5 | 5 | 5 | 5 | 3 | 3 | 4.33333 | 5 | 4.25 | 4.5 |
| | 黄X桐 | 5 | 5 | 5 | 5 | 5 | 5 | 5 | 5 | 2 | 4 | 5 | 5 | 5 | 5 | 5 | 5 | 1 | 5 | 5 | 5 | 4.875 | 4.938 |
| 百变小组 | 张X航 | 3 | 4 | 3 | 4 | 3 | 3 | 4 | 3 | 3 | 3 | 4 | 3 | 5 | 3 | 3 | 4 | 2 | 4 | 3.33333 | 3.4 | 3.625 | 3.5 |
| | 黄X珩 | 5 | 5 | 5 | 5 | 5 | 5 | 5 | 5 | 1 | 5 | 5 | 5 | 5 | 5 | 5 | 5 | 1 | 5 | 5 | 5 | 5 | 5 |
| | 郑X瑞 | 3 | 5 | 5 | 5 | 5 | 5 | 5 | 4 | 2 | 4 | 4 | 5 | 5 | 4 | 5 | 5 | 1 | 5 | 4.33333 | 4.8 | 4.625 | 4.625 |
| | 叶X涵 | 5 | 5 | 5 | 5 | 5 | 5 | 4 | 4 | 4 | 2 | 4 | 4 | 5 | 5 | 5 | 5 | 1 | 5 | 5 | 4.6 | 4.375 | 4.563 |
| | 柳X悦 | 5 | 5 | 5 | 5 | 5 | 3 | 5 | 1 | 3 | 3 | 5 | 5 | 5 | 4 | 4 | 4 | 1 | 5 | 5 | 3.8 | 4.375 | 4.313 |
| 闪闪小组 | 张X祺 | 3 | 5 | 5 | 5 | 4 | 5 | 5 | 5 | 3 | 3 | 4 | 5 | 5 | 5 | 5 | 4 | 1 | 5 | 4.33333 | 4.8 | 4.5 | 4.563 |
| | 李X腾 | 4 | 3 | 4 | 5 | 5 | 4 | 4 | 5 | 3 | 3 | 4 | 4 | 3 | 2 | 4 | 4 | 1 | 5 | 3.66667 | 4.6 | 3.625 | 3.938 |
| | 聂X发 | 1 | 5 | 5 | 5 | 5 | 5 | 5 | 5 | 1 | 5 | 5 | 5 | 5 | 5 | 5 | 5 | 1 | 5 | 3.66667 | 5 | 5 | 4.75 |
| | 邱X | 5 | 5 | 5 | 5 | 5 | 5 | 5 | 5 | 1 | 5 | 5 | 5 | 5 | 5 | 5 | 5 | 1 | 5 | 5 | 5 | 5 | 5 |
| | 刘X怡 | 4 | 4 | 5 | 4 | 4 | 4 | 4 | 3 | 2 | 4 | 5 | 5 | 5 | 5 | 4 | 4 | 1 | 5 | 4.33333 | 3.8 | 4.625 | 4.313 |
| 快乐小组 | 吴X稷 | 2 | 5 | 5 | 5 | 5 | 3 | 5 | 5 | 2 | 4 | 5 | 5 | 5 | 5 | 5 | 5 | 1 | 5 | 4 | 4.6 | 4.875 | 4.625 |
| | 蔡X春 | 2 | 5 | 5 | 5 | 4 | 5 | 5 | 5 | 2 | 4 | 5 | 5 | 5 | 5 | 5 | 5 | 1 | 5 | 4 | 4.8 | 4.875 | 4.688 |
| | 张X奕 | 5 | 5 | 5 | 5 | 4 | 4 | 4 | 5 | 2 | 4 | 5 | 4 | 5 | 5 | 5 | 5 | 1 | 5 | 5 | 4.4 | 4.75 | 4.688 |
| | 王X媛 | 3 | 5 | 4 | 3 | 4 | 5 | 2 | 4 | 2 | 4 | 4 | 3 | 5 | 3 | 2 | 4 | 1 | 5 | 4 | 3.6 | 3.75 | 3.75 |
| | 倪X霖 | 5 | 5 | 5 | 5 | 5 | 5 | 5 | 5 | 2 | 4 | 5 | 5 | 5 | 5 | 5 | 5 | 1 | 5 | 5 | 5 | 4.875 | 4.938 |
| 开心小组 | 杨X毅 | 5 | 5 | 5 | 4 | 4 | 5 | 5 | 4 | 5 | 1 | 5 | 5 | 5 | 5 | 5 | 4 | 1 | 5 | 5 | 4.4 | 4.375 | 4.5 |
| | 王X男 | 5 | 5 | 5 | 5 | 5 | 5 | 5 | 5 | 1 | 5 | 5 | 5 | 5 | 5 | 5 | 5 | 1 | 5 | 5 | 5 | 5 | 5 |
| | 李X清 | 4 | 5 | 5 | 5 | 3 | 5 | 3 | 2 | 3 | 3 | 5 | 3 | 4 | 5 | 4 | 4 | 1 | 5 | 4.66667 | 3.6 | 4.125 | 4.063 |
| | 曹X宇 | 3 | 5 | 2 | 5 | 2 | 5 | 4 | 4 | 5 | 1 | 4 | 5 | 4 | 4 | 5 | 5 | 1 | 5 | 3.33333 | 4 | 4.125 | 3.938 |
| | 石X轩 | 3 | 5 | 5 | 5 | 4 | 3 | 4 | 2 | 2 | 4 | 4 | 3 | 5 | 4 | 5 | 5 | 1 | 5 | 4.33333 | 3.6 | 4.375 | 4.125 |
| 永远不长大小组 | 张X瑞 | 5 | 5 | 5 | 5 | 5 | 5 | 5 | 4 | 2 | 4 | 5 | 5 | 5 | 5 | 5 | 4 | 1 | 5 | 5 | 4.8 | 4.75 | 4.813 |
| | 赵X辰 | 4 | 5 | 5 | 5 | 5 | 5 | 5 | 5 | 1 | 5 | 5 | 5 | 5 | 5 | 5 | 5 | 1 | 5 | 4.66667 | 5 | 5 | 4.938 |
| | 李X霖 | 5 | 5 | 5 | 5 | 5 | 5 | 5 | 5 | 1 | 5 | 5 | 5 | 5 | 5 | 5 | 5 | 1 | 5 | 5 | 5 | 5 | 5 |
| | 万X | 5 | 4 | 5 | 5 | 5 | 5 | 5 | 4 | 3 | 3 | 5 | 5 | 5 | 5 | 5 | 5 | 1 | 5 | 4.66667 | 4.8 | 4.75 | 4.75 |
| | 周X昊 | 4 | 4 | 5 | 5 | 5 | 4 | 5 | 4 | 3 | 3 | 4 | 5 | 5 | 4 | 4 | 5 | 1 | 5 | 4.33333 | 4.6 | 4.375 | 4.438 |
| 小虎小组 | 耿X璇 | 5 | 4 | 5 | 5 | 4 | 5 | 4 | 3 | 5 | 1 | 5 | 5 | 5 | 5 | 5 | 4 | 1 | 5 | 4.66667 | 4.2 | 4.375 | 4.375 |
| | 刘X萱 | 4 | 5 | 5 | 4 | 5 | 5 | 5 | 4 | 5 | 1 | 5 | 3 | 5 | 4 | 5 | 5 | 5 | 1 | 4.66667 | 4.6 | 3.625 | 4.125 |
| | 张X易 | 4 | 4 | 5 | 5 | 5 | 5 | 4 | 4 | 3 | 3 | 5 | 5 | 5 | 5 | 5 | 5 | 1 | 5 | 4.33333 | 4.6 | 4.75 | 4.625 |
| | 黄X渊 | 5 | 4 | 4 | 3 | 3 | 4 | 4 | 3 | 1 | 5 | 3 | 3 | 3 | 4 | 4 | 3 | 1 | 5 | 4.33333 | 3.4 | 3.75 | 3.75 |
| | 赵X晞 | 4 | 5 | 5 | 5 | 4 | 4 | 4 | 3 | 2 | 4 | 5 | 4 | 5 | 4 | 5 | 5 | 1 | 5 | 4.66667 | 4 | 4.625 | 4.438 |
| 天真小组 | 刘X玥 | 5 | 5 | 5 | 5 | 5 | 5 | 5 | 5 | 4 | 2 | 5 | 5 | 5 | 5 | 5 | 5 | 1 | 5 | 5 | 5 | 4.625 | 4.813 |
| | 顾X凡 | 5 | 5 | 5 | 5 | 5 | 5 | 5 | 4 | 2 | 4 | 5 | 5 | 5 | 5 | 5 | 5 | 1 | 5 | 5 | 4.8 | 4.875 | 4.875 |
| | 谢X悦 | 5 | 5 | 5 | 5 | 5 | 5 | 4 | 4 | 3 | 3 | 4 | 5 | 5 | 5 | 5 | 5 | 1 | 5 | 5 | 4.6 | 4.625 | 4.688 |
| | 王X诺 | 5 | 5 | 5 | 5 | 4 | 4 | 4 | 4 | 4 | 2 | 5 | 5 | 5 | 5 | 5 | 5 | 1 | 5 | 5 | 4.2 | 4.625 | 4.563 |
| | 任X泽 | 1 | 2 | 1 | 1 | 1 | 5 | 3 | 2 | 5 | 1 | 1 | 5 | 1 | 1 | 3 | 5 | 5 | 1 | 1.33333 | 2.4 | 2.25 | 2.125 |

图 4－18 《学生共享调节水平》前测数据图

### 3. 制定学习合约

教师向学生明确小组学习合约对于学生个人时间管理与项目进程的作用,并大致介绍小组合约的制定方法、分工合作、项目进度、项目任务等内容。之后,给予学生一定的时间来开展小组学习合约的制定。制定学习合约是学生自主学习与自我管理的有效方式,可以有效督促学生按照计划完成规定的任务。"永远不长大小组"根据项目任务制定了小组学习合约(如表4-5所示)。之后依据小组学习合约,对个人阅读任务进行进一步的制定,以确保在规定时间内完成自己个人的阅读任务,以便后续在小组中进行分享与整合。

整个项目化学习是以成果完成为导向的综合性任务学习,旨在引导学生在真实情境下解决复杂问题的过程,旨在培养学生的实践能力与创新能力。在项目进行中,整本书阅读教学与项目化学习也有着密切的关联。一本书就是一个项目,读一本书就是一次完整的项目化学习过程。项目化学习需要顶层设计,既要有总体规划设计,也要有重点项目、难点项目的局部设计。这与整本书阅读需要在时间节点、组内阅读进度协调等方面做整体规划设计可谓不谋而合。

### (二) 项目执行

项目执行阶段持续的时间较长,历时3周,在整个项目化学习活动期间所占比例最大,入项活动仅有1周的时间,出项活动也仅有1周时间,而中间的执行过程却是历经了3周,因为项目化学习是一个持续性的探索活动,需要给予学生宽裕的时间,令他们自主合作学习、探究与发现。

在历时3周的项目实施活动中,小组成员依据每周填写的阅读活动记录,进行阅读活动的调整与推进,小组成员在过程中不断磨合与成长。在教师及时进行线上点拨指正,学生在收集资料、实验论证、证明观点的基础上,完成了最后的展示成果,为最后的出项活动做准备。

### (三) 出项活动

"整本书阅读"项目化学习活动的出项活动是利用1课时的时间,以小组为单

## 表4-5 《细菌世界历险记》阅读分工安排表

| 《细菌世界历险记》阅读活动分工安排表<br>永远不长大小组成员：<br>张×瑞　李×霖　周×昊　万×　赵×辰<br>分工说明：小组5人各自购买书籍，讨论分工，定期交流并阶段性反思。 | | | |
|---|---|---|---|
| 活动时间及流程 | 任　　务 | 负责人 | 材料收集 |
| 第一阶段<br>3月2日—8日<br>感知阅读 | 1. 布置购书任务，先读电子版，待纸质版本收到后，换读纸质，第一周完成共同阅读该书一半以上内容。<br>已经阅读完成的成员，可以在小组微信群内交流读书进度和感受。<br>2. 整理小组学生档案袋：<br>每个学生有一张照片，一句读书心得。<br>3. 小组成员在组内自发组织讨论会，关于细菌的主题与背景知识，组员发挥各自优势和特长，头脑风暴，灵活运用多媒体素材，课外书籍，激发学生对"细菌"的兴趣。 | 张×瑞 | |
| 第二阶段<br>3月9日—15日<br>品赏细读 | 1. 统计学生已获得该书资源(纸质版、电子版书籍均可)，并确认每位成员书籍阅读完成：保证书籍阅读完结，并全体确认。<br>2. 整理第一周《阅读进度表》和《阅读报告》。<br>3. 讨论并分工细化《分工安排》。 | 张×瑞 | 张×瑞<br>万× |
| | 任务一：宣传小报 | 张×瑞 | |
| | 任务二：动画视频 | 李×霖 | |
| | 任务三：小组展示、讨论的录像录音截图、典型事件记录 | 张×瑞 | |
| | 任务四：读书心得PPT | 周×昊 | |
| | 任务五：动画视频(小助手) | 万× | |
| | 任务六：典型事件记录(小助手) | 赵×辰 | |
| 第三阶段<br>3月16日—22日<br>品赏细读 | 1. 完成分工细化的个人任务。<br>2. 小组内组员活动参与情况互评和成员作品互评，提出改进意见，汇报小组成员的协作情况。 | 全体 | |
| 第四阶段<br>3月23日—29日<br>探究阅读 | 组内作品最终展示。 | 全体 | |
| 第五阶段<br>3月30,31日<br>探究阅读 | 1. 组长对本次阅读活动、学生表现、作品等进行一个总结。<br>2. 汇报阅读活动结果。 | 全体 | |

位的组织形式来展示学生制作的"细菌科普小册子"。出项活动的参与者分为两类,一类是以小组为单位的每个学生,另一类是以本班任课老师、华东师范大学研究团队、家长代表等的评价团队。学生们在最后的出项活动环节纷纷展示小组关于细菌的科普小册子,为评价团队的老师进行讲解与介绍,每一个小组展示完,评价团队的老师及家长代表都会根据小组的展示情况予以评价,给出最真实、最中肯的建议和指点。

项目化学习成果的公开展示是对学生项目化学习质量的评估与检验,随着每个小组展示的完成,各小组进行不计名线上投票,选出班里的"优秀阅读小组"。评选结果如图 4-19 所示。

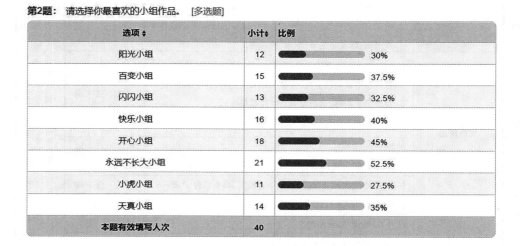

| 选项 ♦ | 小计♦ | 比例 | |
|---|---|---|---|
| 阳光小组 | 12 | | 30% |
| 百变小组 | 15 | | 37.5% |
| 闪闪小组 | 13 | | 32.5% |
| 快乐小组 | 16 | | 40% |
| 开心小组 | 18 | | 45% |
| 永远不长大小组 | 21 | | 52.5% |
| 小虎小组 | 11 | | 27.5% |
| 天真小组 | 14 | | 35% |
| 本题有效填写人次 | 40 | | |

第2题:请选择你最喜欢的小组作品。 [多选题]

图 4-19 优秀阅读小组评选结果图

经过学生们不记名的线上投票,最终选出"优秀阅读小组"为"永远不长大小组"。项目化学习的中心是"人",学生围绕经典名著自主选题,独立阅读,合作学习。项目对象之间互相取长补短,在知识技能方面互相交流切磋,为共同完成一个目标而努力并增加集体荣誉感,体会团队合作的魅力。出项活动渐渐落下帷幕,这也代表着本次"整本书阅读"的项目化学习活动将会就此结束。在项目结束后,负责人针对项目内容再进行一次调查,问卷后测数据如图 4-20 所示。

针对互动质量、共享调节质量、协作参与度 3 个维度进行了前测和后测,以测

| 小组 | 姓名 | A1 | A2 | A3 | B1 | B2 | B3 | B4 | B5 | C1 | C1反 | C2 | C3 | C4 | C5 | C6 | C7 | C8 | C8反 | 互动质量 | 调节水平 | 参与度 | 总 |
|---|---|---|---|---|---|---|---|---|---|---|---|---|---|---|---|---|---|---|---|---|---|---|---|
| 阳光小组 | 刘X嫣 | 2 | 3 | 4 | 4 | 3 | 3 | 4 | 4 | 2 | 4 | 5 | 4 | 4 | 3 | 3 | 4 | 2 | 4 | 3 | 3.6 | 3.875 | 3.625 |
|  | 徐X | 5 | 5 | 5 | 5 | 5 | 5 | 4 | 4 | 2 | 5 | 5 | 5 | 5 | 5 | 4 | 1 | 5 |  | 5 | 4.8 | 4.5 | 4.6875 |
|  | 乔X蕾 | 4 | 4 | 4 | 4 | 4 | 4 | 4 | 4 | 2 | 4 | 4 | 4 | 4 | 4 | 4 | 2 | 4 |  | 4 | 3.5 | 3.75 |
|  | 闪刘X瑜 | 5 | 5 | 5 | 5 | 5 | 5 | 4 | 5 | 4 | 2 | 5 | 5 | 5 | 5 | 5 | 1 | 5 |  | 5 | 4.8 | 4.625 | 4.75 |
|  | 黄X桐 | 5 | 5 | 5 | 5 | 5 | 5 | 5 | 5 | 1 | 5 | 5 | 5 | 5 | 5 | 5 | 1 | 5 |  | 5 | 5 | 5 | 5 |
| 百变小组 | 张X航 | 5 | 5 | 5 | 5 | 5 | 4 | 4 | 2 | 2 | 4 | 5 | 5 | 5 | 5 | 4 | 2 | 1 | 5 |  | 4 | 4.375 | 4.375 |
|  | 黄X珩 | 5 | 5 | 5 | 5 | 5 | 5 | 5 | 5 | 1 | 5 | 5 | 5 | 5 | 5 | 5 | 1 | 5 |  | 5 | 5 | 5 | 5 |
|  | 郑X瑞 | 5 | 5 | 5 | 5 | 5 | 5 | 5 | 5 | 1 | 5 | 5 | 5 | 5 | 5 | 5 | 1 | 5 |  | 5 | 5 | 5 | 5 |
|  | 叶X涵 | 5 | 4 | 5 | 5 | 4 | 4 | 3 | 5 | 1 | 5 | 5 | 4 | 5 | 5 | 5 | 1 | 5 | 4.66667 | 4.2 | 4.75 | 4.5625 |
|  | 柳X悦 | 5 | 5 | 5 | 5 | 5 | 5 | 5 | 5 | 1 | 5 | 5 | 5 | 5 | 5 | 5 | 1 | 5 |  | 5 | 5 | 5 | 5 |
| 闪闪小组 | 张X祺 | 5 | 5 | 4 | 5 | 5 | 5 | 5 | 4 | 1 | 5 | 5 | 5 | 5 | 5 | 5 | 1 | 5 | 4.66667 | 4.6 | 4.625 | 4.625 |
|  | 李X腾 | 3 | 4 | 5 | 3 | 5 | 5 | 3 | 1 | 4 | 2 | 4 | 4 | 2 | 3 | 3 | 1 | 5 |  | 4 | 3.4 | 3.25 | 3.4375 |
|  | 聂X发 | 5 | 5 | 5 | 5 | 5 | 5 | 5 | 5 | 1 | 5 | 5 | 5 | 5 | 5 | 1 | 5 |  | 5 | 5 | 4.375 | 4.6875 |
|  | 邱X | 5 | 5 | 5 | 5 | 5 | 5 | 5 | 5 | 1 | 5 | 5 | 5 | 5 | 5 | 5 | 1 | 5 |  | 5 | 5 | 5 | 5 |
|  | 刘X怡 | 5 | 5 | 5 | 5 | 5 | 5 | 5 | 5 | 1 | 5 | 5 | 5 | 5 | 5 | 5 | 1 | 5 |  | 5 | 5 | 5 | 5 |
| 快乐小组 | 吴X稷 | 4 | 4 | 4 | 4 | 4 | 4 | 4 | 4 | 2 | 4 | 4 | 4 | 4 | 4 | 4 | 2 | 4 |  | 4 | 3.5 | 3.75 |
|  | 蔡X睿 | 5 | 5 | 5 | 5 | 5 | 5 | 5 | 5 | 1 | 5 | 5 | 5 | 5 | 5 | 5 | 1 | 5 |  | 5 | 5 | 4.5 | 4.75 |
|  | 张X奕 | 5 | 5 | 5 | 5 | 5 | 5 | 4 | 1 | 5 | 5 | 5 | 5 | 5 | 4 | 1 | 5 |  | 5 | 4.6 | 4.75 | 4.75 |
|  | 王X媛 | 2 | 5 | 5 | 5 | 5 | 5 | 5 | 4 | 2 | 4 | 5 | 5 | 4 | 4 | 5 | 1 | 5 | 3.66667 | 4.6 | 4.375 | 4.3125 |
|  | 倪X霖 | 5 | 5 | 5 | 5 | 5 | 5 | 3 | 2 | 4 | 5 | 5 | 5 | 4 | 1 | 5 |  | 5 | 5 | 4.625 | 4.8125 |
| 开心小组 | 杨X毅 | 4 | 4 | 4 | 4 | 4 | 4 | 3 | 2 | 4 | 5 | 5 | 4 | 4 | 1 | 5 |  | 5 | 3.4 | 3.875 | 3.75 |
|  | 王X男 | 4 | 4 | 4 | 4 | 4 | 4 | 2 | 4 | 4 | 4 | 4 | 4 | 4 | 2 | 4 |  | 4 | 4 | 3.75 | 3.875 |
|  | 李X清 | 4 | 4 | 4 | 4 | 4 | 4 | 4 | 1 | 4 | 4 | 4 | 4 | 4 | 1 | 5 |  | 4 | 4.25 | 4.125 |
|  | 曾X宇 | 5 | 5 | 4 | 5 | 5 | 5 | 4 | 2 | 4 | 3 | 4 | 3 | 4 | 5 | 2 | 4 | 4.66667 | 4.6 | 4.125 | 4.375 |
|  | 石X轩 | 5 | 5 | 5 | 5 | 5 | 5 | 2 | 4 | 5 | 5 | 5 | 4 | 1 | 5 |  | 5 | 5 | 4.375 | 4.6875 |
| 永远不长大小组 | 张X瑞 | 4 | 4 | 5 | 5 | 4 | 4 | 3 | 3 | 5 | 5 | 5 | 4 | 1 | 5 | 4.33333 | 4.2 | 4.5 | 4.375 |
|  | 赵X辰 | 5 | 5 | 5 | 5 | 5 | 5 | 5 | 5 | 1 | 5 | 5 | 5 | 5 | 5 | 5 | 1 | 5 |  | 5 | 5 | 5 | 5 |
|  | 李X霖 | 5 | 5 | 5 | 5 | 5 | 5 | 5 | 5 | 1 | 5 | 5 | 5 | 5 | 5 | 5 | 1 | 5 |  | 5 | 5 | 5 | 5 |
|  | 万X | 5 | 5 | 5 | 5 | 5 | 5 | 5 | 5 | 1 | 5 | 5 | 5 | 5 | 5 | 5 | 1 | 5 |  | 5 | 5 | 5 | 5 |
|  | 周X昊 | 5 | 5 | 5 | 5 | 5 | 5 | 5 | 5 | 1 | 5 | 5 | 5 | 5 | 5 | 5 | 1 | 5 |  | 5 | 5 | 5 | 5 |
| 小虎小组 | 耿X靛 | 5 | 4 | 5 | 5 | 5 | 5 | 1 | 5 | 5 | 5 | 5 | 5 | 1 | 5 | 4.66667 | 5 | 5 | 4.9375 |
|  | 刘X萱 | 5 | 5 | 5 | 5 | 5 | 5 | 1 | 5 | 5 | 5 | 5 | 5 | 1 | 5 |  | 5 | 5 | 4.625 | 4.8125 |
|  | 张X易 | 1 | 2 | 3 | 2 | 4 | 2 | 2 | 4 | 2 | 4 | 4 | 2 | 2 | 1 | 5 |  | 2 | 2.4 | 3.375 | 2.8125 |
|  | 黄X渊 | 3 | 3 | 3 | 4 | 5 | 4 | 3 | 3 | 4 | 2 | 4 | 3 | 3 | 2 | 5 |  | 2 | 3.8 | 3.25 | 3.375 |
|  | 赵X晞 | 5 | 5 | 5 | 5 | 5 | 5 | 1 | 5 | 5 | 5 | 5 | 5 | 5 | 1 | 5 |  | 5 | 5 | 4 | 4.5 |
| 天真小组 | 刘X玥 | 5 | 5 | 5 | 5 | 5 | 5 | 1 | 5 | 5 | 5 | 5 | 5 | 1 | 5 |  | 5 | 5 | 5 | 5 |
|  | 顾X凡 | 5 | 5 | 5 | 5 | 5 | 5 | 3 | 5 | 5 | 5 | 1 | 5 |  | 5 | 5 | 4.75 | 4.875 |
|  | 谢X悦 | 5 | 5 | 5 | 5 | 5 | 5 | 1 | 5 | 5 | 5 | 5 | 5 | 1 | 5 |  | 5 | 5 | 5 | 5 |
|  | 王X诺 | 5 | 5 | 5 | 5 | 5 | 5 | 1 | 5 | 5 | 5 | 5 | 5 | 1 | 5 |  | 5 | 5 | 5 | 5 |
|  | 任X泽 | 3 | 3 | 3 | 3 | 3 | 3 | 4 | 2 | 4 | 3 | 3 | 3 | 3 | 3 | 3 |  | 3 | 3.125 | 3.0625 |

图 4-20 后测问卷数据

量学生共享调节水平的变化。问卷针对案例的实施初期（2020 年 3 月）至实施末期（2020 年 4 月），对 40 名学生进行调查，所有被调查者均返回有效问卷。数据分析结果如表 4-6 所示。

表 4-6 共享调节水平前后测显著性对比

| 维度 | 前测 | 后测 | T 值 | P 值 |
|---|---|---|---|---|
| 互动质量 | 4.425 | 4.54 | -0.961 | 0.343 |
| 共享调节质量 | 4.43 | 4.525 | -0.851 | 0.400 |
| 协作参与度 | 4.45 | 4.44 | 0.103 | 0.918 |

活动结束后,学生的互动质量、共享调节质量较其初始状态有了显著的提升,这表明学生之间对于各自的知识结构、经验背景的了解程度有所提升,团队成员之间的认知交互水平得到加强,团队成员的相互了解逐渐加强,能够解决观点的冲突,达成任务理解的共识。学生能够根据协作情况,平衡团队的冲突,采取适当的情感动机调节策略,共同调节团队的动机和情感状态,以创建更适合协作的团队氛围。协作参与度前后测变化不大,可能原因是线上协作,实验持续时间短。除此之外,本研究对学生在线交流内容,课堂学习视频、学生成果也进行了分析,结果显示:共享调节对学生的知识建构程度、课堂互动质量、学生作品质量均产生了一定的影响。

个案的实践表明,将共享调节融入阅读活动,为学生创建了一个共享任务的协作空间,促进了学生之间的交互,提升了学生的共享调节水平。"永远不长大小组"制作的细菌科普小册子被作为范本在全校进行展示。该小组在协作的过程中,通过所有成员的交互、调节,B同学被团队成员影响,意识到自己自吹自擂的性格对于组内团结非常不利,并向大家保证自己在今后的项目学习过程中会虚心学习,并且会发挥自己的优势,为团队做贡献,而女生 A 也积极地表示会融入到团队,积极学习,她也感受到了努力后成功的喜悦。

由此可以看出,通过共享调节的干预,该团队克服了项目学习过程中遇到的种种困难与挫折,最后收获了成功,同时团队成员也深刻地感受到了合作成功的喜悦。同时,各类共享调节活动,对学生共同进行任务理解、任务计划、任务监控及任务反思等共享调节能力的提升,都产生了积极的影响,提高了阅读活动的有效性。

## 第四节 "春之阅读悦成长"活动总结与反思

本次项目化学习旨在帮助学生更好落实国家课程中的一环,通过阅读成果的梳理,帮助学生树立有效的阅读方法和阅读策略,项目活动前后,学生核心素养、阅读兴趣、阅读能力、责任意识等均有一定的成长提升。

## 一、学生核心素养获得提升

学生在项目前期通过量化的数据,对自身的学习水平有了一个明确的认识。通过与他人分组达成共识,设置了小组合作的阶梯任务,为后续解决问题提供了支架。项目过程中,个人阅读提出的问题在小组合作中得到了释疑、质疑和解疑。学生通过共享个人问题,获得了解决问题的多种途径。以小组为单位的阅读汇总,问题的梳理与积累得到了优化。同样,项目后期的量化数据进行了更直观的比较,学生在经历了这样有计划的阅读项目后,阅读能力获得了质的提升,在此基础上的学习成果梳理与评价,牵引着学生将在此次阅读中获取的方法和策略向核心素养进一步延伸。

## 二、学生阅读能力与兴趣提升

阅读理解和表达能力在人的学习和生活中起着重要的作用,小学中高学段是阅读能力发展的关键时期。此次阅读项目,使得学生的阅读面由课内走向课外,通过对全国统编语文教材的拓展延伸,实现了课程校本化的实践研究。在项目评价阶段,我们通过对所有学生的情况进行数据分析比较得出,此次学习使得学生们提问题的意识和能力得到了强化,慢慢摸索出如何解决问题的方法。在小组合作的过程中,学生们掌握了多种解决问题的办法,通过查资料、与同学交流、梳理记录相关信息等方式,学生的阅读理解能力、表达能力、单元语文核心素养在学习实践中得到了进一步提升,语言建构与运用能力总体有所提高。

同时,学生在阅读过程中感受、体验到整本书阅读的乐趣、意义,感受到了科普作品的趣味性,对于科普读物的阅读积极性明显增强,科学素养和语文核心素养都在不断提升。学生从被动的、消极意义上的读者变成了积极的、能动的领悟者、建构者。

## 三、学生的责任意识提升

本次项目化学习以小组阅读的学习方式展开,使得学生由原先单一的接受性学习方式,转变为体验性、研究性相结合的学习方式。通过合作与交流自主建构知识,利用教学动态因素之间的互动来促进学习,以团体成绩为评价标准,共同达成学习目标。过程中,学生以小组为单位,根据自己所在小组的阅读情况制定个人计划和小组计划。在明确自己在团队中的角色、分工合作的过程中,学生们明白了什么是"沉浮与共",增强了人与人之间互相负责的意识,明白了每个人不仅要对自己负责、而且要对自己所在的小组负责。通过完成每周的阅读任务,学生们共同学习、共同交流,进行一次又一次的合作,学会了求同存异,以更开放的心态进行学习,分享收获与喜悦。后期问卷调查分析得出,在此学习合作期间,学生之间的合作默契有了很大的提高,合作学习能力也在随着任务的不断深入和展开有了明显的增强,学习成果的获得在每一次的任务驱动下不断得到优化,小组成员之间凝心聚力,在每一处实际行动中彰显了新时代中国少年的责任意识。

## 四、理论与工具促进项目开展

本项目引入共享调节理论促进项目教学的实践是一个初步探索,从实验结果来看,相比于没有任何干预的项目学习,实施共享调节之后,对学生来说,课堂的效率提高了,不少学生表示比以前更快速理解项目的主题、同时感受到了团队成员为了共同目标而不懈努力的快乐。可见共享调节在改善项目学习效率方面有比较好的效果,项目实践效果得到了比较好的反馈。

在项目实施的过程中,使用了企业微信、zoom 等交互支持工具和评价工具,对学生学情、项目的开展情况进行了解和跟踪,通过团队协作交互会话量化、质化分析,反思本人的问题及在项目学习活动中的贡献,学生对小组整体项目完成情况进行评估,分享小组合作学习成果,并进行组间互评,最终形成多维度综合评价,使得任课教师可以全面客观地了解整个项目的实施情况,大大促进了项目的顺利有效开展。

## 五、反思与展望

本次项目研究帮助学生继续落实了"阅读时能提出不懂的问题,并试着解决"这一单元要求。通过项目的逐步推进,学生加强了主动提问的意识,养成了阅读时积极思考、主动解决问题的良好习惯,提升了语文学科的理解和表达能力。但是,在小组学习交流和完成阅读任务的过程中,学生对于提出问题较为被动。质疑的问题多为每周阅读任务的延伸,提问的主动性较为缺失。

同时,由于在项目实施过程中,引入共享调节和群体任务理解的理念,教师引导学生,帮助学生在学习中展开团队协作,理解小组合作阅读的相关任务和要求,制定相匹配的小组计划。前期小组设立任务时目标较为一致,但围绕一本书籍展开阅读时,学生的问题角度还不够多样化,问题指向性明确且一致,这是我们目前仍需摸索和研究的。项目中对于面向共享调节理论促进项目教学的实践也只是一个初步探索,在利用共享调节工具进行项目学习干预的过程中存在的一些问题,合作阅读成果的展示形式仍然较为单一,不够多元化,无法在此基础上展现出学习过程中,学生能力的不断提升与发展。因此,仍需积极寻求解决办法。同时将实践过程中的调节经验,进一步总结和升华。

　　在项目评价方面,本文结合《细菌世界历险记》项目学习的具体案例,针对该项目中需要测评的小组合作能力、项目管理能力、阅读方法掌握程度、项目成果以及成果展示这几个方面各开发了不同类型的评价量规。将过程性评价与终结性评价相结合,以期能够给一线教学带来切实的参考,助力语文阅读项目学习中的评价反馈。

　　在项目具体实施的过程中,不少学生家长非常重视并支持该项活动,部分家长还与孩子共同阅读书籍、探讨问题、查阅资料等。然而此次活动并没有把所有学生的家长作为项目的参与者,在以后的项目实施中,我们也将进一步完善这方面的不足,拓宽亲子阅读的路径,加强家长参与度,家校携手共促学生成长。

# 第五章 "生活中的统计"单元学习

## 第一节 单元背景下的统计学习

在生活中统计无处不在,每件事、每个人似乎都可以用统计数字来加以说明。人们平均一年买几次牙膏? 人们喜欢什么口味? 人们喜欢什么价位? 人们偏爱什么品牌? 什么年龄段的人买牙膏多? 这些数据均影响着牙膏厂的生产。我国粮食储备情况如何? 粮食储备能够满足较长时间的自给需求吗? 节粮光盘行动如何推行? 全国小学生各年龄段的平均身高体重是多少? 在全世界处于何种水平? 肥胖率、近视率怎么样? 生活里的一切,从 DNA 检测到买彩票、股票,统计学都能做出解释。人们需要一些统计知识以理解每天日常生活中通过引用统计数据所获得的资讯。

"生活中的统计"这个学习活动会让学生经历真实情境下统计的全过程,借助统计解决生活中的现实问题,承担社会责任,进一步认识纷繁复杂的现实世界,从而养成起一双能够洞察世界的慧眼。

### 一、统计学核心概念实质和育人价值

在信息时代,大部分人每天都要面对大量信息并进行数据的处理,所以统计与概率的知识在生活中的运用十分广泛。我国自实施新课改以来,小学数学中的统计与概率教学也逐渐受到重视。如何在小学启蒙阶段,突破这一教学难点,对教师来说是一个巨大的挑战。在教学之前,教师必须清晰把握学科对于学生发展的独特价值与贡献,准确认知各个模块、单元的体系结构,蕴含的思想方法,学科大观念和核心概念等,然后选择合适的内容和教学方式,进行学科育人价值的转化与素养的落实。

## （一）统计学的核心概念与价值

数据意识是统计与概率学习领域的重要核心素养表现。《义务教育数学课程标准(2022年版)》指出,数据意识主要是指对数据意义和随机性的感悟。可以进一步概括为3方面:知道现实生活中,有许多问题应当先做调查研究,收集数据,感悟数据蕴含的信息;知道同样的事情每次收集到的数据可能不同,而只要有足够的数据就可能从中发现规律;知道同一组数据可以用不同方式表达,需要根据问题的背景选择合适的方式。形成数据意识有助于理解生活中的随机现象,逐步培养用数据说话的习惯。

## （二）"生活中的统计"育人价值

随着社会、经济和信息技术的发展,统计在现代化国家企业管理、科学研究以及社会生活方方面面的地位越来越重要。它作为一门学科本身便承担着促进社会文明和社会进步的重要责任。从统计的社会责任来讲,其包括3层涵义:一是这里的"统计"是指统计实践活动,即统计工作,其范围包括统计设计、统计调查、统计整理和统计分析等统计工作全过程,既包括国家统计机关、主管部门统计工作,也包括企事业单位的统计工作;二是统计的服务对象超出了统计主体的范围,扩展到了整个社会文明建设;三是统计的社会服务功能是统计工作所固有的,不是哪个政府、哪个集团、哪个个人硬性添加的,因而统计服务社会是统计工作的义务,而不是可有可无的。

从个人层面来讲,现代社会每个人都会面临很多不确定的情境,需要自己选择、采信各种渠道提供的数据作出推断,把握机会。因此,学会收集、整理与分析、利用各种数据信息,已经成为信息时代每一个公民的必备常识与基本素养。具体而言,统计的育人价值主要体现在以下几个方面:

① 了解统计的基本思想方法,逐步形成尊重事实、用数据说话的态度与习惯,强调实事求是的科学精神。

② 逐步形成数据分析观念与数据解读能力。

③ 有助于培养以不同的观点来理解事物,形成正确的世界观与方法论。

④ 有助于发展在现实情境中解决实际问题的能力。

⑤ 有助于积淀对数学的积极情感体验、形成终身学习的愿望和能力。

## 二、传统统计学习中存在的问题

尽管在教师意识形态上，统计与概率教学日益得到重视。但是由于其知识本身的难度较高，一方面教师自身的素质与专业水平参差不齐，另一方面受传统教学观念的影响，在传统统计与概率学习中存在以下问题：

第一，缺乏真实的问题情境。统计鲜明的应用性特点，决定了统计活动注定与人类社会实践浑然一体，不可分割，这也决定了统计教学与社会生活的现实问题具有天然的紧密联系。目前的统计教学中还是有大量的虚拟的，脱离儿童现实生活的情境创设。要使学生对数据产生亲切感并有所体悟，只靠虚拟统计情境和摸球游戏是不够的，还必须通过真实的问题，让学生确实感受数据蕴涵信息，体会数据信息的现实意义。

第二，没有经历统计活动的全过程。统计教学中比较常见的两个现象：一是"记录式"统计。根据教材或教师提供的统计材料，在现成的统计表中填上数，或者在给定的半成品统计图中作些补充，就完成了统计。在这样的统计活动中，数据采集就是"数一数"，数据呈现就是"填一填""涂一涂"，从头至尾都只是"操作"。二是"掐头去尾"的统计。开头缺少明确统计需要的背景交代，结尾缺少针对统计目的的分析。整个过程学生确实是在"活动"，但犹如在黑屋子里，跟着教师操控的"萤火虫"追来逐去，不知道下一步会发生什么，更不会去整体思考自己正在面对什么问题，怎样去解决，解决得怎么样。统计学科的应用性质决定了它的内容与现实生活有着密切的联系，需要让学生经历实实在在的统计活动全过程，感受其现实意义和应用价值；另一方面，儿童的认知特点也决定了只有通过亲身活动的体验，才能入脑、入心，形成"观念"。

第三，缺少统计学习的全过程评价。在统计教学过程中，以检测为目的的总结性评价较多，主要表现在测验练习中画画统计图、回答几个问题、算算平均数、概率等。这种评价并不能贯穿学生统计学习的全过程，不能够客观反映出学生搜集数据、描述数据、分析数据，以及作出合理推测的能力。

### 三、单元学习活动设计的适切性

学生通过教材对知识的学习大部分还是停留在浅层次的,以无意义的记诵和模仿居多,很难将所学知识运用到课堂以外的情境中去。上述提到的统计教学面临的一些主要问题都可以通过项目化的学习活动来解决。

首先,单元学习活动是具有真实性的。单元学习活动强调学生能够有真实的生活代入感或者是真实的身份代入感,学生所研究出的活动成果会真实地影响生活。当学生面对真实的统计问题时,需要他们付诸实际的统计活动,既有的放矢地开展了统计调查,对数据蕴涵的信息进行真切的感受,体会到了统计的应用价值,同时还获得了如何依据统计标准,联系相关数据对问题作出判断的一点感悟。在遇到新的情境时,学生也能知道何时用、何处用,从而对数据分析能力产生更加广泛的迁移。

其次,单元学习活动是有挑战性的探究活动。单元学习活动设计围绕着"驱动性问题"开展,而驱动问题是具备一定挑战性的。统计的学习活动来自于现实情境,大多是非良构的问题,学生需要运用已有的知识去尝试解决问题,在探究的过程中发挥其主动性,自己制定计划、实施计划并作出决策,从而经历问题解决的全过程。

此外,单元学习活动支持评价的多样性。单元学习活动评价全面多样,覆盖面广。在评价主体方面,有学生、教师以及外部专家共同参与评价;在评价方式方面,有自评、互评、量化评价与质性评价;在评价范围方面,涵盖小组合作评价中涉及的组织力、参与度、沟通能力、倾听能力等;在评价周期方面则贯穿项目全过程,既有活动实施前的认知能力、学习风格、性格特征的诊断性评价,又有活动实施过程中对坚持与专注力、技术操作能力、小组合作能力的过程性评价,还有活动完成后对项目成果的总结性评价。


## 第二节 "生活中的统计"活动设计

小学阶段的"概率与统计"是小学数学课程内容的 4 个学习领域之一。主要研究现实生活中的数据和客观世界中的随机现象,通过数据收集、整理、描述和分析以及对事件发生可能性的刻画,来帮助我们科学、客观地认识世界。

在实施单元整体教学时,我们在国家课程的框架内,通过对小学阶段"概率与统计"学习领域的内容梳理,将原本零散的、分布在各个学期的内容进行有机整合,重新规划单元主题;基于学生的学情,对国家课程的留白内容进行拓展和补充;通过若干个活动的领衔,形成螺旋上升序列化的学习活动,进一步充实、丰富、优化课程结构,深化学科关键概念、提升学科能力,实现学科内容的育人价值。

## 一、"统计初步"单元的国家课程教学要求

"统计初步"单元是"概率与统计"模块的起步内容,也是小学阶段"概率与统计"的主要内容。《上海市小学数学学科教学基本要求(试验本)》中指出"概率与统计"模块内容课时建议 42 课时,其中"统计初步"单元 35 课时。小学阶段"统计初步"单元主要内容为统计图表与平均数,以描述性统计为主,该内容的学习能让学生逐步养成关注生活中的数据信息,实事求是,用数据说话和做判断的习惯,是感悟客观世界随机性与规律性的开端。

从沪教版教材"统计初步"单元的学习内容的来看(如表 5-1 所示),各年级均有涉及,且体现了一定的递进性和层次性。

表 5-1  小学阶段"统计初步"单元教材内容、年级分布与学习水平

| 学习内容 | | 所在年级 | 学习水平 |
|---|---|---|---|
| 1. 分类计数 | 1.1  常见事物的简单分类 | 一年级 | 理解 |
| | 1.2  数据的收集与整理 | 二年级 | 理解 |
| 2. 统计图表 | 2.1  统计表 | 二年级 | 理解 |
| | 2.2  条形统计图 | 二、三年级 | 理解 |
| | 2.3  折线统计图 | 四年级 | 理解 |
| | 2.4  利用数据做判断 | 四年级 | 运用 |
| | 2.5*  用计算机绘制统计图 | 三年级 | |
| 3. 平均数 | 3.1  平均数 | 五年级 | 理解 |
| | 3.2  用平均数解决简单的实际问题 | 五年级 | 运用 |
| 4. *简单的调查统计 | 4.1*  数据收集、描述的综合运用 | 五年级 | |

注:"*"为拓展学习内容,不作学习水平分层。

从上表可以看出"统计初步"单元是以分类计数等初步的统计体验为基础展开学习的,遵循了统计过程的学习结构(如图5-1所示):收集数据、整理数据、数据描述以及分析判断。而这也体现了2017年版的普通高中数学课程标准中提出的"数据分析"这一学科核心素养内涵:收集和整理数据,理解和处理数据,获得和解释结论,概括和形成知识。

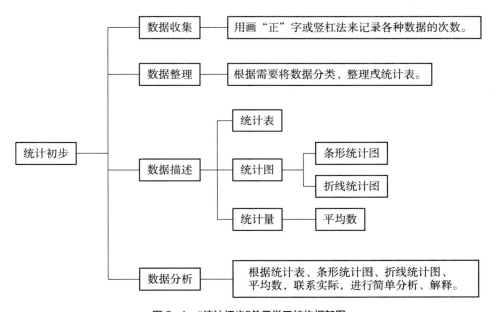

图5-1 "统计初步"单元学习结构框架图

## 二、指向"统计初步"单元的学习活动设计

可见,"统计初步"学习内容相对于小学阶段其他模块、单元来说内容并不多,而教材把这些本来就不多的内容进行分解再编排至各个年级中,很容易出现知识散点和碎片化的状态,教学中也非常容易出现蜻蜓点水的状况。

如何克服"统计初步"单元学习中的诸多问题,又如何更好地实现这部分内容的育人价值。为此,我校数学学科不断地对此模块的课程、教学和评价进行深入研究与实践,探索指向"统计初步"单元学习活动设计,形成"生活中的统计"单元学习活动年级序列(如表5-2所示)。活动聚焦"数据意识"这一数学核心素养表现,结合"统计初步"单元学习和学生的校园、社会生活,创造引发学生主动投入的挑战性问题情境。通过有用、有趣的活动学习激励学生更加主动、自主、有意义地学习，促进对概念的深度理解和更深层次的思考，并逐步升华为数学核心素养，帮助学生适应现代社会的需要，培养学生形成数据意识和运用数据进行推断的思考方式，以及合理质疑，实事求是的科学精神，尊重实事的责任担当。

表5-2　田园外小"生活中的统计"单元学习活动年级序列表

| 年级 | 项目主题 | 项目内容 | 统计学习内容 |
|------|---------|---------|-------------|
| 一年级 | 我是运动小健将 | 记录居家学习期间每天运动的情况，选择合适的方式表征，初步经历分类统计的过程。 | 1.1　常见事物的简单分类 |
| 二年级 | 我是健康营养师 | 对食物营养成分和人体每天摄入的营养量进行调查和对比分析，设计居家合理的食谱。 | 1.2　数据的收集与整理<br>2.1　统计表<br>2.2　条形统计图 |
| 三年级 | 制作挂历 | 结合学校"慧眼看世界"冬季活动，调查不同国家地理、文化、历史、气候等，制作特色新年挂历。 | 1.2　数据的收集与整理<br>2.1　统计表<br>2.4　利用数据做判断<br>条形统计图（项目组数确定） |
| | 我是爱心小使者 | 参与学校校服捐赠活动，收集和整理数据，利用合适的图表呈现统计结果并进行分析。 | 1.2　数据的收集与整理<br>2.2　条形统计图<br>2.5*　用计算机绘制统计图<br>条形统计图（纵轴间距确定） |
| 四年级 | 我是复学小顾问 | 结合学校要求，对复学的上下学、就餐、如厕等问题通过统计分析，设计合理的提案。 | 1.2　数据的收集与整理<br>2.1　统计表<br>2.5*　用计算机绘制统计图<br>扇形统计图 |
| | 光盘行动大比拼 | 学校的"光盘行动"开展得如何？作为学校、班级、个人和食堂可以为"光盘行动"做出哪些行动，为少代会"光盘行动"提供一份经过调查和统计的"提案"。 | 2.3　折线统计图<br>2.4　利用数据做判断<br>3.1　平均数<br>直方图、折线统计图（纵轴间距确定）、复式折线统计图 |

| 年级 | 项目主题 | 项目内容 | 统计学习内容 |
|---|---|---|---|
| 五年级 | 我是外交发言人 | 热点言论引发探究，通过调查，基于数据"说话"，对言论进行评价。 | 2.2　条形统计图<br>2.3　折线统计图<br>2.4　利用数据做判断<br>4.1*　数据收集、描述的综合运用<br>复式折线统计图 |
| | 我是健康小达人 | 开展问卷调查和统计，了解学校五年级学生的体质健康情况，为我校改善学生体质健康水平提出合理建议。 | 1.2　数据的收集与整理<br>2.2　条形统计图<br>2.3　折线统计图<br>2.4　利用数据做判断<br>3.1　平均数<br>3.2　用平均数解决简单的实际问题<br>4.1*　数据收集、描述的综合运用 |

注："＊"为拓展学习内容，不作学习水平分层。

## 三、单元学习活动设计

本次单元学习活动设计的两个案例分别是四年级的"光盘行动大比拼"和五年级的"我是健康小达人"。根据学生的年龄特点和时下学生聚焦的热点问题，在真实的情境中引发学生内在驱动的深度探究，经历统计的全过程，形成用"数据说话"的理性科学态度。

### （一）四年级"光盘行动"学习活动设计

#### 1. 驱动思考

真实且具有挑战性的驱动性问题能够激发学生的学习兴趣和探究欲望。面对真实的情境，学生提出的问题可能是多角度的，但是对于教师来说，要明确问题的本质，通过与学生的交流与探讨，将学生的提问转化为指向核心概念的驱动性问题。本案例驱动性问题的提出如图5-2所示，经历了由情境表象到学科本质的过程。

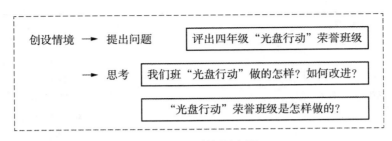

图 5-2　驱动性思考过程

## 2. 设计方案

"光盘行动"单元学习,以探究单元的方式呈现,学习周期为三周,学生通过前期数据收集整理(持续三周),过程中围绕 3 个小项目(评出四年级"光盘行动"荣誉班级;我们班"光盘行动"做得怎样,该如何改进;"光盘行动"荣誉班级是怎样做的),以小组为单位进行整个活动的实施。最后一课时,各团队依据过程中收集的数据以及分析结果,提出合理的解决方案。学生通过借鉴活动评价结果对自己参与单元学习的过程进行反思,从而提升自己参与单元活动学习的能力。

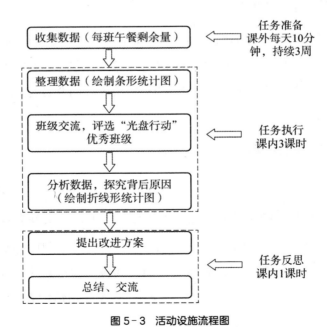

图 5-3　活动设施流程图

## （二）五年级"我是健康小达人"学习活动设计

### 1. 活动设计意图

据报道，经历一段时间的宅家学习，不少家长发现，孩子以肉眼可见的速度"催肥"了，长期宅家对学生来说是一种考验，孩子们暂别了户外活动，每天除了吃就是睡，要么就是坐着上网课、写作业容易出现肥胖问题。基于真实的社会问题，创设真实的驱动性问题（如图5-4所示），激发学生合作学习的兴趣，引导学生主动地思考。

创设情境 —→ 提出问题　| 五年级学生的体质健康水平合格吗？我校学生总体的体质健康水平如何？ | —→ 思考　| 如何提高我校学生体质健康水平？ |

**图5-4　驱动性思考过程**

在这样的问题驱动下，让学生以小组形式开展问卷调查和统计，了解学校五年级学生的体质健康情况，为我校改善学生体质健康水平提出合理建议。这是本活动化学习设计的现实意义。从知识层面和学科素养达成方面来看，该活动化学习活动过程的实施，可以让学生经历统计的全过程。前期通过问卷调查的设计、信息的筛选、数据的统计，弥补了课堂教学缺乏统计情境体验的弊端。从问题的引入到问题的解决，强化学生的数学生活化意识，提高数据分析能力。从学生素质培养方面来看，小组合作为每个学生提供锻炼岗位，既能充分发挥学生的主体意识，又能让他们在主动参与中，生成对他人和集体的负责态度，在情感体验中养成对他人和集体负责的行为习惯。

### 2. 活动设计方案

本活动基于国家课程标准和教材内容，从学生真实水平出发，在活动化学习过程中让学生经历统计的全过程。具体实施过程如下表5-3所示。

**表5-3　活动设计流程**

| 实施周期 | 设计安排 | 备注 |
|---|---|---|
| 5天内 | **前期准备：**<br>班级成立若干探究小组，建立联络方式；小组内讨论：明确理解学习任务、制定探究计划、小组分工表。 | 教师帮助学生分组（合理安排各组成员），解读方案，明确任务和评价标准，教会学生使用在线软件建立联络小组，指导学生完成小组计划。 |

| 实施周期 | 设计安排 | 备注 |
|---|---|---|
| 一个月内 | **活动开展：**<br>1. 调查五年级学生身高、体重数据情况。<br>2. 根据调查情况，小组分工，整理、计算与分析数据。<br>3. 各小组讨论、交流，撰写活动报告。 | 教师和学生一起梳理收集信息的途径，引导学生优化收集数据的方法。<br>引导学生运用已学过的统计图、表、方法对收集到的数据进行整理、计算与分析。 |
| 一周内 | **总结评价：**<br>各小组在班级内公开展示研究结果，记录他人建议与观点并完善研究报告。<br>完成活动总结和评价。 | 召开班级会议，组织小组交流、展示活动研究结果与体会。<br>邀请其他学生对各小组研究结果进行评价，教师采用终结性评价方式评价学生，了解、总结活动整体达成情况。 |

## 四、单元评价设计

单元学习活动的评价与成果的产生、公开的成果汇报紧密相连，它不仅包括对活动成果的终结性评价，还包含对整个实践活动的过程性评价，评价是为了引发更深层次的学习和理解。它具有以始为终、逆向评价的特点，在制定活动目标之后，就要对应活动目标设计评价要点，然后进行相应的教学设计。

在活动初期，通过问卷星、访谈形式的评价量规，帮助学生理解任务，同时引发学生更加深入地去自我反思。在学习实践过程中，引入评价量规、档案袋等过程性评价形式。除了过程性评价，还要进行终结性评价，可以是对活动成果的评价、也可以是通过纸笔测验的形式。对统计模块而言，适当的纸笔测验还是有必要的。依据教学目标，设计与活动目标一致的评价内容，了解学生活动学习的质量。另外，在教师评价之前也可以引导学生和同伴对自己的成果展开互评，增进学生的反思能力。

根据每个活动的内容和核心概念指向，通过梳理活动目标，制订评价目标，从而制订两个活动的评价规则。

### （一）"光盘行动大比拼"活动评价规则

为了能从多维度对学生在探究过程中的表现进行评价，我们制定了相关的学生活动评价量表。希望学生在自评、互评的过程中能明晰本单元活动中需要学生具备的能力，特别是关于"数据分析观念"和"社会责任"的内容，并在学习探究的过程中不断地改进、及时进行自我调整和反思。

表5-4　学生活动评价量表(基于"数据意识"的评价)

| 姓名：　　　　学号： | | | | | |
|---|---|---|---|---|---|
| 评价内容 | 自我评价 | 同学评价<br>(组员1) | 同学评价<br>(组员2) | …… | 教师评价 |
| 知道怎样有效收集数据 | ☆☆☆☆☆ | ☆☆☆☆☆ | ☆☆☆☆☆ | …… | ☆☆☆☆☆ |
| 能够根据需要解决的问题整理数据(计算平均数、绘制统计图等) | ☆☆☆☆☆ | ☆☆☆☆☆ | ☆☆☆☆☆ | …… | ☆☆☆☆☆ |
| 能够通过图、表来读取有效信息,分析数据背后的原因 | ☆☆☆☆☆ | ☆☆☆☆☆ | ☆☆☆☆☆ | …… | ☆☆☆☆☆ |
| 能够结合生活实际提出有效的可操作的改进方案 | ☆☆☆☆☆ | ☆☆☆☆☆ | ☆☆☆☆☆ | …… | ☆☆☆☆☆ |
| 能够借助数据实事求是地表达自己的想法 | ☆☆☆☆☆ | ☆☆☆☆☆ | ☆☆☆☆☆ | …… | ☆☆☆☆☆ |
| 总星数 | | | | | |

表5-5　学生活动评价量表(基于"社会责任"小组合作的评价)

| 姓名：　　　　学号： | | | | | |
|---|---|---|---|---|---|
| 评价内容 | 自我评价 | 同学评价<br>(组员1) | 同学评价<br>(组员2) | …… | 同学评价<br>(组员6) |
| 能够做好自己的个人任务 | ☆☆☆☆☆ | ☆☆☆☆☆ | ☆☆☆☆☆ | …… | ☆☆☆☆☆ |
| 积极参与小组活动与讨论 | ☆☆☆☆☆ | ☆☆☆☆☆ | ☆☆☆☆☆ | …… | ☆☆☆☆☆ |
| 愿意分享个人观点 | ☆☆☆☆☆ | ☆☆☆☆☆ | ☆☆☆☆☆ | …… | ☆☆☆☆☆ |
| 能认真倾听他人观点 | ☆☆☆☆☆ | ☆☆☆☆☆ | ☆☆☆☆☆ | …… | ☆☆☆☆☆ |
| 配合组员完成任务 | ☆☆☆☆☆ | ☆☆☆☆☆ | ☆☆☆☆☆ | …… | ☆☆☆☆☆ |
| 总星数 | | | | | |

## （二）"我是健康小达人"活动评价规则

本活动学生以小组形式开展问卷调查和统计,利用成长空间、Excel表格等相关资源和工具,了解学校五年级学生的体质健康情况。最终学生进行作品展示,让数据会说话。参与者对活动过程中的表现和最终成果进行多维度、多角度的评价。我们对活动学习结果的评价分为两方面,一是学生评价,一是成果评价。相较于"光盘行动"活动评价,这里指向核心概念"数据分析观念"的评价更加细化。

### 1. 学生评价

学生在活动学习最后,填写活动学习能力评价表,通过组内自评与组内互评的方式,对活动探究过程中学生数据收集和整理、数据描述与分析、小组合作等多个维度进行综合评价。每个评价指标的分值为0到5颗星,所有评价量表得出的评价结果以百分制在Excel中统计,结合每项能力的评价权重占比,得出最终评价结果。评价量表如下:

表5-6 评价量表1(对应数据收集和整理能力)

| 评 价 内 容 | 自评星级 0.5 | 互评星级 0.5 |
|---|---|---|
| 能通过采访、问卷等方式收集五年级学生的身高、体重数据 | ☆☆☆☆☆ | ☆☆☆☆☆ |
| 能对收集信息的有效性进行筛选、判断 | ☆☆☆☆☆ | ☆☆☆☆☆ |
| 能够对收集到的问卷,进行有序或归类整理 | ☆☆☆☆☆ | ☆☆☆☆☆ |

表5-7 评价量表2(对应数据描述与分析能力)

| 评 价 内 容 | 自评星级 0.5 | 互评星级 0.5 |
|---|---|---|
| 观察具体学习素材时,对其中的数据信息感兴趣 | ☆☆☆☆☆ | ☆☆☆☆☆ |
| 根据统计的数据信息,会选择合适的表征方式,制作简单的统计图 | ☆☆☆☆☆ | ☆☆☆☆☆ |
| 能读取统计图中的数据信息,简单地计算、分析数据特征 | ☆☆☆☆☆ | ☆☆☆☆☆ |
| 能根据数据分析,联系实际生活提出建议 | ☆☆☆☆☆ | ☆☆☆☆☆ |

表5-8 评价量表3(对应小组合作能力)

| 评 价 内 容 | 自评星级 0.5 | 互评星级 0.5 |
|---|---|---|
| 能够和同伴共同探讨制定研究的方案 | ☆☆☆☆☆ | ☆☆☆☆☆ |
| 在讨论时学会倾听,努力听懂同伴的发言,就不理解的地方向人请教,就不同的意见与别人商讨 | ☆☆☆☆☆ | ☆☆☆☆☆ |
| 乐于交流分享,在交流中简单、明晰地表达自己的数学思考 | ☆☆☆☆☆ | ☆☆☆☆☆ |
| 根据小组分工,能够及时完成任务 | ☆☆☆☆☆ | ☆☆☆☆☆ |
| 在学习过程中遇到困难时,积极寻找多种途径有效解决 | ☆☆☆☆☆ | ☆☆☆☆☆ |
| 能够主动关心同伴,在同伴遇到困难时,能及时给予帮助 | ☆☆☆☆☆ | ☆☆☆☆☆ |

## 2. 成果评价

活动总结阶段,各小组在班级内公开展示研究结果,记录他人建议与观点并完善研究报告。采用自评、互评与师评的方式,对学生数学表达能力进行评价。

表 5-9  评价量表 4(对应数学表达能力)

| 评 价 内 容 | 自评星级 0.3 | 互评星级 0.4 | 师评星级 0.3 |
|---|---|---|---|
| 能根据探究任务,合理收集信息、数据 | ☆☆☆☆☆ | ☆☆☆☆☆ | ☆☆☆☆☆ |
| 能从多维度、深入进行数据分析,能用数据说话 | ☆☆☆☆☆ | ☆☆☆☆☆ | ☆☆☆☆☆ |
| 能根据研究结论,给我校改善学生体质健康水平提出合理建议 | ☆☆☆☆☆ | ☆☆☆☆☆ | ☆☆☆☆☆ |
| 研究报告设计美观,能用图、文、表等多种方式呈现内容 | ☆☆☆☆☆ | ☆☆☆☆☆ | ☆☆☆☆☆ |
| 报告展示时表达流畅清晰,声音响亮,逻辑通顺、有条理,衔接自然 | ☆☆☆☆☆ | ☆☆☆☆☆ | ☆☆☆☆☆ |

本活动在评价时不仅关注最终结果,更重要的是关注在活动实施过程中学生综合能力的表现。关注对学生数据处理、运算求解、数学表达和合作能力等核心能力的培养。此活动的评价设计比较客观,基本上能综合、全面地对学生和活动本身做整体的评价。


# 第三节  "生活中的统计"活动实施

本单元活动在实施的过程中,始终以学科素养为导向,指向单元核心概念,让学生在社会热点话题中发现问题,并亲身完整地经历搜集数据、整理数据、描述数据、分析数据的统计全过程,发展学生的数据分析观念,在解决问题中培养学生的社会责任意识。

## 一、四年级"光盘行动"学习活动实施

节粮是一种品质,是一种美德,更是一种责任。我校积极响应国家号召,为杜绝粮食浪费,全校开展了光盘行动,各个班级的光盘情况如何? 随着光盘行动的

开展,各个班级的光盘情况是否有改变? 四年级哪个班级可以最终赢得"光盘小能手"的称号? 这些问题的探究与小学数学的统计单元教学正相契合。

## (一)案例简介

小学阶段统计单元包含分类计数、统计图表、平均数、简单的调查统计,分别分布在沪教版教材中的二至五年级的教学中。在设计本单元的学习活动时,我们从国家课程出发,基于学科核心素养的单元设计与评价,围绕学生生活的真实情境,以单元活动的学习方式展开了"光盘行动大 PK"的学习,在过程中逐步培养学生的数据分析能力。

### 1. 学生情况分析

本部分的研究对象为四年级 A 班的学生,该部分研究对象对我校开展的"光盘行动"活动非常支持,也非常具有探究的热情。他们在三年级已经系统地学习了条形统计图,具备了一定数据搜集、数据分析能力,同时对折线统计图也有一定的生活经验。在之前开展的单元学习活动过程中,学生已经在尝试学科知识的探索,他们具备一定的小组合作能力、问题探究能力。在本次展开的单元学习过程中,教师可以通过过程性评价和指导引导学生积极参与单元学习,逐渐深入单元学习的模式。

### 2. 单元学习课程简介

小学数学作为一门基础学科课程,强调从学生已有的生活经验出发,让学生亲身经历将实际问题抽象成数学模型并进行解释与应用的过程,进而使学生获得对数学理解的同时,在思维能力、情感态度与价值观等多方面得到进步和发展。"数据分析观念"是十大核心概念之一,旨在让学生了解现实生活中的许多问题应当先做调查研究,搜集数据,通过分析作出判断,体会数据中蕴含着信息。"光盘行动大 PK"单元学习以发展学生数据分析观念为核心,让学生在实际的校园活动中发现问题、解决问题。让学生通过初步统计得到某一周四年级各班午餐剩余量条形统计图,从中发现问题。让学生通过认识折线统计图,系统地了解折线统计图的特征和作用。在基础上,学生再次设计统计方案。通过绘制折线统计图进行数据分析,并调查背后的原因。根据分析的结论,学生为即将开展的少代会提出关于光盘行动的提案。学生在搜集数据、整理数据、分析数据的过程中逐步发展数据分析观念,提升数学素养。同时学生在"光盘行动大 PK"学习争做时代的小主人,针对午餐浪费背后的原因提出有助于节约粮食的可操作的提案,培养了少先队员的社会责任和担当。

### (二)活动实施

#### 1. 第一阶段:任务准备

本活动中学生以小组形式开展活动,班级中所有学生分为 6 组,组内自主推选出组长及副组长,根据需要解决的问题即"评选出四年级'光盘行动'荣誉班级"在组内制定初步的实施方案,并对组员进行明确分工。

收集每个班级每天午餐剩余量,需要学生通过测量等方式获取数据并做好相应记录,考虑到学生进餐时间与食堂的工作进度,结合各小组收集到的数据有效性等问题,每一小组负责 2 个班级的数据收集,同时每个班级被 2 个不同小组收集数据的方案。在班级中明确每一小组负责数据收集的对应班级,再由小组内进行具体分工,责任到人。各小组与数据收集班级对应情况如表 5-10 所示。

表 5-10 各小组与数据收集班级的对应表

| 小组＼班级 | 四 1 班 | 四 2 班 | 四 3 班 | 四 4 班 | 四 5 班 | 四 6 班 |
|---|---|---|---|---|---|---|
| 第一组 | √ | √ | | | | |
| 第二组 | | √ | √ | | | |
| 第三组 | | | √ | √ | | |
| 第四组 | | | | √ | √ | |
| 第五组 | | | | | √ | √ |
| 第六组 | √ | | | | | √ |

#### 2. 第二阶段:任务执行

任务执行主要分成 5 个环节,其中包括 3 个课时的课堂教学与 2 个课外实践探究活动。

（1）课外（数据收集）。

学生以小组为单位，利用每天午餐期间 10 分钟的时间去收集对应班级当天午餐剩余量的数据，并做好记录，为期三周。

（2）第一课时（数据收集、整理）。

利用第一个星期收集到的数据，在小组内评出四年级"光盘行动"荣誉班级，将小组结论在班级中进行分享交流。本课时包括"理解平均数""意识到数据收集的重要性"两大主要教学目标。

从反馈的作品来看，学生在解决问题的过程中有意识到"平均数"的作用，并自主尝试运用。6 个小组都想到了利用条形统计图呈现最终结果，如图 5-5 所示。教师在课堂中提出问题：每个班有一周五天的用餐剩余量数据，为什么图中只出现一个数据？其中一组将一个班五天的数据相加，利用每个班一周的剩余总和去绘制条形统计图，进而得出哪个班级一周"光盘行动"完成得最好。另外 5 个小组则是将每个班一周的剩余总和除以 5 天，得到每班一周用餐剩余量的平均数后，利用平均数去作图，进而得出哪个班级一周"光盘行动"完成得最好。

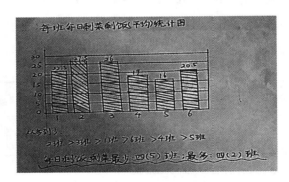

图 5-5　学生作品 1

平均数是小学阶段五年级的知识点，当教师问学生是怎么样计算平均数时，绝大多数小组都能说完整，个别小组对什么是平均数的概念不清晰，虽然在利用这个知识点解决问题，但还没有真正理解。因此在课堂中教师就这一知识点进行了指导。

紧接着在互动交流的过程中，不同小组评出的"光盘行动"荣誉班级不同，再进一步观察各小组提交的条形统计图时,发现部分班级的数据出现差距,如图5-6、图5-7所示,进而讨论出现这种情况的原因。

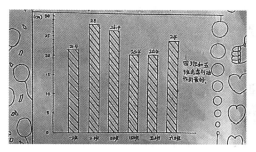

图5-6 学生作品2

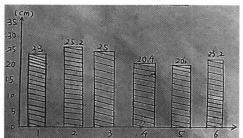

图5-7 学生作品3

学生通过交流,意识到数据出现差错的原因可能是测量时存在误差,也有可能是在取近似数时出现了误差。也有学生提到两个组在测同一个班级的用餐剩余量时也会出现不同,一个组在该班学生未全部结束用餐前就测量了剩余食物高度,另一个组等到全部学生都用完餐后再去测量剩余食物的高度,这就造成了对同一个班级收集到不同的数据的情况。经过小组与小组之间的沟通与讨论,最终学生意识到测量数据准确的重要性,在统一了测量时间及测量方法后,决定展开第二轮数据收集并评出第二周的"光盘行动"荣誉班级。

**(3)第二课时(数据整理、描述)**

这一课时主要包含"认识折线统计图"和"绘制折线统计图"两大教学内容。

根据"我们班光盘行动执行得怎样"的问题,学生认识到需要比较本班级连续一周的用餐剩余量的数据,才能进一步深入思考。也有学生提到,需要用折线统计图来呈现变化。在第二课时,组织学生探究认识折线统计图的特点以及作用。

在学生认识折线统计图之后,利用已经收集到的本班每天的用餐剩余量数据,尝试绘制折线统计图。在分享展示各小组绘制的折线统计图过程中,学生自主完善折线统计图的要素,尝试初步读图,知道折线统计图呈现的是本班一周用餐的变化情况。

（4）课外（调查、分析）

提出问题："光盘行动"优秀班级是怎么做的。

学生在收集每天的用餐剩余数据的同时，来到"光盘行动"优秀班级中进行调查、采访。结合每天的菜谱，尝试探究优秀班级做得好的原因。

（5）第三课时（数据分析、表达）

本课时包括"分析折线统计图""数据表达"两大主要教学目标，具体流程如下：通过绘制"光盘行动优秀班级一周用餐剩余量折线统计图"，以及各小组在课外调查、采访的结果，尝试分析折线统计图中数据背后的含义，学生在交流分享过程中体会用数据说话的意义。

图5-8、图5-9为其中一组的学生作品，他们在尝试结合每天的菜谱，分析周一剩下的饭菜少是因为当天的饭菜都是学生喜欢吃的。他们借助折线统计图，根据菜谱推测该班之后用餐情况的变化趋势，并尝试说出这样推测的原因。

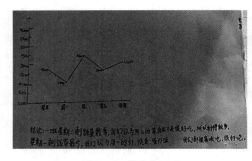
图5-8　学生作品4

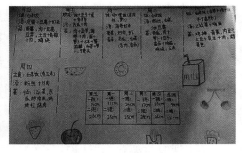
图5-9　学生作品5

### 3. 第三阶段：评价结果

通过对学生完成的活动评价量表进行整理，将每一位学生的两份评价量表数据绘制成雷达图，从而更有针对性地发现问题、分析问题、解决问题。从反馈来看，他们存在一些共性问题，如学生普遍有自我评价与同伴评价以及教师评价存在些许差异的情况，这些差异或大或小。但找到这样的差异就能帮助学生进一步意识到自己的问题所在，从而有针对性地进行反思改进。

根据某一组中一位同学的两份评价量表数据分析来看，如图5-10和图5-11

所示,学生自我评价较高,对自己的任务完成度较满意,但在有效收集数据方面的评价出现的偏差较大,主要问题还是在第一轮数据收集后班级讨论发现问题较多,进行了调整。在整理数据方面学生普遍得分较高。关于平均数的概念虽然学生没有系统地学习过,但较多小组能够根据已有的生活经验并在前期的数学知识基础上探究出计算方法。在小组合作的评价中可以看出,该生在整个活动过程中参与度很高,表现较积极,也能够主动分享自己的观点,但在认真倾听方面较薄弱,还有待改进。

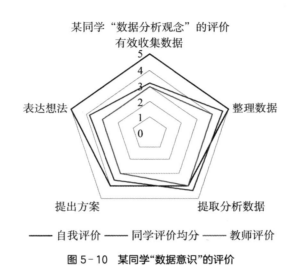

图 5-10 某同学"数据意识"的评价

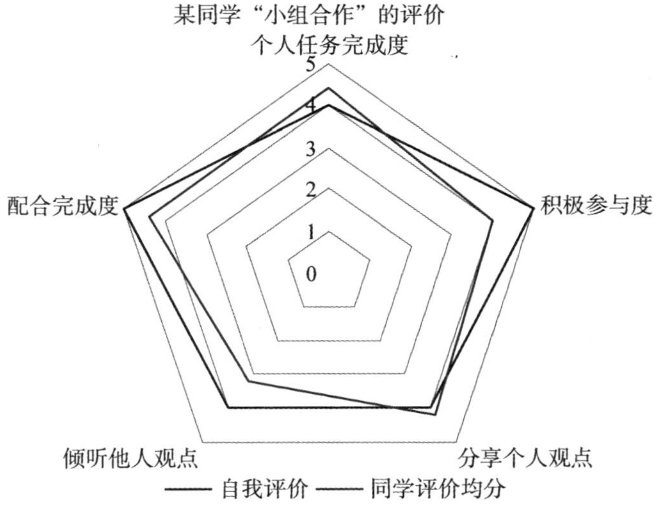

图 5-11 某同学"小组合作"的评价

### 4. 第四阶段:任务反思

任务反思阶段主要包括两大环节:①课外进行组内讨论、策划提案。提出问题:根据目前各班"光盘行动"的实施情况,能否向学校食堂提供有效的建议,促进"光盘行动"的落实。请学生作为少代会代表,每组策划一个提案。每个小组利用课外1小时的时间,集中讨论、策划,准备提案。②课内交流、分享提案。组织学生交流、分享各组的提案,引导学生对每一组的提案作出评价以及改进建议。

### (三)案例小结

"光盘行动大PK"活动在小学阶段沪教版数学统计单元学习后活动。整个单元学习活动以发展学生数学素养为核心,让学生在社会热点话题中发现问题,并亲自经历了搜集数据、整理数据、描述数据、分析数据的统计全过程,培养了"数据分析观念",在解决问题中培养社会责任意识。

### 1. 在活动实践中培养数据分析观念

培养学生数据分析观念,提高学生数据分析能力最关键在于,从学生的生活经验出发,让学生亲身经历将实际问题抽象成数学模型并进行解释与应用的过程。在实践活动中让学生真正投入到统计活动的全过程中去:提出问题,收集数据,整理数据,分析数据,作出决策,进行交流,评价与改进。

首先,在活动中培养学生的数据意识。各个班级的光盘情况如何?随着光盘行动的开展,各个班级的光盘情况是否有改变?四年级哪个班级可以最终赢得"光盘小能手"的称号?在这样的问题情境中,学生能立即想到运用搜集数据、整理数据、运用条形统计图呈现数据等统计知识。这实际上就是培养学生的数据意识,也是小学阶段统计学的最核心的问题。统计的目的不是让学生掌握多少种方法,而是让学生遇到问题能想到去调查,能想到用数据说话,这才是统计学习的关键。

其次,在活动中选择合适的统计方法。在"光盘行动大PK"活动中,学生都能想到运用三年级已经学习过的条形统计图的知识来解决问题,学生通过测量和统计,用条形统计图呈现全年级6个班级一周的午餐剩余量的平均数。在初步的数据分析过程中,学生提出光盘是一个需要长期养成的好习惯,条形统计图只能横向呈现各个班级的光盘情况,还需要统计各个班级开展光盘行动以来纵向的变化,而这需要运用折线统计图的知识。因此,在思考和不断尝试中,学生能根据问题情境选择合适的统计方法,提升了统计方法运用的灵活性。

最后,让学生在活动中体会数据中蕴含的信息,能从中尽可能多地提取信息,而这些信息能为解决问题提供决策。在光盘行动中,每个小组主要负责年级中的2个班级,测量并记录2个班级连续一个月的午餐剩余量,并绘制成折线统计图,通过分析折线统计图获得一些信息。例如 A 组的学生发现 2 班每周的周一午餐剩余最少,通过调查发现原来每周的周一都有蛋炒饭,深受大家的喜爱,所以每周的周一大多数学生都能把饭吃完。因此这一组的学生通过讨论,提出食堂师傅在设计食谱时既要注重营养搭配,也要通过调查了解学生的饮食喜好,能在一定程度上减少食物的浪费。

### 2. 在问题解决中培养社会责任

"光盘行动大 PK"活动中学生以小组合作的形式开展单元活动学习,在小组合作过程中学生合理分工,一起搜集数据、整理数据、描述数据、分析数据,积极主动发表自己的观点。在数据统计过程中,学生能关注数据的严谨性和准确性,具有科学的探究精神。学生能通过数据统计和分析提出减少浪费粮食行为的有效策略,形成社会责任意识。

一方面,通过小组合作培养社会责任。单元活动中,面对一个大的探究问题,一个人的力量是有限的,如何有效发挥团队合作的精神是非常重要的。小组成员合理分工很重要,教师需要引导学生对大任务进行细化,在统计初期主要有 4 项任务:测量、记录、整理成统计表、绘制折线统计图,再根据小组人数和小组成员的特点进行分工。例如 B 组 7 人,活泼外向的同学 A 和细心的同学 B 两人负责每天测量和记录 1 班的午餐剩余量,开朗的同学 C 和仔细的同学 D 负责每天测量和记录 2 班的午餐剩余量,做事沉稳的小 E 负责整理数据,绘图能力较强的同学 F 和同学 G 主要负责绘图,每个成员有主要任务,也发挥了自己的特点。同时,小组之间也需要进行团队合作。全班分为 6 个小组,各自负责统计 2 个班级,如果每个小组能够一起合作一起数据共享,那么每个小组在进行数据整理和数据分析时可以获得更丰富的信息,对数据的分析也会更加深入。

另一方面,通过关注数据的准确性和严谨性培养责任意识。数据分析的前提是数据的准确性,如果数据有问题,那么之后的数据分析就失去了意义。在初次数据统计中,最初的方案是每个组只统计一个班级,有学生提出为了提高数据的准确性可以调整为一个组统计两个班级,这样的安排使得每个班级的数据将会被统计2次。通过一周的统计,各小组在分享数据的时候发现,有两组在统计同一个班级时的数据差别较大,通过分析发现原来有个小组统计得太早,所以导致不准确。通过这样的提出问题、发现问题、反思问题的过程,帮助学生树立了科学的探究精神,注重统计中数据的准确性和严谨性,培养学生的责任和担当。

此外,通过少代会提案培养学生的社会责任感。在"光盘行动大PK"过程中学生经历了搜集数据、整理数据、描述数据,最终目的是分析数据,从数据中提取信息,为减少粮食浪费的现象提出解决措施。新学年的少代会即将到来,提案是少代会的重要环节,少先队员们为建设更好的校园提出建议,体验了民主也培养了责任意识。"光盘行动大PK"单元活动学习成果正好能为少代会提案提供素材。C组的组员们通过数据分析提出,鉴于每个餐盘的分量相同,而有些小朋友本身胃口比较小,建议食堂统计各班饭量较小的学生人数,可以为他们提供小份饭。D组的组员们发现有些食谱特别受学生的青睐,而有些食谱学生普遍不喜欢从而导致浪费,食堂师傅可以向学生们征集营养均衡又深受学生喜欢的食谱,并对食谱进行调整,提高学生们吃饭的兴趣,从而减少浪费。

## 二、五年级"我是健康小达人"学习活动实施

学生的体质健康一直是国家、社会和学校非常关注的话题。"我是健康小达人"学习活动是基于单元教学设计基础上的综合运用与实践,旨在帮助学生在现实情境中经历数据收集、整理、描述及分析的统计过程,在亲身经历的活动中理解平均数的概念,体会平均数在统计学中的重要作用,为学生进一步学习统计奠定基础,逐步养成关注生活中的数据信息,实事求是,用数据说话和做判断的习惯。在合作学习过程中,自觉、认真地履行社会职责和参加社会活动过程中的责任,把责任转化到行动中去。

（一）案例简介

"我是健康小达人"活动学习结合沪教版数学五年级第一学期第三单元"平均数"的学习内容，从国家课程的角度出发，与校园活动相结合，结合体育、自然等各学科知识，是教材内容基础上的综合运用与实践，也是国家课程的校本化实践。

1. 学生情况分析

本活动的研究对象为五年级学生，他们之前学习了分类、平均数和统计图表等相关知识，具备基本的数据收集、整理、呈现和分析的能力。"平均数"是统计学中的一个重要统计量，它是描述一组数据集中趋势的统计量，是一个虚拟的数。"平均数"的概念与学生二年级时学过的"平均分"的意义不完全一样，平均数是借助平均分的意义通过计算得到的，但不表示每一个数据本身就是完全相同的。而五年级学生正处于形象思维逐步向抽象思维过渡的时期，对于平均数在统计学上的意义，理解起来还是有困难的。虽然教材尽量提供学生所熟悉的情境，利用学生生活所见或学生感兴趣的话题作为题材，从情景中寻找问题。但课堂上由于受到时空的界限，如果仅仅将重点放在了教师给出的数据的分析上，学生会缺乏对数据统计的问题情境的体验，缺乏整体思考和信息筛选的空间，很难让学生思考平均数概念、公式和图表背后所蕴含的统计背景。因此，本单元的学习应与现实紧密联系，重视学生对统计过程的经历，则有助于学生的数据分析能力和统计素养的提升。此外，作为五年级的学生，具备一定的小组合作学习能力，在小组合作学习中明确每个人的职责，主动投入小组合作的过程，也是培养学生的责任意识。综上，通过单元学习活动，营造尽可能真实的生活情境，使学生自觉、主动地调用所学的知识、技能，在情境问题的解决中展现精神风貌，将课堂与课后的知识进行拓展和有机整合，这是非常有必要的。

2. 单元分析

沪教版第一学期第五单元"统计"主要是涉及"平均数"的学习，为了使学生理解统计量的意义，突出概念、公式和图表所蕴含的统计背景，强调统计量的应用，因此本单元是以"平均数""平均数的计算"和"平均数的应用"三个部分展开的。具体如图 5-12 所示。

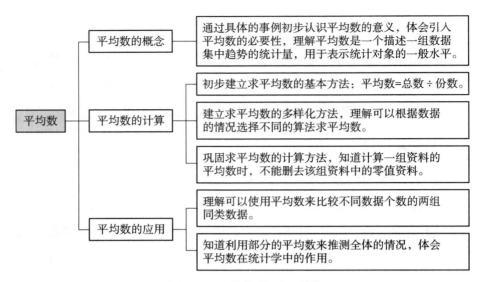

图 5-12 "平均数"单元知识结构

"我是健康小达人"学习活动包含前期准备、活动开展和总结评价三个阶段，涵盖 5 个课时的课堂教学与五周的课后探究时间。具体安排如图 5-13 所示。

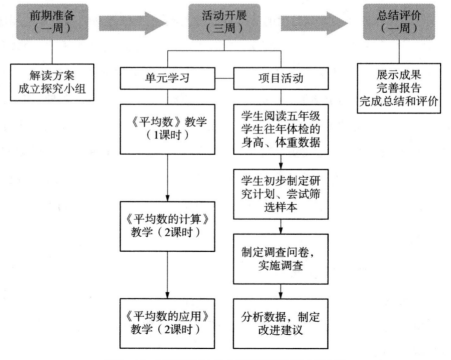

图 5-13 "我是健康小达人"活动学习课程内容安排

## (二)案例实施

在前面的活动设计阶段,我们对活动评价进行了设计,初步得到了比较完整的活动学习改进措施,接着在五年级 B 班级开展实践研究。

### 1. 任务准备

根据五年级学生的年龄特点和数学统计能力情况,教师利用问卷星设计了前测问卷了解班级学生对活动的动机、情感、认知情况(如图 5 - 14 所示)。

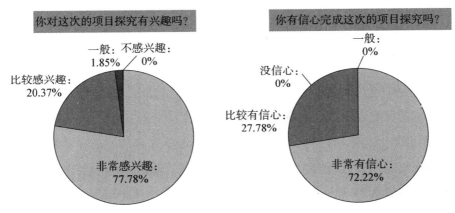

图 5-14　学生活动兴趣情况调查饼图

从图中可看出,班级中 77.78% 的学生对此次活动探究非常感兴趣,20.37% 的学生比较感兴趣,而且 100% 的学生都表示有信心完成。由此可见,学生对活动的研究兴趣都比较浓厚、充满自信,对 1.85% 兴趣一般的学生还可以通过干预,让他们在学习过程中感受活动本身存在的价值和魅力。

五年级的学生基本已经具备独立制作统计图表的能力,班级 40 人中有 30 人曾经有问卷调查的经验,且 10 人具备独立制作 PPT 的能力(如图 5 - 15 所示)。教师根据学生的兴趣和能力差异进行分组。然而,活动难点在于如何根据研究主题,从五年级近 300 多名学生中筛选样本设计调查问卷,绘制统计图表,进行数据分析。因此,如何让学生深入理解活动研究的内涵,学会捕捉、筛选信息,这需要教师在过程中及时干预和引导。

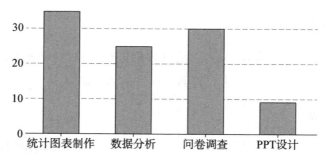

图5-15 学生活动认知储备情况统计图

## 2. 任务执行

活动发布后,学生经历一周时间的活动问题解读、小组成员确定和小组方案的初步讨论之后,"我是健身小达人"活动正式开启了为期4周的实施阶段。

### (1)筛选样本,实施调查

"根据国家的体质健康标准,我校五年级学生的身高、体重水平如何?"面对这样一个贴近学生实际情况的问题,学生们是非常感兴趣的。通过小组的交流讨论,他们能想到:平均数作为一组数据集中趋势的代表值,如果要判断学校的身高、体重的整体水平,那么就可以通过求平均数来解决这个问题。然而我校五年级共有8个班级,300多名学生。如何调查这么大样本的数据,又如何求这么大样本数据的平均数呢? 不同的小组就想到了不同解决问题的方法,如第1小组就采用组员分工的方式,小组内每一名学生调查一个班级。为了更深入了解青少年生活习惯等因素对身高、体重的影响,他们还从睡眠、饮食、运动等不同角度进行调查与访谈(如表5-11所示)。第2小组则采用抽样调查,选取部分学生作为小样本进行调查。

表5-11 第2小组问卷访谈调查表

| 五年级学生身高体重调查 | | | |
|---|---|---|---|
| 学校:田园外语实验小学　　　　班级:7班 | | 表号:1-1<br>制表小组:7-1组 | |
| 一、基本信息 | | | |
| 学号 | | 性别 | □男 □女 |
| 身高 | cm | 体重 | Kg |

二、生活信息

| 每日入睡时间 | ☐20:00—21:00 | ☐21:00—22:00 |
| | ☐22:00—22:30 | ☐22:30—23:00 |
| | ☐23:00—23:30 | ☐23:30—24:00 |

| 平均每日体育锻炼时间 | ☐0 小时 | ☐0—1 小时 |
| | ☐1—2 小时 | ☐2—3 小时 |

| 经常性运动项目(可多选) | ☐跑步 | ☐跳绳 |
| | ☐篮球 | ☐其他 |

三、饮食信息

| 饮食结构 | ☐饮食合理,完全不挑食 | ☐"肉食动物",几乎不吃蔬菜 |
| | ☐"素食动物",几乎不吃肉食 | ☐几乎顿顿鱼虾 |

| 每日牛奶量 | ☐完全不喝 | ☐<250 ml |
| | ☐250 ml—500 ml | ☐>500 ml |

| 饮料 | ☐完全不喝 | ☐一个月<5 瓶 |
| | ☐一个月 5—15 瓶 | ☐一个月>15 瓶 |

| 平日零食(可多选) | ☐不吃零食 | ☐水果 |
| | ☐巧克力 | ☐饼干、面包 |
| | ☐坚果 | ☐其他零食(薯片、汉堡等) |

| 进食巧克力、薯片、汉堡的次数 | ☐一星期<1 次 | ☐一星期 1—3 次 |
| | ☐一星期 3—5 次 | ☐一星期 5 次以上 |

填报说明:本次调查只适用于"健康小达人"活动使用。所有信息 7-1 小组负有全权保密的责任

### (2)分析数据,制定改进建议

经过一周调查,学生们调查到的数据很多,但如何进行数据整理、分析,又能得到怎样的结论,这是一个不小的挑战。有的学生说:"这么多数据看得我头皮发麻",有的学生说:"我们可以先求这么多数据的平均数,再和国家标准比一比,看看我们学校的整体水平如何",有的学生说:"我还可以对各个班级的情况进行比较,看看哪个班级的平均水平高,我们班大概处于怎样的水平"。热烈的讨论激发了学生们的深入思考,最终每个小组基本能选择某个或多个角度来分析数据。

第1小组围绕规律作息、健康饮食、体育锻炼等问题进行了重点分析(如图5-16所示)。经过对全体五年级学生的抽样调查发现,坚持早睡早起的学生比率为35.29%;坚持体育锻炼的学生比率为29.41%;饮食搭配上肉多菜少的学生比率为70.59%;面对不健康却好吃的食物照吃的学生比率为32.35%,每天吃零食或喝饮料的学生比率为14.71%。综上所述,我们认为全校高达60%的学生作息不规律,也没有坚持很好的体育锻炼;饮食上,相当高比例的学生喜好高油高脂食品,部分学生未能做到全面均衡饮食,从而导致体重的过胖或过瘦,影响身体的正常发育。我们倡议大家在抓好学业的同时,也要坚持良好生活习惯,早睡早起,坚持体育锻炼,饮食搭配均衡,做到德、智、体全面发展。

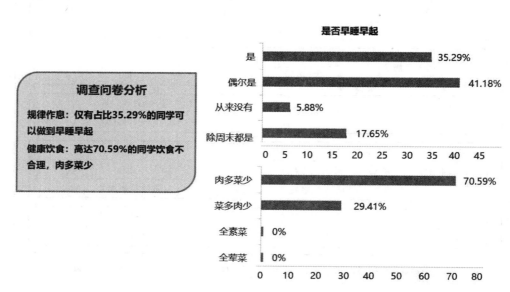

图5-16 第1小组数据调查分析图

第2小组通过调查,分析了全校五年级学生的身高、体重水平,并对不同班级学生的身高、体重情况进行了分析并提供建议(如图5-17所示)。

第3小组调查了一个班全体学生的身高、体重情况,利用统计图表分析问题(如图5-18所示)。他们发现:该班男生平均身高增长趋势比较均衡,每年增长约5厘米,该班男生的平均身高在一至四年级共增长了15.8厘米,略低于年级平均值16.9厘米。全年级男生平均身高在一到二年级出现快速增长,二到三年级趋

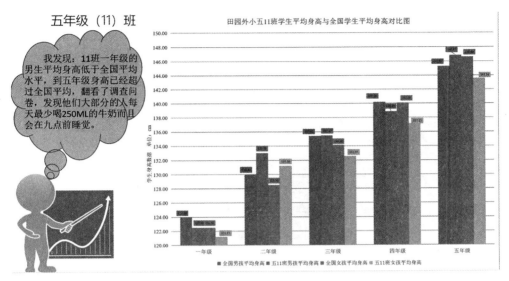

五年级（11）班

田园外小五11班学生平均身高与全国学生平均身高对比图

五年级（14）班

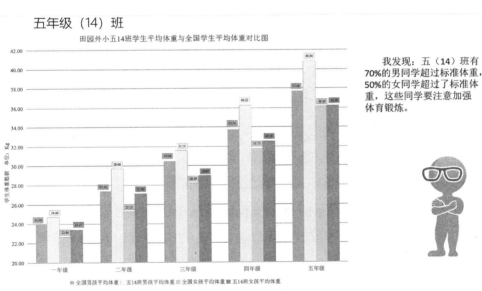

田园外小五14班学生平均体重与全国学生平均体重对比图

我发现：五（14）班有**70%的男同学超过标准体重，50%的女同学超过了标准体重，这些同学要注意加强体育锻炼**。

图5-17　第2小组数据调查分析图

于平缓，三到四年级增长趋势再次恢复。该班女生平均身高在一到二年级增长最快，平均增长10.4厘米，该班女生的平均身高在一至四年级共增长了17.3厘米，高于年级平均增长数14.9厘米。

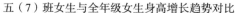

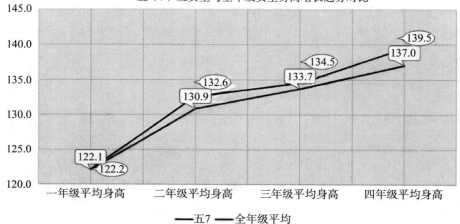

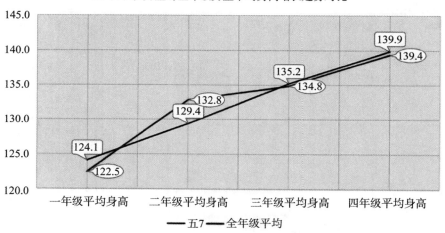

图 5-18　第 3 小组数据调查分析图

（3）成果分享

　　学生面对全校五年级 300 多名学生的数据调查，虽然开始手足无措，但经过讨论，有的小组想到了能全员分工进行各个班级的数据调查；有的小组能重点调查某个班级的数据情况；有的小组甚至能想到根据性别、学生四年级时的身高体重情况抽样调查部分学生的数据情况。在实际调查时，学生们从跃跃欲试到能从生活、饮食、运动习惯等不同维度进行问卷访谈或调查，这对他们来说都是不小的挑战，这样的实践恰恰让学生们有机会走出教室，经历真实的统计过程。他们的活动成果不仅仅是一份份研究报告,更是丰富的实践过程。

企业微信直播也为本次活动学习成果的公开展示提供了便利。教师召开线上交流分享会,通过二维码设计,让全体学生一边聆听方案交流,一边根据方案评价表评一评最佳的研究报告,并写一写、说一说自己参与活动探究的过程体会(如图 5-19 所示)。

图 5-19 "我是健康小达人"项目在线方案评价图

在汇报时,第 3 小组的发言人就这样说道:"虽然 7 班学生在身高、体重的整体水平相较于全年级,有一定的优势。但现阶段是我们身高成长的小高峰时期,从班级饮食、运动、睡眠情况的访谈情况来看,良好的生活、运动习惯还未养成,希望每一位同学能意识到问题的重要性,从我做起,对自己的身体健康负责。"第 1 小组的小王同学平时学科成绩很好,就是不太爱运动,长得白白胖胖,经过这次探究,他对自己的生活习惯也有了更理性的认识:"虽然我的身高在全年级还是有优势的,但我计算了自己的体重 BMI 指数,发现原来我从四年级开始就已经是超重了。整个五年级体重超重的学生不足 10%,平时爸爸妈妈让我多运动、多吃蔬菜都是正确的,否则我在未来几年很难保持这样的身高优势了"。通过数据,学生们能更理性地看待自己的生活、运动习惯,从而发展对个人健康成长的责任意识。

基于在线平台交流,每一位学生不仅回顾自己在活动中的探究过程,而且也学会科学地评价不同小组的方案,认识到小组合作的必要性与意义如(如表 5-12 所示)。

**表 5-12 "我是健康小达人"学生线上交流反馈情况**

| Q1:在刚刚的交流中,哪个小组或谁的发言给你留下了深刻的印象?为什么? | Q2:在本次《我是健康小达人》活动中,你有什么收获与体会? |
|---|---|
| 第1小组的发言给我留下深刻的印象,他们的方案科学、内容丰富、声音响亮、衔接流畅。 | 我学会了如何制定方案、挑选方案和总结,也让我知道了只有大家互相提议才能制作出最好的方案。 |
| 第3小组。他们的内容全面,讲解顺畅。 | 我们小组的每个人都尽力投入到这次活动中,我觉得每个人只要用心就可以做到很好。 |
| 第2小组。因为他们不仅说话很流利,做得很美观,而且内容精彩,有科学价值,每人都参与。 | 我听到了同学们在线上分享,我听到了很多,不同的方案我觉得她们各有好处,每个方面都做得很细致,让我对我们五年级的整体身高、体重水平有了清晰的了解。 |
| 我觉得陆×彤的发言令我印象深刻。是她独立讲解的,表达非常清楚,能图文并茂地呈现内容,列出的数据也很科学。 | |
| 对第4小组的统计印象深刻,因为他们有一系列计算统计。 | 同学们都能积极主动地参与活动中来,为了提高全体学生的体质健康水平出谋划策,提出了很多行之有效的方案,我要给大家点个赞。 |
| 我印象最深刻的是第4小组,因为他们收集的信息完整比较科学,设计美观,语言流畅,表达清晰,能够体现小组分工、小组特色。 | 小组合作与分工特别重要,可以取长补短。 |
| 第3小组朱×萧,吐字清楚,介绍有条理。 | 在设计PPT时可以使用图、文、表等方式进行表达,可以使表达更完整,易懂。 |
| 第1小组给我留下了深刻印象,因为他们的发言非常有条理,逻辑清晰,图文并茂。 | 一是团结协作力量大。二是生活中处处可见数学。三是互相竞争能提高自己。 |
| 第4小组给我留下了深刻印象,因为他们分工合作,让每个人都有了展示的机会。他们的PPT图文并茂,思路清晰,表达清楚。 | 体会到了生活与数学统计、统筹分析等息息相关。 |
| | 我体会到了设计方案很不简单,要从多方面考虑各个阐述、思考,而且我也从中收获到了很多。 |

### 3. 活动反思评价

本活动聚焦学生"数据分析观念"这一统计素养的日常养成,让学生经历从提出问题、筛选样本、问卷调查、数据分析到归纳研究结论的统计历程。在活动探究过程中,采用学生个人评价、小组成员互评、教师评价等不同形式针对数据收集与整理能力、数据描述与分析能力、小组合作能力、数学表达能力等 4 个维度开展综合式评价,其中 4 个维度各占比 25%。

学生在本活动学习中掌握了一定的活动学习能力。在活动的分享与总结时,在全体学生自评、互评与教师评价的基础上汇总了学生的整体表现情况(图 5-20)。学生在这一活动的研究过程中,真正经历根据探究任务,收集数据、亲身参与调查的过程,各小组制定的方案,能从不同维度调查并进行深入数据分析,并得出研究结论、提出合理建议,且报告呈现和展示了数学学科的特色和综合能力,反映出学生在这样的探究过程中发展了较好的数据统计能力和数学表达能力。

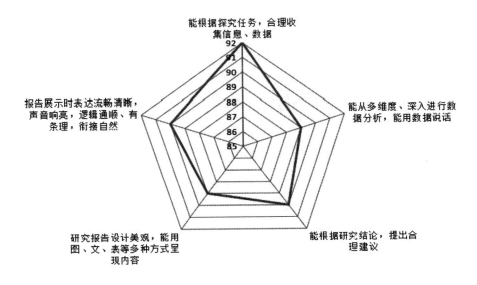

图 5-20 学生整体表现情况

在活动学习过程中,各小组之间虽有一定差异,但基本上各小组成员都能积极参与活动讨论。执行过程中各小组成员基本都没有逃避任务,而是积极参与方案计划、实施,并能对其他成员提出改进建议或主动交流自己的想法,体现了良好的小组合作力与执行力。

### 4. 个案分析

前测问卷显示,第 3 小组的合作水平较低,因而对第 3 小组进行了深度干预。第 3 小组由 4 名学生组成,包括两名男生和两名女生。男生 A 组织能力较强,善于总结、发言;男生 B 做事较为认真细致,但性格内敛;女生 C 综合能力较强,做事较为认真细致,爱思考问题;女生 D 不爱发言,比较胆小。C 同学和 D 同学比较胆小、爱逃避问题,自主探究的欲望很低。

为了提高她们的积极性,教师从她们自身的身高、体重、生活习惯入手,与组长讨论她们可以完成的任务,鼓励她们在其他组员的协助下参与问卷调查,这样她们的积极性与团队协作性逐渐被调动,研究的兴趣也提高了。关于如何调查数据,小组成员产生了一定分歧。

A同学:我们完全可以进行全年级学生的调查,这样样本数据很大,能反映整个年级的整体水平。

C同学:这样大范围调查,太麻烦了。

D同学:我感觉调查数据还是有很大困难。

B同学没有发表意见,她属于中庸性格,对探究成果如何并不太在意。A同学和C同学首先达成共识,并主动承担调查问卷的设计。在他们的带动下,B同学和D同学也积极参与到问卷的讨论与实施中来。

最终他们决定调查五年级某班所有学生的身高、体重情况,选择一个班级进行典型研究,并针对饮食、体育锻炼和睡眠习惯三项进行了重点调查与访谈。在实施调查时,几位同学大大方方地向被调查者提出问题、发放问卷、收集问卷,并进行过程性的数据记录。在分析数据时,小组的各个成员群策群力、分工合作。通过身高、体重的数据分析,得出结论。该团队克服了活动学习过程中遇到的种种困难与挫折,最后收获了成功,同时团队成员也深刻地感受到了合作成功的喜悦。因此,在最终活动总结交流会上,他们娓娓道来,呈现的风采让全体同学都惊艳佩服。

### (三) 案例小结

"我是健康小达人"单元活动是对小学五年级沪教版数学"统计"单元的学习与拓展。整个学习活动结合单元学习的整体思考,聚焦学生统计素养的养成,让学生通过发现身边的实际问题,并亲身经历收集信息、调查数据、呈现数据、分析数据、得出研究结论的过程。在解决问题的过程,发展学生理性探究,学习用数据的眼光发现问题、思考问题的能力,体现学科的育人价值。形成小组合作培养综合能力,从而使学生通过理性分析形成科学的生活习惯和运动习惯,发展对个人健康成长的理性认识和责任意识。

本活动学习以小组形式展开探究,学生在小组合作过程中积极主动发表个人观点,分工合作,共同运用所学统计知识设计问卷、调查数据,并对数据进行分析得出科学结论。首先,关于小组的组建与分工,小组的组建要体现学生自主性,同时教师又要进行合理调控。因此,在同一个小组内,既有具有组织和领导力强的组长,也有不善言谈但做事认真细致的成员,还有能力较弱的成员。当面对本活动中难度较大的任务时,需要设计问卷、开展访谈和调查、数据分析、PPT 制作等,组员们能在组长的指导下合理安排分工任务,并按计划顺利完成各项任务。

活动实施之初,我们从"能够和同伴共同探讨制定研究的方案;在讨论时学会倾听,努力听懂同伴的发言,就不理解的地方向人请教,就不同的意见与别人商讨;乐于交流分享,在交流中简单、明晰地表达自己的数学思考;在学习过程中遇到困难,积极寻找多种途径有效解决"等维度开展小组成员自评与互评,通过这样的调查,我们发现有些小组内,部分成员处于"不参与、不发言"的状态,因此及时的过程干预与调控就非常必要。如 C-1 小组里,有两位学生比较胆小、爱逃避问题,自主探究的欲望很低。为了提高她们的积极性,教师及时鼓励,从她们自身的身高、体重、生活习惯入手,与组长讨论她们可以完成的任务,在其他组员的协助下共同参与问卷调查,这样她们的积极性与团队协作性逐渐被调动,研究的兴趣也提高了。由此可见,实施过程中的及时干预是非常有价值的。因而,各个小组不仅顺利完成本活动的汇报总结,而且在团队合作的过程中体会小组合作学习的价值与体验。


## 第四节 "生活中的统计"活动总结与反思

学校是育人的场所,学科内容是实现育人价值的载体。通过实施单元学习活动,让我们的学生在学习的过程中既获得知识,又获得促使其终身学习和发展的学习能力和品质。在整个单元学习活动设计中以发展学生数学素养为核心,让学生在社会热点话题中发现问题,并亲身完整地经历了搜集数据、整理数据、描述数据、分析数据的统计全过程,发展学生的"数据分析观念",在解决问题中培养学生的社会责任意识。在解决问题的过程,发展学生理性探究,学习用数据的眼光发现问题、思考问题,体现学科的育人价值,通过小组合作培养综合能力,从而使学生通过理性分析,发展对个人健康成长的理性认识和责任意识。在不断探索的过程中,校本化课程得到进一步完善,单元整体教学的路径、策略和方法更加清晰,我们的教师和学生也在活动中不断成长与发展。

## 一、落实国家课程,培养核心能力,发展数据分析观念

为了更好落实国家课程,培养学生数据的收集、整理、分析能力,在统计教学过程中实现学科育人价值,我们将单元学习活动植根于基础型课程,在国家课程中,融入活动学习的要素,用问题驱动,用高阶学习带动低阶学习,使学生在真实的问题解决过程中,进行深度的学习,达成深度理解知识、发展能力、培养态度和价值观的素养目标。在这个过程中,以单元学习活动的方式统领各年级统计内容的关联性和递进性,搭建比较完整的知识体系,同时也在进一步完善、优化国家课程的校本化实施样态。

## 二、精选生活情境,聚焦现实问题,经历数据分析全过程

真实性是本次单元学习活动设计的重要特征,通过选择生活中学生比较关心的、富有挑战性的现实问题,建立数学学习与真实世界之间的联系,激发学生的探究兴趣和内在的学习动力,为学生提供更为广阔的探索空间。同时,学生在真实情境中所习得的知识和技能、问题解决的思路等更有利于在现实生活中迁移,强调了思维方式的真实。

数据是统计的灵魂,数据源于生活、统计源于需求,"统计初步"单元与生活的联系度较高,学生常常基于问题解决去收集、整理、描绘、分析数据等,因此指向数据分析关键核心素养培养的单元学习活动情境创设也应该尽可能地遵循生活、聚焦学生所感兴趣的现实问题。我们一方面鼓励学生自主去发现和寻找感兴趣的问题,培养学生提出问题的能力,另一方面,结合校园四季活动,引导学生关注时事与热点问题,提炼驱动性问题。比如,面对居家生活和学习,针对家长普遍反映的学生的健康饮食问题,二年级学生自发进行数据的调查、统计与分析,消除家长的担心、合理规划自己的饮食问题,得到家长和学生的共同参与。五年级学生关心的则是不健康饮食导致的肥胖问题,由此联想并提出问题"我校学生体质健康总体水平如何?"了解学校五年级学生的体质健康情况,为我校提高学生体质健康

水平提出合理建议，这是本次学习活动设计的现实意义。

处于相同的生活环境，由于他们的年龄和数学思维品质的不同，导致他们所关心的问题、探究的角度有一定的差异性，但是都是基于现实问题。在现实问题的驱动下，在无法马上看到问题的答案的情况下，他们需要对数据进行收集、整理、描述和分析，从数据的角度思考有关问题，数据中往往蕴含着我们想要的信息，数据能够帮助我们作出判断和决策，从而体会数据是有用的。比如网上的一些热点言论引发学生的探究，通过经历数据的收集、整理和分析的全过程，基于数据"说话"，对言论进行评价。经历统计全过程，打破了教材中直接以介绍的方式出示数据表达形态，使学生对统计目的和意义的理解不再流于表面。由于学生得到的数据是自己亲身经历的，是通过调查得到的，所以不论是统计过程还是统计结果，对学生来讲，都是"现实的、有意义的"，学生能感受到它在认识世界、改善和提高生活质量方面的益处，真正地促进数据分析观念的发展。

## 三、采用全程评价，反思项目实践，促进个体和群体共同进步

单元学习活动的评价是与成果的产生、公开的成果汇报紧密相连的，它不仅包括对活动成果的终结性评价，还包含对整个实践活动的过程性评价，以引发更深层次的学习和理解。它具有以始为终、逆向评价的特点，在制定活动目标之后，就要对应活动目标设计评价要点，然后进行相应的教学设计。

在活动初期，通过问卷星、访谈形式的评价量规，帮助学生理解任务，同时引导学生更加深入地去自我反思。量规中围绕学生在方案策划中面临的困难，教师及时提供相应的资源并对各小组活动给予个性化跟进指导，确保各小组的活动都能有条不紊地展开。

在学习实践过程中，通过引入定量评价量规、档案袋等评价形式，列出学生表现的特定标准，描述在这些标准上的不同表现等级，让学生清楚地知道什么是好的表现、成果，什么是不能接受的表现、成果，通过对照自己的行为进行反思，激励学生往好的方面发展，引导更深层次的探索、创造。另外，小组合作是学习活动比较重要的学习方式，在这个过程中通过设计评价量规，考查学生与同伴的合作、互动和沟通，同时也考查学生是否在此过程中发展出相应的合作能力以及社会责

任感。

　　除了过程性评价,还要进行终结性评价,可能是对活动成果的评价、也可能是通过纸笔测验的形式。对统计模块,适当的纸笔测验还是有必要的。依据教学目标,设计与活动目标一致的评价内容,了解学生的活动学习质量。另外,在教师评价之前也可以引导学生和同伴对自己的成果展开互评,增进学生的反思能力。

### 四、注重公开成果,彰显责任担当,提升创新精神和实践能力

　　单元学习活动和其他类型的教学的最大区别在于,单元学习活动是有公开的成果,它是评价学生个体或者团队在项目化学习中的深度理解和探究结果。活动成果要进行一定程度的公开,比如通过展览或者交流的形式来进行。公开自己的作品不仅可以让学生的学习更加有动力,也能在交流中进一步反思自己的项目历程,促进自我反思和重建。

　　我们通过校园电视台、少代会等平台或者渠道,为学生提供展示或者发声的机会,将成果公开,放大活动成果的现实价值。比如,四年级"光盘行动大 PK"学习活动中,学生通过数据的收集、整理和分析,拟定出光盘行动评比中比较公平或者合适的方案;而有的小组则通过分析每天剩菜剩饭的变化情况,结合向全校师生的访谈情况,向食堂提出合理搭配营养午餐的报告,努力践行习近平总书记提出的"勤俭节约"倡议,体现了作为一名公民的社会责任与担当。

# 第六章 "英语情景剧"任务驱动式学习

## 第一节 "英语情景剧"活动背景

任务驱动指学习的过程中,学生在教师的帮助下,紧紧围绕共同的任务活动中心,在强烈的问题动机的驱动下,通过对学习资源的积极主动应用,进行自主探索和互动协作的学习,并在完成既定任务的同时,实现知识的自主构建。在这个过程中,学生不断地获得成就感,求知欲望被激发,逐步形成一个感知心智活动的良性循环,从而形成独立探索、勇于开拓进取的自学能力。

任务驱动的教与学方式,为学生提供体验实践的情境和感悟问题的情境,围绕任务展开学习,以任务的完成结果检验和总结学习过程,不仅改变学生的学习状态,更使学生主动建构探究、实践、思考、运用、解决,形成高智慧的学习体系。

学习兴趣是学生学习的基本动力。在小学英语学习的过程中,教师要注意学生学习兴趣的提升。传统的课堂教学模式以教和学为主,学生不能很好地发挥出他们的主观性和创造性。教师可以采用任务驱动教学模式,让学生在学习过程中,始终以问题或任务为导向,各个小组积极合作,共同完成教师的任务,最大程度上让学生发挥优势,感受英语学习的乐趣。

基于此背景,我校英语学科基于传统冬季活动——"讲好中国故事,民族春节大联欢",开展了任务驱动模式下的活动探索,如表6-1所示。

表6-1 2020学年田园外小冬季活动具体内容和要求

| 年级 | 主题 | 内容 | 要求 |
|------|------|------|------|
| 一年级 | 新年祝福小使者 | 制作具有民族特色的物品,并表达新年的祝福。 | 1. 探究各民族特色物品,并在班会课上进行交流。<br>2. 能用英语简单介绍自己制作的礼物,通过口语100上传视频。 |

| 年级 | 主题 | 内容 | 要求 |
|------|------|------|------|
|  |  |  | 3. 12月31日活动当天通过抽取学号(自备)的方式随机送出自己的新年礼物,并用英语表达祝福。<br>4. 各班评选出2位"新年祝福小使者"拍摄视频,参加年级评选。 |
| 二年级 | 民族服饰设计师 | 设计和展示少数民族新年服饰,并用英语做介绍。 | 1. 探究民族服饰,并在班会课上进行交流。<br>2. 以小组为单位,分工完成服饰设计和绘画,并配有简单的英语书面介绍。<br>3. 各组展示作品,并进行英语口头介绍。评选出一组"最佳服饰设计奖"拍摄视频,参加年级评选。<br>4. 学生作品张贴展览,每班5票进行集中投票,统计票数结果。 |
| 三年级 | 民族节日一起演 | 小组合作探究各民族春节习俗,创编情景剧。 | 1. 以小组为单位,探究各民族春节习俗,并在班会课进行交流。<br>2. 编写情景剧剧本(中英文)并表演。<br>3. 各班评选出一组"最佳表演奖"录制视频,并参与年级巡演。 |
| 四年级 | 民族节日我来讲 | 小组合作探究民族春节习俗,制作宣讲PPT,开展班级、年级宣讲。 | 1. 以小组为单位,探究各民族春节习俗,包括美食、服饰、文化等,班会课交流。<br>2. 班级组内分工合作,制作宣讲PPT。<br>3. 班级投票选出"最佳宣讲团",录制宣讲视频,并参与年级宣讲。 |
| 五年级 | 民族节日大对抗 | 探究中国传统春节以及世界各地新年文化,开展辩论。 | 1. 根据辩题,收集资料,并了解辩论赛形式和规则,班会课交流。<br>2. 班级模拟辩论演练,总结陈词用英语表达,提问和辩论用中文表述。<br>3. 分校区进行辩论。评选出最佳辩手一名,优秀口才奖三名,剩余学生为优秀风采奖。 |

# 第二节　"英语情景剧"活动设计

三年级的活动以情景剧为载体,旨在让学生通过探究最具文化内涵、传统魅力和凝聚力的中国传统节日——春节。让学生了解各民族不同过年习俗，表达新年祝福，互送新年礼物，宣传节日文化，不仅能加深学生对中国传统节日的认识，成为文化交流的使者，而且培养了学生的探究能力、合作能力和跨学科学习能力，也提升了学生的爱国情怀和责任意识。

## 一、语言知识驱动

英语对于小学三年级的学生来说是一门初学的语言。不同于中文，英语在口头表达和书面练习上有着很大的不同。学生可以在笔头练习中取得优异的成绩，但不一定能够用英语准确且流畅地说出自己的观点。而英语情景剧有着丰富的人物形象，有趣的故事情节和充分的情感体验的特点，学生需要充分调动所学的语言知识，将其与教师布置的任务进行匹配、筛选，确定主题，将所学的英语词汇、句子进行创编，最后表演出来。本次三年级的活动内容为"讲好中国故事——民族春节大联欢之民族节日一起演"，主要参与对象为三年级的学生。在活动设计时要充分考虑和了解学生已有的英语知识水平。

纵观两年多以来的英语课程学习，田园外小三年级的学生们已经充分掌握了以下与情景剧脚本编写相关的英语语言知识，为情景剧表演提供了语言基础，如表6-2所示。

表6-2 三年级学生已有的英语语言知识梳理

| 年级、学期 | 单元主题 | 语言知识内容 |
|---|---|---|
| 1A | Greetings | Hello!/Hi! |
| | My classmates | Give me ..., please. |
| | My abilities | I can ... (dance, read, sing, draw) |
| | My friends | He's/She's |
| | In the classroom | How many ...? (One, two, three, four, five, six) |
| | In the fruit shop | ..., please.<br>apple, pear, orange, peach |
| | In the restaurant | May I have a/an ..., please.<br>hamburger, pizza, cake, pie |
| | On the farm | What's this/that?<br>It's a ... (chick, duck, cow, pig) |

| 年级、学期 | 单元主题 | 语言知识内容 |
|---|---|---|
| | In the zoo | Is this/that ...? Yes./No. |
| | In the park | What colour is ...? It's ... <br> (read, blue, yellow, green) |
| 1B | Taste and smell | Taste ... <br> Smell ... <br> (rice, soup, egg, noodles) |
| | Toys I like | I like ... |
| | Food I like | Do you like ...? Yes./No. |
| | Drinks I like | What do you like? I like ... |
| | Clothes | I need ... <br> (T-shirt, dress, shorts, blouse) |
| | Activities | What can you do? I can ... |
| | New Year's Day | Happy New Year! <br> (gift, card, firecracker, firework) |
| 2A | A new classmate | seven, eight, nine, ten |
| | I can swim | Can you ...? Yes, I can./No, I can't. <br> (run, write, swim, fly) |
| 2B | What can you see? | What colour are ...? They are ... <br> (white, purple, pink, orange, brown, black) |
| | Touch and feel | Is it ...? Yes, it is./No. It's ... <br> (rough, smooth) |
| | Things I like doing | Do you like (doing) ...? <br> Yes./No. I like (doing) ... <br> (run, skate, hop, skip, ride a bicycle) |
| | Favourite food | What do you like eating? <br> I like eating ... <br> (salad, carrot, fish, chicken, banana) |
| | My clothes | I have ... <br> (trousers, sweater, shirt, coat) |
| 3A | How are you? | How are you? <br> Fine, thanks./I'm fine too. |
| | What's your name? | What's your name? <br> My name's ... |
| | How old are you? | How old are you? I'm ... |
| | Shopping | May I have ..., please? |

## 二、任务过程设计

为丰富学生的学习内容,田园外小日常开设了各类校本拓展课程,学生们可以按自身的喜好进行自主选择。自三年级起设置英语戏剧课程,帮助学生将所学的英语语言知识化作使用英语的能力,将课堂中的听说读写,拓展为更具表现力的戏剧表演,学生能让原本平面的人物和对话表现得更具演绎力,从而使得每位参与的学生都乐在其中。三年级第一学期的课程内容为舞台表演的基础知识,分为站姿、走位和发声3个板块,从专业的角度指导学生进行情景剧的表演。

本次情景剧活动是田园外语实验小学冬季活动的子活动,主要负责的老师为三年级英语学科教师。在英语学科组长的引领下,三年级的7位英语教师开展了为期一个多月的小组协作情景剧创作活动,旨在以三年级活动作为示范,实践与探索情景剧活动在学科中以及田园外小的具体落实,培养学生的学习能力以及教师的教学设计与管理能力。活动的主要过程模式如图6-1所示。

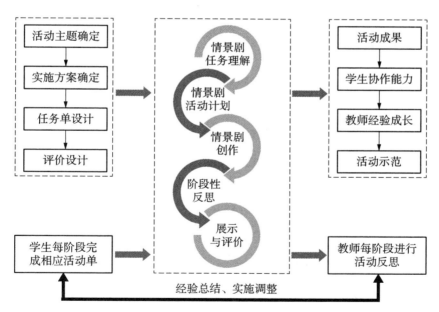

图6-1 情景剧活动设计模式

情景剧创作活动的设计分为3个过程:活动前期准备、活动具体实施和活动后期总结。在活动前期,三年级英语学科组、英语学科组长共同商定了活动操作方案(包括评价量表、过程性活动单等)。活动具体实施过程大约1个月,从12月11日至12月31日,持续3个星期,平均每周固定课时为2课时,学生也会利用课余时间来协作完成该任务。在活动实施过程中,教师会根据学生的活动单以及学生的课堂表现,进行阶段反思,并及时调整自己的教学。每班展示评价结束后,会选出1个"最佳表演奖"来参与全校冬季活动闭幕式的巡演。同时需要说明的是,该活动得到了华东师范大学陈向东教授团队的支持,团队在前期活动筹划以及实施过程与英语学科老师共同商讨活动开展。

### 三、任务评价设计

一次任务的评价,不只是一个任务的结束,更应当是下一个任务的开始、向导和动力。教师通过布置不同的任务,给予相应的评价标准,让学生明确自己将要做什么—怎么做—做到什么程度。在完成任务的过程中,学生以小组为单位,由组长组织成员开展各项任务,教师从旁辅助,引导学生按时、有效地达成每一个时间节点,学生能清楚地知道自己和组员的表现,为下一项任务做好准备。

#### (一)评价目标

评价目标的设计要以课标、教材和学生为基本依据。学生在三年的英语学习中,能用英语表达节日的问候,对食物、服饰、活动等话题有一定的语言基础。此外,学生通过课外阅读对节日的文化等有一定的了解。

在研读《课标》、教材并分析学情之后,明确了评价目标如下:

1. 能用所学语言,在小组合作中积极参与情景剧表演。

2. 能感受到不同民族节日的文化特征,乐于分享。

3. 评价目标不仅关注学生的语言能力,也要考虑学生的学习兴趣和学习习惯,以及文化意识和责任意识的培养。

#### (二)评价内容

教师设计开放性问题:结合冬季活动所抽取到的民族,如何创作一个情节丰富与文化内涵俱佳的情景剧。我们依据评价目标,将评价内容设定为3个维度——故事内容、表演形式和语言艺术,对应评价内容如表6-3所示。

表 6-3 评价维度与评价内容

| 评价维度 | 评 价 内 容 |
|---|---|
| 故事内容 | ● 故事情节完整,包含起承转合,情节之间有连贯性。<br>● 故事情节中能体现民族文化特色。 |
| 表演形式 | ● 表情、动作等设计合理能突出人物性格。<br>● 团队配合有默契。 |
| 语言艺术 | ● 合理运用英语单词与词句。<br>● 表演时语言清晰流畅,且富有感情。 |

在推进情景剧创编过程中,教师引导学生边读边演,通过夸张的肢体语言,学生能更好地感受情境,提升学习兴趣。表演前,教师提醒表演时需要注意的地方"Please speak clearly and nicely. And do some actions. Act in groups."学生通过老师的引导和评价,了解如何声情并茂地进行朗读对话,为最后的表演任务做了充足的准备,最终达成评价目标。

### (三)评价标准

根据课程标准,第二级中对于表演的标准描述为:能在教师的帮助下表演小故事或小短剧。本次活动评价设计依据 3 个维度,具体评价标准如表 6-4 所示。

表 6-4 评价标准

| 故事内容 | | | 表演形式 | | | 语言艺术 | | |
|---|---|---|---|---|---|---|---|---|
| 故事情节不完整、不合理 | 故事情节较为完整合理,但内容较为枯燥无聊 | 故事情节引人入胜,内容精彩有趣,体现民族特点 | 表情、动作等不能突出人物性格特点、表演较混乱 | 表情、动作较为生动合理,但团队配合欠佳 | 表情丰富,有生动的肢体语言,团队配合默契 | 语言不流畅、不清晰,语气、语调生硬 | 语言较为流畅,发音较为清晰,但缺乏感染力 | 语言流畅清晰、自信且富有感情 |
| ★ | ★★ | ★★★ | ★ | ★★ | ★★★ | ★ | ★★ | ★★★ |

教师根据具体的评价方式,把握不同评价方式的特性,合理选择评价方式。教师可通过课堂观察、课堂提问、课堂练习、课堂反馈和学生们的声音表情、肢体语言等,达成教、学、评的一致。课堂中,关注评价学生的读、演、合作以及参与的积极性,教师和学生共同观察小组的表演,根据评价标准进行评价。学生通过评

价标准,了解在表演中要关注朗读、表演和小组合作;通过学生互评和教师的评价,了解本组表演的情况以及需要改进的地方。

## 第三节 "英语情景剧"活动实施

本次活动正式实施总共约 3 周的时间,考虑到时间跨度问题,实施过程将按照具体周计划安排来进行。同时,在整个活动推进的过程中也使用了过程性的评价量表,从学生的参与度、互动质量、调节水平 3 个维度对整体活动情况、班级活动情况、组内活动及学生个人表现 4 个方面进行评价。

### 一、实施过程

如前文所述,本次情景剧活动实施周期约 3 周,为方便理解,将按照时间顺序展开介绍。

#### (一)活动前期准备阶段

前期安排如下图 6-2 所示,本阶段主要有以下工作:①首先,对班级学生进行分组(4—6 人一组为宜),考虑到课堂讨论方便,可以按照课堂座位进行分组;②对学生实行前测,了解学生初始的协作水平;③除此之外,结合学校的安排,本阶段还将举行开幕式,抽取每班情景剧活动中要体现的民族特色,并布置周末任务,让学生先个人课后自主探究,为下周课堂讨论奠定基础。

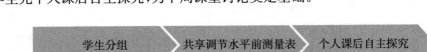

图 6-2 前期准备所需材料

#### (二)第一周

本周活动分为 2 个阶段:小组任务理解与计划、协同编写情景剧脚本,需要的材料及师生活动如图 6-3 所示。

首先,在本周第一阶段,教师导入主题,了解学生对于任务的理解情况,并发放小组共享任务单,引导学生对本次任务达成一致的认识,从而共同制定任务计划。

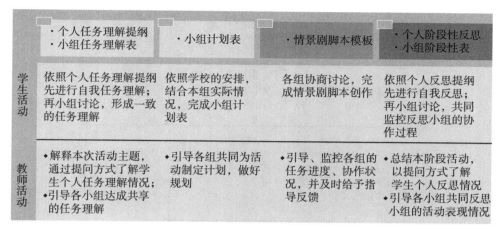

| | ·个人任务理解提纲<br>·小组任务理解表 | ·小组计划表 | ·情景剧脚本模板 | ·个人阶段性反思<br>·小组阶段性表 |
|---|---|---|---|---|
| 学生活动 | 依照个人任务理解提纲先进行自我任务理解；再小组讨论，形成一致的任务理解 | 依照学校的安排，结合本组实际情况，完成小组计划表 | 各组协商讨论，完成情景剧脚本创作 | 依照个人反思提纲先进行自我反思；再小组讨论，共同监控反思小组的协作过程 |
| 教师活动 | ◆解释本次活动主题，通过提问方式了解学生个人任务理解情况；<br>◆引导各小组达成共享的任务理解 | ◆引导各组共同为活动制定计划，做好规划 | ◆引导、监控各组的任务进度、协作状况，并及时给予指导反馈 | ◆总结本阶段活动，以提问方式了解学生个人反思情况<br>◆引导各小组共同反思小组的活动表现情况 |

图6-3　第一周所需材料及师生活动

其次，在本周第2阶段，学生以小组的形式共同编写脚本，教师将为学生提供脚本编写模板。同时，在本阶段之后，教师也将为学生提供个人和小组的阶段反思表，帮助学生反思所遇到的困难及应对策略，为后续活动的推进提供支持。结合学生的反思表以及课堂的观察，教师会在课后一对一地与各小组进行沟通，帮助其更好地完成脚本创作，如图6-4所示。

图6-4　教师课后逐一与小组沟通脚本

（三）第二周

本周活动分为2个阶段：排练阶段和班级展示评价，所需要的材料及师生活动如图6-5所示。

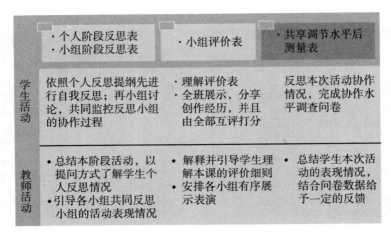

图 6-5　第二周所需材料及师生活动

首先,在本周的第 1 阶段,学生根据修改好的脚本进行排练。在课堂开始之初,教师首先给学生展示了全年级一组较好的情景剧录像,请学生谈谈该情景剧的优点和不足,以及本组可以如何改进,然后学生在课堂上排练。在下课前,教师请几个代表小组上台进行排练示范,全班点评、提出意见。之后利用课余时间,各组继续组织排练。此外,排练结束后,学生小组共同沟通讨论本组遇到的困难及解决策略,完成小组第 2 阶段反思表。

本周的第 2 阶段主要为展示评价,各组依次上台表演本组情景剧,其他学生和教师进行评价。在正式表演前,教师首先解释评价表的内容,学生在理解评价表的具体含义之后进行打分。

## 二、活动评价

对整个情景剧活动的评价主要从学生英语学科知识掌握程度以及学生的协作能力是否得到提升 2 个维度来分析。在英语学科知识层面,从最终的表演可以看出,对于较为生僻的单词,学生能够通过查找资料,准确地认读;对于常用的英语对话,学生能够熟练地运用,并流畅地背诵,整体掌握较好。在学生的协作能力层面,主要从参与度、互动质量、调节水平 3 个维度进行阐述,具体如下。

### (一) 年级整体评价

从整体来看,在本次情景剧活动后,三年级 8 个班级同学的共享调节水平有了一定的提高；从不同维度来看，8个班级同学在参与度、互动质量、调节水平3个维度也均有一定提升。

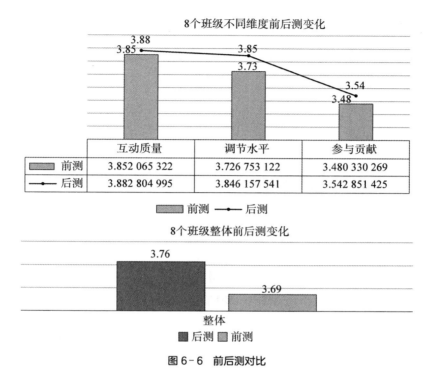

图6-6 前后测对比

**成对样本检验**

| | | 成对差分 | | | | | | | |
|---|---|---|---|---|---|---|---|---|---|
| | | 均值 | 标准差 | 均值的标准误 | 差分的95%置信区间 | | t | df | Sig.(双侧) |
| | | | | | 下限 | 上限 | | | |
| 对1 | 调节水平前测-调节水平后测 | 0.09266 | 0.81643 | 0.04644 | 0.0127 | 0.18405 | 1.995 | 308 | 0.047 |

图6-7 数据分析

而通过 SPSS 统计分析软件对 8 个班级数据进行分析也发现，8 个班级的调节水平在前后测得到了显著的提升（Sig. ＝0.047＜0.05），说明这样的学习活动对学生共享调节水平能力有一定的促进作用。

（二）班级活动评价

本次活动着眼于学生英语学科知识掌握程度以及学生的协作能力，通过对比和分析前测和后测的数据可以看出三（3）班和三（8）班在参与度、互动质量及调节水平这几个评测维度中相对年级中其余 6 个班级在数据表现上均有一定的进步。

### 1. 三（3）班活动评价

从班级整体来看，在本次情景剧活动后，三（3）班同学在参与度、互动质量 2 个维度前后测数据没有较大差距，没有产生明显变化。但在调节水平维度，三（3）班同学整体有明显提升。

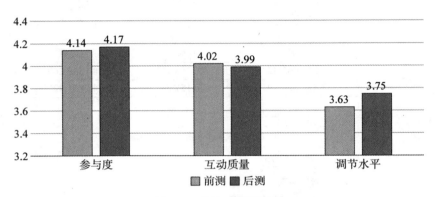

图 6-8 整体三个维度变化

从不同小组的前后测变化来看，在本次情景剧活动后，三（3）班共有 4 个小组（共 7 组）的共享调节水平在后测时有了提升，且提升的幅度较大，增长较显著。有 2 组同学（1 组和 7 组）有小幅度的下降，但变化并不明显，仅有一组同学（6 组）产生了明显下降，值得关注。

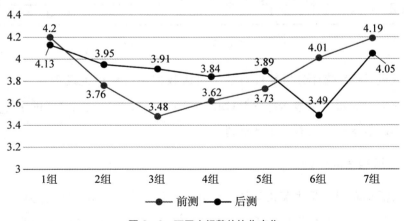

图 6-9 不同小组整体协作变化

从图6-10中可以看出：首先，在互动质量方面，除了第三小组和第四小组互动质量略有下降，其他小组互动质量活动后水平均高于活动前水平；其次，在调节水平方面，超过一半的小组（1组、3组、4组、5组）调节水平均有提高，有3组（2组、6组、7组）调节水平有所下降；此外，在参与共享度方面，超过一半的小组（2组、3组、4组、5组）的参与共享度均有所提高，且提高幅度较大。

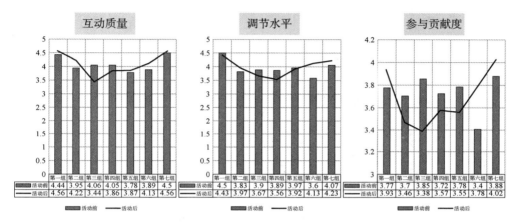

图6-10　不同小组3个维度变化

### 2. 两个班级活动评价

从班级整体来看，在本次情景剧活动后，三(5)班同学在参与度、互动质量两个维度有明显提升，在参与度维度提升更为明显，在调节水平维度前后测数据没有较大差距，没有产生明显变化。

从不同小组的前后测变化来看，在本次情景剧活动后，三(8)班共有5个小组（共8组）的共享调节水平在后测时有了提升，且提升的幅度很大，增长非常显著。有一个小组（4组）前后测没有差异，并无变化。有两组同学（1组，7组）出现了共享调节水平的下降，值得关注。

从图6-13中可以看出：在互动质量方面，1组和7组互动质量下降幅度较为明显，其他组（2组、3组、4组、5组、6组）均有明显上升，8组前后互动质量基本持平；在调节水平方面，1组和7组有所下降，2组、3组、4组、5组、6组和8组均有上升，其中2组上升幅度较大；在参与共享度方面，2组、3组、5组、6组均有提升，其中2组提升幅度较大。

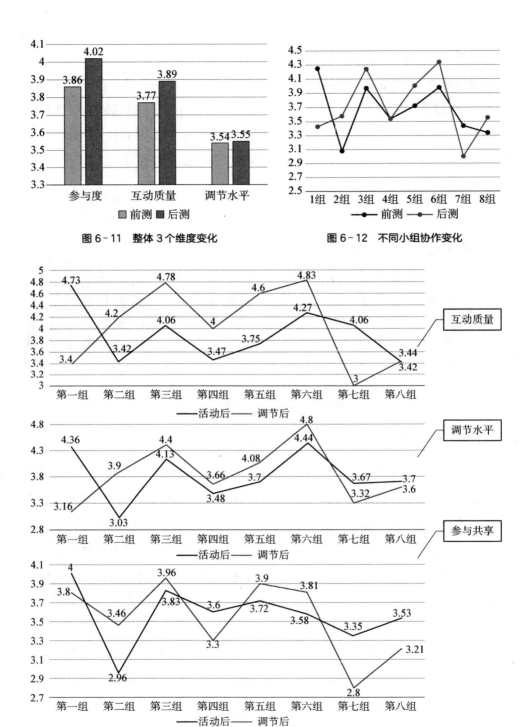

图 6-11　整体 3 个维度变化　　　　图 6-12　不同小组协作变化

图 6-13　不同小组 3 个维度变化

### (三) 小组评价

在进行小组评价时,学生利用作品评价表对每一个小组的表演打分,最后进行统计,选出表演最优秀的小组。

以下面两个班级为例,可以看出,各个小组最终的得分是有一定差异的。3班的第3组和第6组的得分差距较大,如图6-14所示。第6组最终呈现的表演存在较多问题。故事的情节较为完整,但小组成员在表演时动作不熟练、不整齐,个别组员忘记台词或是声音较小,现场秩序比较混乱。而第3组的得分是较高的。该组在表演时穿上了服装,带上了道具,一出场就吸引了其他学生的注意。因此,学生都非常喜欢该组的表演,认为他们的故事十分有趣,表演也比较到位。

8班的各个小组的得分相对来说比较平均,有5个小组的得分都在7分左右,如图6-15所示。这些小组有几个共同点,首先,他们的脚本都比较完整,情节设计有内容有趣味,小组内的分工也比较明确;其次,他们在表演中都加入了舞蹈、唱歌或是品尝食物的环节,使表演变得生动活泼;最后,他们在表演时大方自然,语言表达准确流畅,富有感染力。

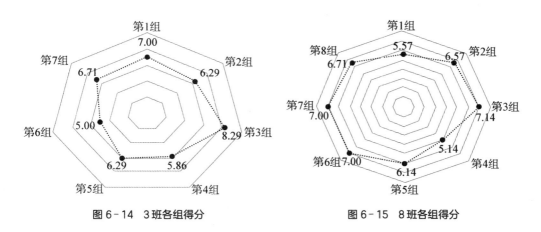

图6-14  3班各组得分　　　　　　图6-15  8班各组得分

本次活动的特点是"以情景剧表演为任务导向,教师为引导,学生为主体"。学生需要主动参与,自主创作,和团队协作。在任务理解阶段,每一组的小组长需要带领组员明确任务要求,比如首先查阅相关民族的特色节日,包括衣食住行方面的资料,再进行筛选和整合。在这个过程中,学生可以借助上网、借阅书籍、询问家人或老师等方式来搜集相关资料,在组内进行交流。学生须在规定时间内完成资料的准备工作,这就要求学生有一定的责任意识及时间观念,组长也要及时提醒和督促,以防前期准备阶段时间花费太多,导致后期写脚本和排练的时间不够充足。

### （四）个人评价

除了对小组的整体表现进行评价之外,教师还对小组内表现最好的学生进行了打分。不同于小组评价,个人评价的重点主要放在学生的语言知识技能和表演能力这两个方面。由于此次情景剧最终是以英语对话来呈现的,因此对学生的英语语言能力要求较高。学生不仅要编写出英语台词,还要能准确流畅地背出来,对部分学生来说是有一定困难的。在脚本编写阶段,有些能力较弱的学生在拼写单词的时候容易出错,句子中也会出现一些语法错误。这些学生在表演时往往也不太自信,一些单词发音不太准确,而且他们仅仅是将台词背了出来,并没有表演的过程。从以下的评价表中可以看出,得分较高的学生在语言知识技能和表演能力这两方面都是比较优秀的。

但是各个小组中也有这样的学生,他们在编写台词和英语表达上都没有什么大的问题,可是他们的表演能力是比较弱的。说明这些学生在日常学习和课外拓展中巩固和充实了自己的英语语言知识技能,在书面和口语表达上都有着较好的基础。但是在情景剧表演中,他们的表情、动作、情绪等没有很好地将其角色的特点表现出来,比较平淡。而还有一些学生,虽然他们的英语基础较弱,台词也很简单,只有一两句话,但是他们的表现力非常强。表演时声音响亮,表情生动,动作夸张,在歌舞环节也能带领大家一起载歌载舞,给台下的学生和教师带去了许多欢笑。这些学生在日常的英语学习中可能经常需要教师的提醒和督促,但是通过这次的情景剧表演,他们收获了同学和教师的鼓励与认可,树立了自信心和荣誉感,在之后的英语学科学习中有助于提高他们的学习兴趣,提升他们的基础能力。

学生在表演结束后,纷纷表示这样的情景剧表演他们非常愿意再做一次尝试。每一组学生虽然选取的民族是相同的,但他们选取的节日及其文化是不同的。比如有的小组选取的是朝鲜族的岁首节(相当于汉族的春节),有的小组选取的是朝鲜族的流头节,不同的节日有其不同的文化内涵,就连穿的服装和吃的食物都是不同的。这对学生来说是一个不同于课堂教学的全新的学习体验。学生在这个过程中能够感受到中华传统节日的历史悠久,少数民族所代表的文化内涵的厚重深远,学生可以将其与汉族的传统节日进行联系,也可以将其与西方节日作对比,学生能认识到中国传统节日的特点,更需要我们的热爱和传承。

## 第四节 "英语情景剧"活动总结与反思

本次英语情景剧表演活动给学生提供了一个锻炼自我,展示风采的舞台,在教师和学生的共同努力下呈现了一场场趣味横生,精彩纷呈的表演。学生投入的表演、创意的剧情、流利的语言凸显了学生的语言运用能力和创新实践能力,展现出了学生的文化意识和人文素养。学生从收集资料、剧本创作、分组排练到最终表演,每一项任务都是由学生自主或协作完成,从而激发了他们语言表达的兴趣和热情,提升了团队合作的能力,形成了良好的校园文化氛围。

### 一、活动总结

小学英语的学习不仅是学生通过课程学习和实践活动,逐步掌握英语知识和技能,提高语言实践运用能力的过程,也是学生陶冶情操、拓展视野、提高人文素养、培养爱国主义精神和世界意识的过程。在本次活动中,学生通过小组协作编写情景剧脚本,完成表演,从中体会到少数民族过春节的乐趣,感受到中华传统文化和英语情景剧的碰撞及魅力。在此过程中,学生也在各方面有所提升和成长。

第一,英语语言能力有提升。学生收集各少数民族过春节的资料,从食物、服饰、活动等方面了解不同民族过春节的特色,了解不同于汉族的文化习俗,并以此编写英文的脚本,用英语将整个故事演绎出来。学生在写脚本、演故事的过程中锻炼了书面和口头表达能力,提升了英语语言能力。

第二,学生团队合作能力得到提升。本次活动的形式是以小组为单位,通过小组团队合作完成最后的表演任务。学生在小组内进行分工,组长领头,从收集资料,讨论故事及角色,分配脚本台词,到最终表演,整个过程都需要学生的合作意识。他们要主动参与小组内的活动,愿意和他人分享各种资料资源,在沟通和交流中学会倾听与尊重。学生在活动中互相学习,取长补短,合作能力得到了很大的提升。

第三,学生学习能力得到锻炼。英语情景剧活动有别于常规课堂教学活动,需要学生创造性地设计并参与,学生的创新思维和创新精神都得到了充分的锻炼,学生的个人能力也得到了充分发挥。在小组协作的形式中,学生主动获取资源信息并互相分享,自主进行思考,比如在确定情景剧主题时,学生需要学会甄别已经收集到的资料,合理地进行取舍。学生自主学习和探究的能力得到了一定的锻炼。

第四,学生更加热爱传统文化,增强文化自信。学生在收集资料的过程中时常感叹于少数民族的精美服饰及丰富美食,也有甚者想要利用假期去一探究竟。比起被动接受知识,这样的学习方式更能让学生了解中华传统文化,体验民族自豪感,帮助他们拓展视野。在用英语表演中国故事时也能提高他们对中外文化异同的理解,进一步培养他们的国家民族责任心。

通过此次活动,学生进一步提高了英语学习的兴趣,体会到了英语情景剧的乐趣,也感受到了中华传统节日的魅力。学生的自主学习能力和团队协作能力也得到了一定的提升。我们将通过反思和总结,进一步完善过程中出现的问题,为后续开展任务驱动模式下的学习打下坚实的基础。

## 二、活动反思

本次情景剧活动开展顺利,学生参与度非常高,最终呈现出的情景剧作品也体现了学生的努力和付出。从小组分工、收集各个传统节日的资料,到整合内容创编脚本、表演情景剧的整个过程,不仅培养了学生自学和协作互助的能力,促进了他们认识自我,自信自强的自我责任心,也培养了他们团结同学,关心队友的责任心,更培养了他们热爱祖国,关注中华传统节日及文化的国家责任心。但是,在实施过程中确实遇到了一些问题。

第一,分组上,强弱搭配不均。为了便于学生开展讨论,我们是按照教室内的座位来分组的。但是有个别组的组员能力相对来说都比较弱,不能按时上交脚本,排练时间比较紧促,最后只能勉勉强强完成表演。在之后的学习中,我们将会优化分组方式,分配或推选组长时不能只看学生的英语学科表现,应充分考虑到学生的综合能力和核心素养,尽量平均分配各个小组。

第二,评价标准和形式较单一。各个小组内都不乏表演能力突出但英语口语水平较差,或是英语口语表达强但临场表演弱的学生,但这次的评价标准没有很好地关注到这些学生的个体差异。评选优秀个人时只是由老师进行评价,没有学生互评的过程。除了从表演上评价学生,我们还可以从脚本编写的趣味性和创意性,服装道具的精美度等方面进一步考虑。在之后的评价中,我们可以完善评价标准和形式,给予更多的学生以鼓励。

第三,学生自主学习能力较弱。本次活动过程中,部分学生虽然积极性非常高,但他们仍主要是在家长和老师的帮助下完成任务的。比如在脚本编写阶段,学生觉得写脚本太难,构思不出来,因此由家长完成了全部脚本的编写工作。在之后的活动中,我们要鼓励学生自主学习,完成任务,同时也提醒家长尽量让孩子自己学习、探究和反思,当孩子遇到问题时可以适当向家长和老师寻求帮助。

# 第七章 "上海传统九子游戏"问题解决式学习

## 第一节 "问题解决式学习"活动背景

道德与法治课程作为小学阶段十分重要的基础学科,不仅影响了学生现阶段的成长,还直接影响学生的长远发展。道德与法治课程的根本旨归是引导学生成为一个合格的公民,过上有意义、有价值、美好的生活,立足于学生生活,对学生进行规则教育是道德与法治教学的应有之义。

小学道德与法治课程中的规则,都是学生可以感受、体验到的,因而都是具体化的形而下之"器"。规则之"器"可以促进学生对规则的感知、认知,从而有效地把握规则。教师引导学生联系自己的生活,调动自我的经验,从而不断丰富规则认知。规则不仅是写在文本中的文字,更是一种人人必须遵守的"生活化构成"。学生可以感知的生活事件是对学生进行规则教育的"原材料"。

问题解决式学习这一学习方式的提出,其根源依旧是从某种程度上将学生带入情境,提出问题,推动学生积极主动地完成任务,以此达到解决问题的目的,并在解决问题的过程中确保学生的参与感、思维能力、责任感。基于解决问题式学习的过程,学生势必能够从中获得些许感悟,而这些感悟正是教师需要借助问题来呈现给孩子的。这样一来,学生既完成了任务,收获了解决问题的幸福感与满足感,同时也完成了学习目标。教师则遵循学生身心发展的规律,尊重儿童天性,以一种"伙伴"的身份,与学生进行平等对话、交往。教师将规则具体化,让学生"看得见、摸得着",促进学生对规则的认知。过程的体验促使学生对其中展现出来的"核心素养"感受更加深刻,且更容易接受,极好地达成小学道德与法治课堂的教学目标。

学校"七彩田园"课程中明理尚德领域以道德与法治学科为主导课程,学科组基于学科素养,进行了以"规则"为主题的道德与法治学科问题解决式学习实践研究。它是以道德与法治学科核心素养、部编版小学道德与法治教科书为依托,建立单元主题活动。在"规则小达人"问题解决式学习方式的实践研究下,帮助学生树立规则意识,养成讲文明守规则的良好习惯,建立社会责任感。课程板块的结构如表7-1所示。

表7-1 "规则小达人"问题解决式学习年级序列表

| 年级 | 主线 | 主题 |
|---|---|---|
| 一年级 | 我与自己 | 探秘小学校园生活(寻规则) |
| 二年级 | 我与他人 | 我身边的公共秩序(学规则) |
| 三年级 | 我与班级、学校 | 规则护我健康成长(明规则) |
| 四年级 | 我与家庭、学校 | 争做小小当家人(辨规则) |
| 五年级 | 我与国家、全球 | 我是守法小公民(用规则) |

小学道德与法治课堂实施过程中,使学生认清自己尤为重要。成长的进程,从来不是稀里糊涂就能改变的,而是学生们基于对自身的思考,并基于思考展开行动。学生成长过程中对于个体与他人之间的关系处理,低年级学生不容易区分自己与他人,在集体中明确规则意识后,比较容易培养起思想道德观念,促进思想成长进步。根据学生的年段特点和教育教学目标,分为"探秘校园生活""我身边的公共秩序""规则护我健康成长""我是家庭小当家"和"我是守法小公民"5个主题,以此作为学生自主探索的领域。"规则小达人"问题解决式学习方式,依托教材内容,激励学生自主选择、计划、构思,合作制定规则、查阅资料、尝试体验、展示分享、总结反思。个别简单的问题或许学生可以独立完成,但若是较难解决的问题,则需要学生组成小组,共同面对,挑战多种形式解决实际问题。教师们大胆探索问题解决式学习方式的有效落地路径,针对提出任务的明确分工,以确保学习过程的高效性,进而全面提升学生解决问题的能力,促进了学生政治认同、科学精神、法治意识、公共参与等学科核心素养的养成。

现以二年级"我身边的公共秩序"主题下"上海传统九子游戏小达人"问题解决式学习实践研究为例。

## 第二节 基于"问题解决式学习"道德与法治学科活动设计

近年来,随着道德与法治学科教材的改变,课堂不再是传统观念的教学,增加了可体验性、综合性、学生的参与性,教师在课堂上不仅仅注重学生自身基础知识的夯实和知识体系的构建,更倾向于培养学生的思维。问题解决式学习十分契合道德与法治学科的学科特点,其主要内涵就是教师在教学过程中根据课本教材以及教学内容的重新构建,衍生出一系列分层次的知识探索活动,让学生在整个学习过程中能够围绕核心问题,促进积极思考、参与公共生活、合作体验等,这便能够促进学生规则意识、社会探索能力的培养和提升。

### 一、"问题解决"视角下的教材分析

笔者以上海市闵行区田园外语实验小学"上海传统九子游戏小达人"问题解决式学习为实践,将经教育部审定人民教育出版社 2018 年出版的二年级《道德与法治》下册第二单元"我们好好玩"中的第二课时"传统游戏我会玩"的教学内容为基础,开展问题解决活动、评价过程中的调节,实现理论到实践的研究。

国家课程安排的教学内容不能满足学生对"游戏"的认识、探索和体验,故根据上海本土的传统游戏特点及学校的"七彩田园"课程的研究与实施,结合现代学生对游戏的认识与理解,基于学科核心素养的单元设计与评价,设计用问题解决式学习的方式支撑、解决生活的实际问题。"上海传统九子游戏小达人"问题解决式学习设计,主要内容是让学生通过了解上海传统游戏的玩法,有序地玩游戏,通过创造性地改进游戏的玩法以及制定新规则,安全地玩游戏等内容,培养学生的集体主义精神,有序参与公共生活。引导低年级学生学习调查的方法,走近传统生活,借助亲子互动,了解民间游戏;学习小组合作,分享与体验游戏的规则;就地取材,开发创新探究意识,从而使得学生学会更有规则、更有创意、更健康安全地玩游戏,有意识地获得成长。

本活动以"九子游戏"为研究对象,引导学生共同参与、有规则有创意地生活。上海传统九子游戏承载着本土文化传统,体现着过去人们的生活方式、休闲智慧,是儿童健全自信、娱乐的方式,也是人与人之间相互沟通的方式。这些传统游戏的用具可以就地取材,也可以自己动手制作,学生在游戏过程中有很大的扩展和

改造空间,这些有利于培养学生的设计与制作能力、积极思考与探索的能力,通过自己制定游戏规则,了解有序地遵守才能确保畅通玩游戏。

## 二、课堂"问题解决"过程设计

本案例对道德与法治二年级第一学期第二单元"我们好好玩"的内容结构、教材分析、教学目标、学习指引进行了详细分析、研究、梳理、撰写和制定,精心设计了综合性的实践体验活动,以评价为驱动,促进学习模式变革、教学有效性,深化学科育人价值,提升学科核心素养。

"上海传统九子游戏"问题解决式学习,以探究单元的方式呈现。学生开展前期调查采访(课外30至60分钟),过程中围绕上海传统九子游戏的历史背景、游戏规则,发展变革,以亲子互动的方式开展"情景体验"环节的活动实施。接着以小组为单位开展实施,本环节在学科课时内完成。合作交流中分享对传统游戏的认识,加强体验并对"如何传承与发展"这一问题进行深入思考。学生通过评价结果对自己参与问题解决式学习的过程进行反思,从而提升自己参与问题解决式学习的能力。期间,使用投票、展示等方式进行多维度的学生评价和多阶段的过程性评价,得出综合评价。该学习设计实施过程如表7-2所示。

表7-2 "问题解决式学习"设计实施过程表

| 阶段 | 学 习 内 容 | 课时 | 学科/课程 |
|---|---|---|---|
| 准备阶段 | 导入学习:布置学习内容,了解调查的基本方法。 | 1课时<br>(校内) | 道德与法治 |
| 实施阶段 | 理论学习:学习教材内容,了解游戏的种类、规则,理解不同时期有不同的游戏。 | 8课时<br>(课内) | 道德与法治 |
| | 情景体验:亲子调查一种上海传统九子游戏的起源、游戏规则及发展,开展调查尝试体验,增强感知。 | 2课时<br>(课外) | |
| | 提出问题:小组合作交流,体验不同的传统游戏,分享其中的知识与乐趣,思考如何对传统游戏进行传承与发展。 | 1课时<br>(课内) | |
| | 解决问题:小组合作,根据生活实际情况,通过更换制作道具、游戏场地、游戏规则进行创新。 | 2课时<br>(课外) | |
| 展示阶段 | 成果展示:举行"游戏发布会",介绍创新的游戏。<br>评比挑选:心目中的"游戏创意小达人"。 | 2课时<br>(校内) | 拓展型课程 |

### 三、活动评价设计

问题解决过程伴随着学生调查技能、合作技能和创新技能的形成,学生对传统游戏产生及发展的知识习得、新游戏规则的习得,社会责任感的培养,因此本研究使用采访探究能力评价量表、小组合作能力评价量表、创新能力评价量表、社会责任评价量表,对学生问题解决学习活动进行评价。

#### (一)采访探究能力评价量表

本评价量表指向学生对社会的探究能力,旨在引导学生通过教材采访长辈了解传统游戏为范例,在生活中用采访调查的方式实现对传统游戏的探究。本环节需要获得家长的支持,在调查了解传统游戏的过程中,不仅知道游戏规则,还了解本项传统游戏的来源、演变,让学生感受长辈的生活智慧,游戏中蕴含的趣味性、创造性和艺术性。此评价量表评价在课外进行,由学生自评、家长评价,按比例综合评价。评价如表7-3所示。

表7-3 采访探究能力评价量表

| 评价指标 | 评 价 内 容 | 自评星级 60% | 家长评价 40% |
|---|---|---|---|
| 会采访30% | 通过采访长辈或查找资料,写出上海传统九子游戏中任一种游戏的名称和游戏道具 | ☆ | ☆ |
| 懂规则30% | 通过探究,能写出该游戏的规则 | ☆ | ☆ |
| 知历史30% | 知道该游戏的起源、演变 | ☆ | ☆ |
| 乐体验10% | 喜欢上海传统九子游戏,已与家人共同体验 | ☆ | ☆ |
| ☆星级说明:本表内一颗☆等于100分,即每个指标100分。凡是做到得一颗☆(即得100分),未做到不得☆(即得0分)。 | | | |

#### (二)小组合作能力评价量表

二年级学生年龄较小,学习习惯尚处于培养和逐步形成阶段,无意识合作和有意识合作交替出现,但学生自控能力相对较弱,学生相互协调、组织能力很弱,在这种现状下借助他们喜欢的游戏话题,开展小组合作互助和内容具体的小组合作学习。不仅需要关注学生在小组合作中的交际能力,更重要的是使学生理解组内的合理分工、遵守规则、个人关系与集体关系的融合。总的来说,对二年级的小组合作要求不能过高,注重学生主动分享的意识,让学生边学习边体验。此环节在课中开展,学生根据小组合作中的表现进行互评,以组员互评为主,占比60%,教师评价占40%。评价如表7-4所示。

表7-4　小组合作能力评价量表

| 评价指标 | 评 价 内 容 | 互评星级 60% | 师评星级 40% |
|---|---|---|---|
| 主动交流40% | 积极参与小组内对话题的交流 | ☆☆☆☆☆ | ☆☆☆☆☆ |
| 提出意见20% | 积极主动提出自己的意见 | ☆☆☆☆☆ | ☆☆☆☆☆ |
| 明确分工20% | 小组交流时有明确的分工 | ☆☆☆☆☆ | ☆☆☆☆☆ |
| 情绪控制20% | 小组合作过程中能控制好自己的情绪 | ☆☆☆☆☆ | ☆☆☆☆☆ |
| ☆星级说明:本表内一颗☆等于20分,即每个指标总分100分。 |

## (三)创新能力评价量表

结合本活动研究目的,旨在引导学生利用生活中的材料,动手制作简单的小道具,创新传统游戏,丰富生活,感受趣味。加强学生对传统游戏的传承与创新意识,选择制作材料时养成可回收与环保的意识,通过自己制定规则,了解规则的意义和重要性,培养社会责任意识,学会健康、安全地生活。学校统一将征集的传统游戏"金点子"视频或游戏说明公布在校园网上,全年级学生参与网络投票。评价如表7-5所示。

表7-5　创新能力评价量表

| 评价指标 | 评 价 内 容 | 互评星级 |
|---|---|---|
| 道具创新30% | 游戏规则不变,道具有创新,在生活中取材很方便 | ☆☆☆☆☆ |
| 规则创新30% | 使用传统道具,设计新的玩法,可以开动脑筋,很有意思 | ☆☆☆☆☆ |
| 适用性强20% | 创新游戏在任何场地都可以玩 | ☆☆☆☆☆ |
| 安全性高20% | 创新游戏很安全、方便 | ☆☆☆☆☆ |
| ☆星级说明:本表内一颗☆等于20分,即每个指标总分100分。 |

### （四）社会责任评价量表

本评价旨在指引学生在了解上海传统游戏,体验游戏后,根据现代生活进行合理的创新,培养学生传承民间智慧、使用环保材料、制定合理规则的意识。学生可根据之前的评价及问题的提出进行创新设计,教师提供平台,开展"游戏发布会"的展示活动。利用一周的午间 30 分钟,同年级的学生到场自由体验"创新游戏",并现场投票。根据累积票数,选出排名前 5 的学生,授予其"游戏创意小达人"的称号。评价如表 7-6。

表 7-6　社会责任评价量表

| 评价指标 | 评 价 内 容 | 互评星级 |
|---|---|---|
| 创新能力 40% | 玩出简单玩具的新花样 | ☆☆☆☆☆ |
| | 玩出创新规则的新玩法 | ☆☆☆☆☆ |
| 社会责任 60% | 制定公平合理的游戏规则 | ☆☆☆☆☆ |
| | 游戏中体现安全意识 | ☆☆☆☆☆ |
| | 使用生活中可回收材料,合理利用资源 | ☆☆☆☆☆ |
| ☆星级说明:本表内一颗☆等于 20 分,即每个指标总分 100 分。 | | |

# 第三节　"上海传统九子游戏"活动实施

问题解决式学习活动以课堂学习为起点,立足教材中的传统九子游戏传承与创新的问题,通过课堂学习与讨论,明确问题,激发学生学习兴趣,使学生走出课堂,走进社会,借助亲子活动形式开展采访探究、游戏体验从而了解传统九子游戏,通过对已有知识的"问题链"构建新的知识体系;在长辈帮助、同伴互助的基础上尝试解决问题,创新九子游戏的道具或游戏规则,更好地体验游戏、感受快乐、获得解决问题的方法。教师基于评价标准,分析活动实施过程中每位学生的参与情况,对学生的学习兴趣、学习热情以及基础知识的掌握,调查能力、合作能力、创新能力等的发展程度做全面了解,进行问题设计难度的设定,针对不同层次的学生进行干预、引导,提高效率。

## 一、课堂"问题解决"推进

课堂"问题解决"活动的推进主要包括活动导入、解决问题、活动反馈、评价与反思等步骤。

### （一）活动导入

组织学生进行分组，利用教材中采访调查的方法向长辈采访调查上海传统九子游戏的内容，进行实践体验。引导学生开展自我评价与家长评价，学习采访的探究方式。利用自我管理的教学策略，借助小组合作分享探究成果，让学生选择感兴趣的传统九子游戏，玩一玩，开展交流，引导学生主动并遵守规则地参与公共生活，学习沟通合作、表达诉求和解决问题。在采访的过程中，学生遇到了一定的阻力，不能顺利完成采访，具体调查分析如下。

本研究共发放问卷 44 份，回收 44 份，有效问卷 44 份。首先，学生活动参与兴趣分析（如图 7 - 1 所示）。从图中数据看出，在了解本项活动后，绝大部分学生充满期待，愿意参与。也有少部分学生表示不感兴趣，有的担心自己没有能力胜任，有的对该活动不甚了解，缺少主动参与的积极意识。

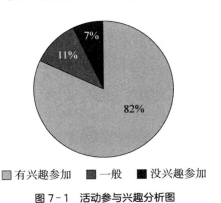

**图 7-1 活动参与兴趣分析图**

其次，"采访单"完成情况分析（如图 7 - 2 所示）。从图中分析得出学生在与长辈进行沟通合作时较为顺利、融洽，能够清晰地表达自己的诉求并向长辈采访调查上海传统九子游戏的内容。但在实际解决问题时遇到一定的阻力，许多长辈对上海传统九子游戏的内容了解得也并不全面，无法给出全部信息，需学生自行查阅、搜集相关资料，进行了解。

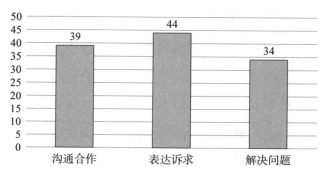

图 7-2 "采访单"完成情况分析图

## (二) 解决问题

第三周结合提出的问题,借助小组合作的方式,参与传统游戏新道具、传统游戏新玩法的"金点子"征集活动,录制游戏视频或游戏说明等,开展交流,进行网络投票,引导学生主动、有序地参与公共生活,学习沟通合作、表达诉求和解决问题。本研究共发放问卷 44 份,回收 44 份,有效问卷 44 份。

首先,了解学生问题解决式学习过程中合作体验分析(如图 7-3 所示)。从图可知,学生在问题解决式学习过程中,有主动交流的意愿,能够良好地调节自我情绪,分工清晰、合理。在合作过程中,学生的规则意识较强,偶有破坏者,组内伙伴自然能提醒与宽容对待,这是很值得肯定的。但是,部分学生无法对活动内容进行深入思考,提出自己的意见,过程中比较沉闷。

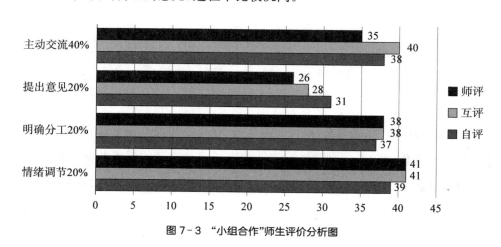

图 7-3 "小组合作"师生评价分析图

其次，了解学生在学习过程中创新实践分析（如图7-4所示）。从图中分析得出，学生在问题解决式学习活动过程中，能够有创意地改造道具，有选择地使用生活中常见的环保材料，具有一定环保意识。同时在游戏过程中，学生打破固有游戏玩法，设计新颖的游戏规则。作为设计师，这些新规则都比较符合其生活及年级特点。在体验过程中，达成有创意地玩的目标。同时，游戏过程确保了一定的安全性，体现了学生的安全责任意识。

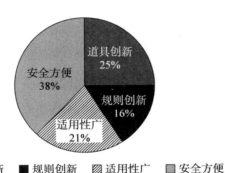

图7-4 "创新实践"情况分析图

## （三）活动反馈

利用实践体验的教学策略，让学生开展传统游戏的创新，借助信息技术公布学生的创新成果，根据实施阶段的综评排名，前5名的学生获得"游戏创意小达人"称号，达到分享与学习的效果。

## （四）评价反思

问题解决式学习是注重过程的评价，规则的设计和评价标准的有机结合相辅相成，丰富评价内容、增加观测点的层次性能够更客观地呈现学生在游戏中的表现。评价分三步进行，第一步根据活动要求，调查传统游戏的发展历程及玩法；第二步，根据小组的合作表现，学生互评；第三步，结合生活实际，设计传统游戏新玩法。

### 1. 学生评价

根据学生活动前后的积极性调查显示学生对于问题解决式学习活动的兴趣

度提高了,他们能够积极主动参与游戏的探究、设计和体验中,能积极分享交流活动的感受和心得,并能积极参与合作学习,通过完成活动,能更规则、更有创意、更健康安全地玩游戏。如图 7-5 所示。

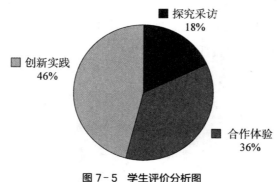

图 7-5 学生评价分析图

### 2. 成果多元主体

问题解决式学习活动成果的评价从评价主体、评价维度、评价标准 3 个方面进行考虑,基本上能客观、全面地对活动成果进行整体评价。以自己、同伴、教师三者的综合评价结果作为该成果的评价,客观公正。

## 二、个案分析

为了更好地了解问题解决式学习案例的实施情况,本案例选择 B 同学为研究样本进行深入分析。由于本项学习活动是以"亲子+小组"的形式进行研究,因此以 5 人为一组,具体分组情况如下:A 同学,男生,行为自控力较弱,不能静心学习,喜欢讲话;B 同学,男生,学习能力一般,喜欢聊天,学习主动性不强;C 同学,女生,不善言辞,但比较细心,喜欢打扫、整理;D 同学,男生,学习较主动,乐观积极,做事麻利;E 同学,女生,成绩优异,有较强的组织能力,综合能力较强。

从活动准备调查问卷中了解,B 同学对活动缺少兴趣,主动探究的愿望较低,对本项活动是否能顺利完成并不关心。个人的影响可能会影响小组合作,拖延整个活动开展的进度,因此需要教师在过程中及时跟进,做出策略调整。如图 7-6 所示。

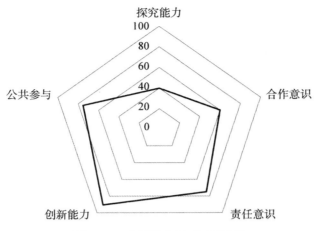

图 7-6　B 同学活动参与综合评定图

**（一）活动准备期，改善亲子关系**

以学习教材中采访长辈的技能为基础，开展亲子采访，探究上海传统九子游戏。B 同学的父母不是上海人，对这个游戏并不熟悉。B 同学自认为不可能完成这个任务，于是搁置在一旁。在得知其他同学基本都已上交，B 同学对于自己的困难也没有主动请教。老师询问他时，才明白原委。老师给了建议，请家长先通过查找资料，学习上海传统九子游戏的内容，再进行亲子采访，完成任务。最后，母亲与 B 同学一起完成了传统游戏的采访探究任务。

**（二）实施过程中，干预促进成长**

在完成小组合作交流探究单时，B 同学表现出了积极主动的状态。与同伴间互相交流关于上海传统九子游戏时很是兴奋，表现出了强烈的表达欲望。但在小组交流时，情绪略微高涨，自我控制力并不强，几次未能遵守规则，打乱了组员的交流，延缓了进度，顺畅度也打了不少折扣。组长 E 同学给他几次建议后，他才意识到自己的行为不当。但在一定程度上，他显示出了不配合，不愿意再继续听下去，自己回到座位上找东西玩的状态。教师发现后，与他开展沟通，了解情况后鼓励再次融入小组。

当小组交流时，B 同学尝试接受了组长的安排。A 同学学习能力不强，但喜欢沟通,负责介绍上海传统游戏"打弹子"的来历;D同学比较细心,负责该项内容的补充;B同学比较活泼,因此组长安排他帮助A同学,并介绍游戏规则,C同学负责补充;E同学介绍该游戏的现状。各位组员上台交流时,B同学很配合,该小组任务完成较顺利。这不仅得益于组长分工时,对每个小组成员的特点了解,分工有针对性和互补性,更是各个组员对个体任务的明确,有团队意识。

### (三)活动反馈后,给予评价激励

接下来的"金点子"征集活动中,B同学对传统九子游戏的"打弹子"进行了创新设计。他和家人一起利用身边的纸盒,制作了一个"弹珠轨道"。将飞行棋的游戏规则植入其中,形成了一款新型的桌面"打弹珠"游戏。这个设想获得了班内很多同学的认同。

该活动对于二年级学生而言有一定难度。尝试采访探究需要技巧和方法,更需要一份完成任务的责任心;小组合作中,需要强化规则意识,将个人与集体融合,学会在公共场合中正确沟通与相处;"金点子"创新设计中,更需要对传统游戏的价值保留与创新设想的融合,并制作出实物。各环节的推进,教师的把控需全面及时;家长的支持需有效、积极;学生个人的意识需主动、乐观,才能在该活动中增强责任意识,达成活动目标。

## 第四节 "上海传统九子游戏"活动总结与反思

本次活动年级各班参与度均在97.2%以上,各班学生积极参与到游戏选择的投票中,对照学习评价单做到了100%的活动评价。数据的背后体现的是此次评价活动后的显著成效和有待改进提升的空间。

### 一、明责任,强意识

通过本次问题解决式学习活动,学生在课堂上学习采访的方法,课后参与探究活动,了解上海本土化传统游戏的知识内容。学生对采访探究的要求明确,作为问题解决式学习活动的参与者,他们的兴趣与行动是一致的,愿意投入该项活动中。即使学生遇到采访困难,同样会想方设法,拓宽学习平台,利用网络、电子技术,加强沟通,完成第一阶段的活动。他们对自我学习要求明确,能有遵守规则的意识,有清晰的学习责任意识,为该活动的后续推进奠定了基础。

了解了传统游戏的衰落与变革后,学生参与"金点子"的策划,将传统与现实相结合。无论是出生在上海,还是成长在上海的人,都是当地的居民,保护优良传统、发扬智慧、创新精神,是新时代社会发展应尽的责任。二年级的学生虽然年龄小,对于非物质文化、传统知识的了解并不深入,但仍有一颗憧憬的心,将来的他们肩上承担的是复兴中华梦的重担,此刻的学习,正启蒙了这些儿童发展、创新、强国的初心。

## 二、依评价,促提升

活动过程中,借助不同纬度的评价量表,了解学生参与、发展的情况。通过清晰的评价标准,教师能够了解学生学习的进展,及时干预,设计调整。

重多元,提倡互动。在个案跟踪中,我们借助评价量规发现其中一组 B 同学的合作意识、探究能力较弱,教师及时干预进行调控。教师明确:评价不是为了选拔和甄别,而是为了发挥其激励作用,为学生的发展服务。评价者与被评价者之间是一种双向的关系,增强民主性,实现评价的沟通和协商,使学生最大程度地接受评价结果,而不是把评价的结果强加于学生,帮助被评价者接纳和认同评价结果,促使其不断改进和发展。维持学生学习兴趣、了解阻碍其发展的问题,与同组伙伴一起分析问题产生的原因,引导小组共同寻找解决问题的路径,尝试多元化方式,再次投入到活动中。

重过程,关注综合。根据"B 同学项目综合评定图",清晰可见该生的综合能力有欠缺。教师根据评价量规,分析并采取的调整与引导,使 B 同学在整个学习活动的动态过程中有正向指引,符合学生学习的逻辑与特性。与此同时,同组同学也获得了全面的提升,他们再次接纳 B 同学,任务重组分工,彼此关系获得缓和。评价,帮助学生形成动态、交互意识,形成积极向上的学习态度。因此,我们要注重过程,既要看学生是否做到全程参与,还要看学生的学习习惯、品德和关键能力是否形成。

遵照评价量规,学生也能对自我的表现有更明确的认识,确立多维度的发展目标,有利于提升综合发展能力,同时,活动的价值和意义得到充分的体现和发挥。

### 三、尊个体,共发展

本次问题解决式学习活动,主要有3种分组方式。

亲子组:家庭式的分组能更容易让学生进入活动状态,家人之间因为熟悉,会和谐地面对问题。引导亲子合作的过程中,家长易取代孩子,需调整好角色。

师生组:由教师引导的学习环节,能稳妥地把握节奏。

同学组:在校的小组分工并不是根据学习成绩区分,而是根据学生的座位采取就近自然分组、适当调整的原则,每4人为一个学习小组,每2人为同桌互助组。但组内同学性格、学习习惯、家庭背景、生活经验存在一定的差异。小组学习中,缺少一个管理者,会因个别学生的表现欲望,容易出现"逞能""好显摆"等现象;也会因为个别学生内向、谦让,缺少交流话语,无法进发思维的火花,显得沉闷。小组学习一旦组织不好,就会混乱,缺少秩序,则无法开展正常的学习。教师需针对个性的差异性因材施教,在学习过程中,抓准时机,尽可能挖掘每个学生的潜能,尊重学生个性特点。充分发挥学生各自特殊才能或特长,使他们都能在各自最佳的发展点得到最充分的发展,并在学校创设的平台得以充分地展示自我才能。

小组合作,体现了尊重学生个性化的发展需求,这就要求教师要不断提升其引领作用。教是为了更好地学,学生如何学、怎样学又给教师教什么、怎样教提供了更好的思考空间和角度,从而促进更好地教学相长。

学科核心素养是学科育人价值的集中体现,通过此次"上海传统九子游戏小达人"问题解决式学习研究,学生通过学科学习而逐步明确活动中的规则意识、合作技巧,逐渐培养社会责任意识,形成正确价值观和关键能力。在活动实施过程中遇到许多看似难以完成的挑战,师生齐心将这条坎坷的"新路"走顺了。就小学道德与法治学科实施问题解决式学习来讲,教师需要"适当"调节引导,创设情境,提出问题,以学生为主体解决问题,引导学生独立自主地思考并完成任务。

总而言之,问题解决式学习必须合理有效地整合单元教学目标,精构活动设计能够提高教学有效性,多元化的问题解决式学习评价,利于推动学生积极主动参与、完成任务、解决问题。以问题解决式学习方式,催生学生的主体意识,提高解决问题的能力,明确社会责任,为学生道德与法治学科核心素养的提升奠定良好的基础。

# 第八章 "快乐小当家"探究式学习

## 第一节 探究式学习背景

根据《上海市中小学研究型课程指南》(以下简称《指南》),探究型课程定位为在教师的指导下,学生自主地运用研究性学习方式,获得和应用知识,发现和提出问题,探究和解决问题的学习活动,是国家规定的必修课程,小学、初中和高中都必须开设,要求学生全员参与。并且进一步指出探究型课程是以问题为起点,以研究为中心,面向整个生活世界,充分发挥学生自主能力,强调团队合作,重视实践体验的一门课程。

从探究型课程的课程定位和探究式学习的内涵可见,两者有诸多共同之处:都是在教师的指导下,在问题的解决过程中,学生自主探究,学习相应的知识并提升能力,进而发展学生的核心素养与能力。探究型课程是以课题的形式进行组织,探究化学习则是以一个个项目的形式进行学习。从一定程度上说,探究型课程就是探究化学习。但在实际的实施过程中,探究型课程遭遇了很多困境,就探究型课程本身来说,在应试压力依旧很大的当下,探究型课程的学习很容易受到家长甚至是任教教师的不重视。学生探究型课程的学习更多是集中于课堂时间,课后几乎不会再花费时间进行自主探究学习。同时,学校探究型课程的组织也不够完整,呈零散态,单课时的学习也不利于学生掌握探究的技能与方法,不利于发挥探究型课程整体的育人价值。以探究化学习的形式来组织学习内容,有利于教学目标的落实。以探究化学习的方式组织学生进行探究学习,可以在过程中培养学生的责任感;在实际操作的过程中,培养学生的分析、探究、创新意识及实验关键技能。

劳动教育是中国特色社会主义教育制度的重要组成内容,直接决定社会主义建设者和接班人的劳动精神面貌、劳动价值取向和劳动技能水平。为贯彻落实中共中央、国务院《关于全面加强新时代大中小学劳动教育的意见》,在教育部《大中小学劳动教育指导纲要(试行)》的指导下,我校劳动教育的实施,针对不同学段、类型学生特点,以日常生活劳动、生产劳动和服务性劳动为主要内容开展劳动教育探究式研究,形成了以"快乐小当家"为主题的劳动教育。

## 第二节 "快乐小当家"活动设计与实施

劳动教育不仅仅是劳动技能的培养,劳动意识与劳动精神的培养亦不能被忽视。探究式学习给学生创设劳动情境或激活劳动问题,让学生在体验中感悟,在经历中习得多元能力。

### 一、"快乐小当家"探究活动简介

学校的劳动课程以"快乐小当家"命名,开展探究式学习,立足小岗位建设,依托假日小队活动平台,吸纳家庭和社区资源,培养学生劳动习惯,提升劳动技能,促进手脑并用,树立劳动最光荣的价值观。活动以年级为主线进行长程设计,各年级分层开展不同形式与内容的劳动教育:班级小岗位(学会责任与合作小能手)、家庭小岗位(家务劳动小助手)、社会小岗位(志愿者活动小帮手),最终促进学生劳动素养的全面提升。

#### (一)活动目标

根据国家劳动教育要求,学校将劳动教育分为认知、情感与实践 3 个层面目标,并从总目标与分年段目标进行序列性描述,见表 8-1 所示。

表 8-1 田园外小劳动教育目标

| | 认知层面 | 情感层面 | 实践层面 |
|---|---|---|---|
| 总目标 | 通过家庭、学校、社会等各个场域的熏陶和涵养,引导学生在具体劳动实践中强化"人人 | 通过个人自理能力锻炼、集体岗位劳动和适度的社会公益服务,引导学生在过程性的情 | 通过家校生活中适量的重复劳动和校外适度的公益服务,创设多元学习体验,着重培养 |

|  | 认知层面 | 情感层面 | 实践层面 |
|---|---|---|---|
|  | 都要劳动"的意识,初步形成"劳动创造价值"的认知。 | 感体验中真切地感知劳动乐趣,生成劳动的悦纳感,初步树立"劳动光荣"的价值观。 | 学生的自理能力,引导学生逐步养成良好的劳动习惯,初步掌握一定的劳动技能。 |
| 小学低段(一、二年级)目标 | 注重形成"人人都要劳动"的认知。引导学生在环境熏陶和实践体验中增进对劳动教育的接受度和认可度。 | 注重围绕劳动意识的启蒙。引导学生在锻炼自理能力、集体劳动和少量的公益劳动中获取成功体验,形成集体劳动的愉悦感,养成团结协作的良好品质,在社会的肯定中对劳动乐趣形成真切的感知。 | 注重养成劳动习惯。引导学生在日常自理和家务劳动中培养自理能力,培植劳动习惯。 |
| 小学中段(三年级)目标 | 注重巩固劳动的习惯,体验从简单劳动向复杂劳动、创造性劳动的发展过程。学会使用工具,感受劳动创造价值。 | 注重围绕劳动岗位的培养。引导学生明确"班级、校园、家庭"三级劳动小当家的责任,注重生活能力和良好卫生习惯培养,树立自立自强意识。 | 以校园劳动和家庭劳动为主要内容开展劳动教育,体会劳动光荣,尊重普通劳动者,初步养成热爱劳动、热爱生活的态度。 |
| 小学高段(四、五年级)目标 | 注重开展职业启蒙,体会劳动创造美好生活,增强公共服务意识和担当精神。 | 注重围绕公益性和服务性劳动,理解劳动创造价值,接受锻炼、磨炼意志,具有劳动自立意识和主动服务他人、服务社会的情怀。 | 以"校外小当家"为主要内容开展劳动教育,体会劳动光荣,尊重普通劳动者,初步养成热爱劳动、热爱生活的态度。 |

## (二)活动评价

学校以空间为划分标准,通过学生在校园、家庭与社区不同场景中劳动的表现与实践,采用不同的评价方式、多元的评价主体、丰富的评价内容,对学生探究式学习中的劳动教育情况进行全面评价。

### 1. 班级小岗位(学会责任与合作小能手)

班级小岗位的确立能让学生在集体劳动中学会合作,承担责任。通过班级"一人一岗位"的设立,引导学生强化劳动技能,关心集体事务。通过和同伴之间的齐心协力、互相帮助,感受合作带来的快乐。同时,通过"班级优化大师""争章园地"等个性化评价方式,强化学生的责任意识。

为强化学生班级小岗位责任意识,培养学生自我管理、自我监督、自我规范的能力,我校开展了每周"五星班级"评比活动,使学生更好地参与学校和班级管理、卫生保洁、课间纪律管理等方面,引导学生从我做起,从身边的小事做起。其中教室卫生是"五星班级"评比的重要版块之一,作为各班学生合作劳动的过程性评价项目。为将评价落实,我们以教室内各区域作为评价观察点,各区域对应不同的数值,该数值以一周为单位进行累计,与"五星班级"评比中的其他版块叠加,最终产生"五星班级"名单。为强化评价的激励效果,我校将每周评比结果进行公示,并颁发集体奖状。

### 2. 家庭小岗位(家务劳动小助手)

劳动教育是最好的生活教育。从家务劳动这一小切口入手,在家庭场域中锻炼学生的自理能力,通过每月一主题的分年段劳动探究单引导学生学习生活技能,感受劳动的快乐,感知家庭的责任,同时运用探究单、"七彩"心愿卡、班级分享会、制作劳动工具的演变图等多元评价方式巩固劳动习惯。

### 3. 社会小岗位(志愿者活动小帮手)

为了强化学生社交和互相帮助的能力,学校积极开展"雏鹰假日小队"活动,鼓励越来越多的学生参与社会小岗位活动。围绕每月的小队活动主题,如9月啄木鸟活动、10月红色走访等,结合各小队递交的小队活动记录表,学校开展了"优秀小队"评比活动。同时,结合区评优方案,开展校、区"优秀小队"的评比,不仅丰富了学生的社会生活,也使得他们在活动中更加了解自己,证明自己,从而以更加崭新的姿态投入到新的学习和生活中。

## 二、"快乐小当家"案例剖析

本案例选自一年级活动,注重围绕劳动意识的启蒙,让学生学习日常生活自理,感知劳动乐趣,知道人人都要劳动。活动旨在充分发挥学校在劳动教育中的主导作用,进一步调动家庭在劳动教育中的基础作用,利用好社会资源,多渠道拓展实践场所,为劳动教育提供支持,采取灵活多样的活动形式,激发学生劳动的内在需求和动力。同时建立健全劳动素养评价制度,组织开展劳动技能和劳动成果展示、评比等活动,加强实际劳动技能和价值体系的认同。

### (一)学生情况分析

一年级的学生刚进入校园,对校园生活充满了新鲜感与探索欲。他们知道自己作为小学生,身上多了一份小小的责任,叫做"班级小岗位",小岗位多种多样,不论是扫地、拖地,还是擦黑板、倒垃圾,都有合适的劳动工具来帮助学生更好地完成小岗位的工作。但是许多学生不知道如何使用这些工具,也就没办法去自主选择小岗位。

与此同时,大多数学生在家都是家中的"宝",相对来说,在家中的"劳动"机会与时间不是很多,对于自己的"劳动任务"也不是很明确,劳动能力与技巧还需进一步提高。但是,学生们刚进校的积极性很高,可塑性强,愿意主动去学习与实践,这也为劳动教育的开展奠定了基础。

### (二)案例设计

#### 1. 案例实施过程设计

本项目围绕劳动主题,根据劳动教育培养目标,将活动分为 3 个项目,关注项目设计的关联性与序列性。具体实施过程设计如图 8-1 所示。

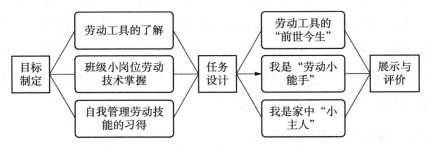

**图 8-1 探究式学习下"快乐小当家"实施过程设计**

其中,劳动工具的"前世今生",是对劳动工具的探究,以课内课时(任务发布与展示)+课后探究课时形式开展;我是"劳动小能手"以课内岗位选择与分配 1

课时＋每天的 15 分钟小岗位工作形式开展；我是家中"小主人"，以家中亲子劳动形式开展，同时校内分时段开展"小主人"风采展示活动。具体内容包括以下几个阶段。

① 小工具，大学问——劳动工具的前世今生

进入小学一年级，每一个学生的身上都多了一份小小的责任，叫做"班级小岗位"，小岗位多种多样，不论是扫地、拖地，还是擦黑板、倒垃圾，都有合适的劳动工具来帮助学生更好地完成小岗位的工作。但是许多学生不知道如何使用这些工具，也就没办法去自主选择小岗位。因此，学校设计了一张 2020 年寒假主题探究活动任务单，引导一年级的孩子们利用寒假时间，结合自己想要竞选的小岗位，挑选一种劳动工具，先试着来提一提问题，比如它是什么时候在那里出现的？最开始的样子是怎样的？现在又变成什么样的？使用方法有变化吗？然后通过查阅书籍、网络搜索、询问家长等途径来了解它。比如班级小岗位中的扫地工作，需要用到扫帚这种劳动工具。学生在探究劳动工具的过程中会接触到这种工具的历史发展、主要原料、用途、制作流程、使用技巧等方面，从而积累古今中外人文领域基本知识和成果，激发好奇心和想象力。当学生对这种劳动工具的演变过程有了一定的了解后，就可以试着通过绘画、视频、文字等形式，按照这种劳动工具的发展顺序把它的演变历史个性化地呈现出来。

② 小工具，大用处——劳动工具的正确使用

通过前期的了解，学生已经认识了一种劳动工具，为了进一步认识它，根据探究单的提示，需要邀请爸爸妈妈示范如何使用它，孩子来模仿着使用它。等学成后，家长可以鼓励学生，使用工具自主打扫一个房间，来检验和巩固学习的成果。当然，也别忘了在新年大扫除中，按要求使用这种劳动工具，与家人们开展一次亲子大扫除，把家务劳动时的感受记录在探究单上，拍摄几张劳动照片或者一段劳动小视频。

在开学日的劳动分享会上，展示探究单、劳动照片或者视频，与全班同学一起交流假期劳动的感悟。在交流中，学生也在相互汲取劳动工具相关的知识，学习其他劳动工具的使用方法，在全班交流的过程中，学生对班级岗位所涉及到的劳

动工具将建立初步的认识，也进一步激发了实践热情。

③ 小工具，齐上岗——班级卫生"初挑战"

大队部组织一、四年级举行"友谊班结对活动"，由一年级班主任组织召开"班级小岗位竞聘会"，四年级代表共同参加。根据各个岗位的人数和劳动技能要求，一年级各班进行"人才招聘"，保证班级里的每一个学生都有自己的小岗位，确定小岗位后，一年级的学生结对四年级的哥哥姐姐，在为期一个月的班级岗位劳动"试用期"里，一年级学生可以请教四年级的哥哥姐姐。

由班主任组织举行"岗位小明星"评选活动，投票评选出在一个月的岗位劳动中表现出色的学生，再从"岗位小明星"中选出各个岗位的组长，带领组员更好地开展班级劳动。

④ 小工具，快乐多——家校卫生"大作战"

经过两个月的班级小岗位劳动实践以及四年级结对小辅导员的指导后，学生已熟悉各自岗位职责并逐渐掌握各自岗位相关的劳动技能。在此基础上，为了让学生了解并掌握更多劳动技能，由班主任组织召开"班级岗位轮换动员会"——确定新岗位，鼓励学生走出"舒适区"，挑战新的劳动工具。

根据前期的探究步骤，先利用五一小长假认识这种劳动工具，向家长请教使用方法，尝试开展家务劳动。假期结束后，向班内有经验的同学请教或向四年级友谊班的哥哥姐姐请教，同时在为期两个月的班级小岗位实践中，积累经验，掌握劳动工具的使用方法。学生还需通过家务劳动熟练掌握第三种劳动工具的使用方法，学有余力的学生可对感兴趣的多种劳动工具展开进一步的探究、学习。在学期结束之前，一年级学生要求至少能简单介绍三种劳动工具并能在岗位劳动中熟练使用它们。

**2. 案例评价设计**

根据不同的评价目标与学生在项目中的过程性表现与展示，现将项目评价进行以下分类，如表 8 - 2、表 8 - 3 和 8 - 4 所示。

### 表8-2 劳动工具的了解:探究单评价表

| 评价内容 | 评 价 标 准 | 家长评价 | 教师评价 |
|---|---|---|---|
| 劳动工具的历史描述 | 1. 文字表述清晰,能很好地反映劳动工具的历史;<br>2. 能通过图片绘制清晰地表达劳动工具的发展过程;<br>3. 图与文能紧密结合,搭配得当。 | ☆☆☆ | ☆☆☆ |
| 劳动工具的理解 | 1. 探究单中能够体现探究方法的说明;<br>2. 能体现劳动工具与生活的关系;<br>3. 能理解劳动工具不断改进的原因。 | ☆☆☆ | ☆☆☆ |
| 劳动工具的使用 | 1. 能体现自己对劳动工具使用的学习;<br>2. 能在家中使用劳动工具。 | ☆☆ | ☆☆ |
| 注:每达到其中一条,可获一颗星。 | | | |

### 表8-3 劳动小岗位技能掌握:劳动技能实践评价表

| 评价内容 | 评 价 标 准 | 自我评价 | 同学评价 |
|---|---|---|---|
| 我有小岗位 | 能主动承担班级中的小岗位工作。 | ☆ | ☆ |
| 我会做小岗位 | 知道劳动小岗位要求并能够去完成。 | ☆ | ☆ |
| 我能做好小岗位 | 把小岗位工作做得非常好,获得表扬或称赞。 | ☆ | ☆ |
| 我愿意做更多的劳动 | 在做好自己小岗位的同时,主动承担更多的班级劳动。 | ☆ | ☆ |
| 注:每达到其中一条,可获一颗星。 | | | |

### 表8-4 项目活动交流评价表

| 评价内容 | 评 价 标 准 | 自我评价 | 同学评价 |
|---|---|---|---|
| 敢于表达 | 愿意主动和同学交流自己的探究心得。 | ☆ | ☆ |
| 言语流畅 | 表达时语言通顺流畅,表达清晰。 | ☆ | ☆ |
| 切合主题 | 围绕劳动工具的历史和劳动小岗位、家务劳动展开交流。 | ☆ | ☆ |
| 真实且贴近生活 | 内容能和自己的亲身经历联系在一起。 | ☆ | ☆ |
| 注:每达到其中一条,可获一颗星。 | | | |

**3. 案例实施**

**（1）第一阶段：目标制定**

教师结合国家对小学生劳动教育的要求，以一年级学生基本劳动意识与素养为基础，进行"快乐小当家"项目目标的初步拟定。同时，通过班级内"劳动大讨论"与"我会劳动"为主题的活动开展，了解学生对劳动的"初概念"与"初技能"，以此，最终确定项目目标。具体初步目标包括：对劳动工具的认识；班级小岗位的劳动技能的习得；家中自我管理劳动技能的习得。

在一次主题班会中，学生们以"劳动"展开了激烈的讨论，这时老师发现，学生们基本都能认识劳动工具，但他们口中的劳动工具，有很多都是非常具有现代气息的"吸尘器""扫地机器人"等。于是，经过项目组的讨论，决定把目标1改为"劳动工具前世今生的探究"，让学生通过对比发现劳动工具的发展过程，更好地认识劳动工具的作用，同时也感受到时代的发展为生活带来的变化，自然而然地生成一种自豪感与责任感。

**（2）第二阶段：任务设计**

根据制定的3个目标，项目组将分3个任务开展执行：劳动工具的"前世今生"、我是"劳动小能手"与我是家中"小主人"，3个任务分别指向对劳动知识的了解，以及校内与家中岗位技能的掌握，以课程加活动的形式，根据不同内容多形式开展。

**（3）第三阶段：任务实践**

① 劳动工具"前世今生的探究"：除了会使用劳动工具，学生们可还要知道，这个劳动工具，它是怎么发展到现在这样子的。学生们通过查阅书籍、网络搜索、询问家长等途径来了解它，试着按照这种劳动工具的发展顺序把它的演变历史画出来，配以简单的文字介绍。他们既了解了历史，更能在了解的过程中，感受到科技给生活带来的变化。

② 我是"劳动小能手"：师生共同制定各班的班级小岗位表，通过自主选择、试运行两周以及轮岗等程序，让学生在实践中进行小岗位的尝试与摸索；同时，通过班会课，让学生谈谈自己对目前小岗位的了解、有没有什么小技巧、小岗位的责任

是什么等，提高对"小岗位"的责任感与责任的完成度。

③ 我是家中"小主人"：发起亲子劳动的倡议，引导学生体会家中"小主人"的责任感，积极参与家务劳动。同时，鼓励学生进行"劳动金点子"的发现与实践，鼓励学生留意劳动技能，进行劳动创新。

**（4）第四阶段：任务评价反思**

评价的目的是为了更好地指导学生实践过程中的改进与调整，使得学生更好地发展。本项目分三部分进行评价，其中目标 1 主要以"探究单"形式进行评价，评价主要包括学生自我评价与教师的评价；另外包括过程性评价与结果展示性评价，主要关注学生劳动技能的掌握，以及劳动过程中指向学生责任意识的劳动积极性、参与性的评价。

与此同时，学校为学生提供了丰富的展示平台，既作为学生发展的展示，也作为评价的途径。通过线上与线下平台的有效结合，学生在过程中体验到了劳动背后不一样的意义，同时也深化了自己的劳动技能。

# 第三节 "快乐小当家"活动总结与反思

项目化探究式学习是基于真实情境和问题的跨学科学习方式，是培养学生综合素养的重要途径。探究式学习注重对学生多元能力的培养，强调解决真实问题的能力，以活动成果作为完成的标志。在案例中，以"制作防水再生纸"探究式活动来培养学生的规则意识和关键技能，以"快乐小当家"探究式活动来培养学生的劳动意识和劳动技能。整个探究过程贯穿着责任教育，增强了学生的社会责任意识。从整个探究式学习的设计以及实际实施的结果来看，有一些亮点，也存在着一些不足。

## 一、以多阶段、多维度评价促核心素养的落实

评价是教育教学领域的一个永恒话题，是每一门学科学习中不可缺失的环节，项目化学习也是如此。与单一的纸笔测验不同，本案例的评价分为过程性评价和终结性评价两个阶段，既关注学生最终的学习成果，又关注学生在整个学习

过程中的学习状态。同时,过程性评价也为后续的活动改进提供了参考的依据。在过程性评价和终结性评价中,不是由单一的评价主体进行评价,教师、学生、家长、社区等都是评价的主体,这是多主体评价的综合。评价主体的多元化能够确保评价的合理性。同时,学生项目参与的主动性与能动性需要通过获得更多的成就感进行"刺激",学生思维发展的整体性需要更广阔的平台予以展现,而新媒体技术的多元展示平台正好为学生的需求提供了便捷舞台。学校在活动设计时充分借用多元的技术特色,拓宽评价维度,根据学习目标制定不同维度的评价方式和评价内容,更好地满足学生的发展需求。结合终结性评价,对学生整个探究学习的过程进行全面的了解,促使学习目标的达成,进而落实学科核心素养。家长作为评价主体也能参与到探究型课程中来,让家长对探究型课程有进一步的了解,提升家长对探究型课程的参与度,更好地构建家校共育机制。

## 二、以综合融通的活动形式促责任意识的养成

责任担当是中国学生发展核心素养中"社会参与"方面的一大核心素养,包括社会责任、国家认同以及国际理解三个基本要点。责任教育也是我校学科教学的一大特色。有学者指出,责任意识,其实包含两个方面,一是责任认知,二是责任情感,并指出,可以将责任意识的培养问题转化为心理学中认知与情感的获得问题,从而为责任教育开辟新的思路。简单来说,就是要让学生清楚责任是什么,需要承担哪些责任,以及具体怎么做。

在"制作防水再生纸"案例中,学生以小组为单位进行合作学习,每个小组中的成员都有明确的分工,并且每个小组都有一名小组长,小组长由小组成员推选产生。各小组成员有明确分工,组长起到监督执行的责任。这样能够让每位学生清楚自己的任务,能够有效防止"责任分散"的现象出现。同时,小组中成员也在扮演着不同的角色,这有助于学生理解不同角色所需要承担的责任,增加对责任的认识。由于过程性评价的存在,及时的评价,也为学生对责任的理解提供了"范例",通过观察学习,进一步加深对责任的理解。在"快乐小当家"案例中,学生劳动技能的发展不仅仅局限于课堂,也不仅仅局限于学校,而是需要家校共同联合,为学生的"劳动"习得提供广阔的平台与有效的指导。如一年级入学准备期的活

动设计中,先根据班级岗位选择一种会使用到的劳动工具,通过亲子合作的方式了解这一种劳动工具的"前世今生",再通过班级展示、小组交流等形式分享探究活动的阶段成果,互相教授自己已习得的劳动工具的使用方法。教与学过程也是身份的转变过程,这能够帮助学生树立责任意识。后续的"小岗位初体验",一生一岗,引导学生在实践过程中以"小能手""小主人"的姿态感受劳动背后的责任,体会劳动的光荣,将劳动教育真正落实到学生的生活中。

### 三、优化课程内容设置,焕发课程内在活力

探究式学习活动的设计面向学生的真实生活,以学生的真实水平、生活中的真实情境与问题进行主题设计,但是课时问题使得探究型课程处于十分尴尬的局面。要想使探究型课程真正发挥其自身的价值,必然要对探究型课程的内容设置进行优化。

我校的七彩田园课程体系中,将课程划分为基础型课程和活动体验课程两大类,以项目化学习为桥梁,沟通这两大类课程,最终落实学科素养和中国学生发展核心素养。探究型课程内容与基础型课程通过项目化学习的形式进行整合是完全可行的,也是探究型课程发展的方向。基础型课程可以为探究型课程提供必要的知识储备和探究内容,而探究型课程又可以将基础型课程内容的学习推向深入,与基础型课程整合,不仅可以使探究型课程孤立于其他课程,又可以使探究型课程的体系更加完整。这是后续探究型课程项目化学习需要继续研究的方向。只有不断优化探究型课程内容设置,焕发自身的内在活力,才能真正有效发挥育人价值。

# 第九章 "我的新朋友——足球"游戏化学习

## 第一节 游戏化学习背景

2015 年教育部颁发《教育部等 6 部门关于加快发展青少年校园足球的实施意见》,把发展校园足球作为落实立德树人的根本任务,培育和践行社会主义核心价值观的重要举措,进一步加快校园足球建设。足球是上海市小学《体育与健身》基本内容I球类运动的重要内容,是学生喜爱且参与度较高的体育项目。田园外小作为全国青少年校园足球特色学校,在实施开展足球活动的过程中,始终以"健康第一"的思想为指导,积极开展校园足球活动,探讨快乐足球、快乐锻炼的新思路与发展方向,提高学生的运动技能。另外,以校园足球为载体可以培养学生的责任心。一方面,足球是一项竞技运动,有竞争就会有胜负,学生能在竞争中学会承担义务,在挫折中展现宽阔胸怀。另一方面,足球更是一项团队合作项目,需要团队每一个人都明确自己的责任,发挥各自的作用,对自己和他人负责任,团结和凝聚每一个人的力量。

在查阅相关文献时发现大多数足球课的学习只是单一的足球技战术的学习或是以进行足球比赛为主,而足球社团主要是校外俱乐部开展的课外足球兴趣班,初学阶段的学生主要以游戏的形式来熟悉球性,多选择原地或短距离移动的小足球游戏,比如原地拍球,滚球,抛接球,踩球,拨球,运球,过障碍,10—20 米的带球跑等练习。整体来说,学校足球课程开展数量及技战术的学习较少。

田园外小在培养学生兴趣的基础上,开展校园足球联赛以及足球嘉年华等一系列的足球活动,通过联赛及活动使学生习得的技术得到运用。课程设置方面,2016 学年足球项目正式成为田园外小的特色课程,每周一次的足球课,执教教师将足球训练融入到一个个趣味横生的足球游戏中,使足球课堂别有一番风味。学生在教师的引导下,学习足球技术,如传接球、控球、射门等技术,同时在参与足球的活动中收获成功的体验。同时,结合田园外小的英语特色课程开设足球外教课,学生在课堂中既学习了足球技术,又能极大地提高学习英语的热情和兴趣,并营造良好的英语学习氛围。综合活动方面,以"田园杯"校园足球联赛为主线,结合校园四季活动,开展以足球运动为主题的足球漫画、足球小报、蹴鞠制作、足球摄影、足球啦啦队等活动。构建校园足球联赛机制,决出各组别的冠亚军,设立"足球先生""足球小达人""最佳球员""最佳团队""金靴奖""最佳守门员"称号等奖励机制。通过开展足球嘉年华活动,展示学校足球特色成果,同时在区域内进行辐射引领。另外,打破班级限制开设足球社团,学生可依据自己的兴趣爱好选择课程,在足球课程普及的基础上进行足球技术技能的提高,丰富了"快乐足球"的课程内容。

小学低年级阶段的学生,年龄小,活泼好动喜欢玩游戏,模仿能力强,形成了其独特的身心发展特点。因此,在足球教学时,应充分发挥足球项目的游戏性,组织各种足球游戏,让孩子在"玩"中学,以"玩"为主线,营造轻松愉快的学习环境,促进学生技能和素质的提高。本案例的设计实施主要结合小学生身心特点,以人为本,面向全体学生,运用科学的、针对性的教学,同时大胆创新,力求突破,培养学生对体育运动的爱好和自觉锻炼身体的良好习惯,以此增强学生身体素质、体育能力、良好的思想品德和意志品质。切实做到精准定位,以球促发展,以球育人的理念扎根田园这片沃土。

## 第二节 "我的新朋友——足球"活动设计

### 一、游戏化学习融入足球教学

游戏化教学就是在教学过程中利用游戏自身的魅力与特点,调动学生的学习积极性,引导学生主动学习,让学生在游戏的过程中获取知识与技能。游戏化教学起源于娱教理念,将游戏引入课堂教学中为课堂教学服务。教师根据学生的心理特征,游戏的情境性、趣味性、竞争性等特征将教育游戏融入到教学实践中,设计并选择合适的学习工具、运用适当的教学策略以及评价方式等进行教学,是一种新型教学模式。在教学中要以学生为主体,充分调动学生的学习积极性,课程的教学内容要贴近实际生活，让学生在真实的情境下获取知识，课程的内容也应具有层次性与多样性，这样才能满足不同学生的学习需要。教学过程中要注意引发学生思考，增加师生的互动性。游戏化教学符合新课标的要求，并且越来越受到专家与学者们的关注。

一年级的小朋友带有明显的幼儿特点，玩耍、游戏仍是他们生活的重要组成部分。游戏走进一年级体育课堂，把体育知识和技能融于游戏之中，能活跃课堂气氛，让重复单调的动作学习变得生动有趣，学生们能在"玩"中学，"趣"中练，"乐"中成长，有效地提高了一年级体育课堂教学效率。

本案例在设计实施时主要依据一年级学生的身心特点，以"游戏化"的活动为主，培养其对足球的喜爱，以及互帮互助、团结协作等优秀品质。在足球学习中进行一系列的技术教学和活动设计，融入社会责任和团队意识，以促进学生身体、心理和社会适应能力整体健康水平的提高。本案例努力构建知识与技能、过程与方法、情感态度与价值观统一的课程结构体系，并尝试使学生能够在各种足球活动中勇于表现自己，能够在教师的帮助下简单地对自己和伙伴进行评价。足球活动在整个学期的主题活动有足球创意制作、足球基本技术技能的学习、班级足球联赛等。这些主题活动不仅让学生了解足球的基本知识技能，而且通过自己动手与小组一起制作足球的过程中结交了足球这个"新朋友"。学生既增加了对足球的喜爱，又发挥了各自的特性和创新思维。在这个过程中学生提高了动手能力、加强了小组合作并培养了团结互助的精神品质。

## 二、足球游戏化学习课程活动设计

"我的新朋友——足球"游戏化学习，以课程＋活动的形式呈现。教师会进行为期16周的足球知识技术教学，制定学年、学期、单元、课时计划，确定教学内容，并合理安排教学课时、教授恰当的教学技术、战术，讲解不同角色的任务和实战中不同阵型的作用，帮助学生获得全面的足球知识、技能、规则等。此外，教师还会通过活动海报宣传比赛活动开展流程和要求，组织学生参与足球创意制作活动，收集比赛作品，然后采用小组评价、班级评价的方式，并根据投票选出最优设计进行班级展示。另外，教师会根据抽签和赛制安排为期两周的"小小世界杯"的活动进行班级联赛,并安排好赛程时间,同时根据学生在比赛中的表现和比赛成绩进行过程评价。

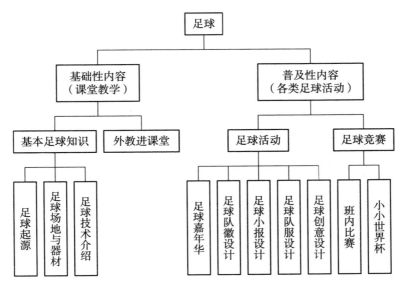

图9-1 足球游戏化学习课程活动设计框架

## 三、活动评价设计

在游戏化活动实施的过程中,针对学生知识与技能的学习进行过程性评价,同时通过班级之间的比赛进行最终的展示和公正客观的评价,足球创意制作活动和小小世界杯比赛的评价主要是对学习对象的评价以及对学习结果的评价,都是以比赛的形式呈现。

### (一)评价原则

课堂教学评价是教学的重要组成部分,是促进学生主动学习的有效手段。教师多样、灵活、生动、丰富的评价方法,能让课堂充满勃勃生机。教师的评价语言需机智多变,评价方法灵活多样,评价过程充满人文关怀。整体而言,足球游戏化教学主要遵循以下原则。

### (1)评价活动的导向性原则

教学评价实际上是一种管理手段,每一次评价就是对教学进行一次调控,通过评价,确保活动顺利实施。因此我们把评价和指导结合起来,不仅使被评价者了解自己的优缺点,而且为其以后的发展指明方向。也就是及时对评价的结果进行认真分析,从不同角度查找因果关系,确认产生的原因,并通过信息反馈,使被评价者明确今后的努力方向。

**(2)评价内容的整体性原则**

在进行评价时,要对活动开发和实施的各个方面作多角度、全方位的评价,不能以点代面,以偏概全。活动实施的效果往往从不同的侧面反映出来,表现为一个由多因素组成的综合体。因此,必须从整体上进行评价,首先做到评价观测点全面,尽可能包括活动实施的各项内容;其次要把握主次,区分轻重;三要定性评价和定量评价相结合。

**(3)评价方式的合理性原则**

评价采取自评、互评、师评等不同的评价方式,既体现自我反思,又体现民主参与,既体现客观公正,又体现科学合理。做到形成性评价和总结性评价相结合,注重发展性的评价方式。

**(4)评价方法的可操作性原则**

每个活动开展后,由任课教师发放并讲解活动评价量表,让学生明确评价要点,评价通过听、看、查、问、测等多种渠道收集信息,从教与学统一的角度出发,以活动实施目标体系为依据,确定合理统一的评价标准,采用科学、具体可操作性的评价手段。

**(二)评价内容**

足球游戏化教学活动的评价内容有两个注重,一是注重"三维",即关注基本知识和基本技能、过程和方法、情感态度价值观。二是注重过程性评价,在关注比赛成绩的同时,更注重学生参与活动的兴趣、合作的意识、团队精神的形成等。每学期根据教学任务,由各任课教师对学生进行足球创意制作需要的实践操作能力以及"小小世界杯"中需要的技术能力(踩球、颠球、顶球、传球、运球、射门等项目)进行教学评价。

活动的评价聚焦实践能力、体质健康与集体意识这 3 个方面,通过选择针对性的观测点来设计评价单,评价设计侧重对活动课程中的实际情况进行评价,设计评价观测点要使核心素养成为可观察、可测量、可评价的行为表征。活动过程中评价的"过程"是相对于"结果"而言的,具有导向性,过程性评价不是只关注过程而不关注结果的评价,更不是单纯地观察学生的表现。过程性评价的功能主要不是体现在评价结果的某个等级或者评语上,更不是要区分与比较学生之间的态度和行为表现。从教学评价标准所依据的参照系来看,过程性评价属于个体内差异评价,即"一种把每个评价对象个体的过去与现在进行比较,或者把个体的有关侧面相互进行比较,从而得到评价结论的教学评价的类型"。

本次足球游戏化教学活动的过程性评价主要体现在各大比赛中,在项目化实施的过程中主要针对比赛部分对学生在学习过程中进行过程性评价。每个评价指标的分值为0到5颗星,参与者通过回顾活动项目过程中的表现,根据评价指标进行自评、互评、师评、家长评等多方位评价。

（1）足球创意制作评价设计

通过足球创意制作活动,可以培养学生独立思考与实践的能力,培养创新意识和实践精神。学生多方面参与足球自制比赛,在充分调动自身学习积极性的同时,学生需要发挥自己的特长,从而才能呈现更好的作品。在活动过程中,学生既要根据自己的角色进行分工,在进行道具的制作时又需要多名同学的共同协作,既感受设计的魅力,又培养沟通、团结协作的能力。学生通过对不同的设计投票选出最优作品。因此,在设计评价时就要考虑学生间的自评以及互评,如表9-1、9-2所示,又有教师的评价,如表9-3所示。

表9-1　足球创意制作活动过程中的班级内自评与互评

| （　）班　　　姓名：　　　学号： | | |
|---|---|---|
| 评 价 内 容 | 自评星级 | 互评星级 |
| 积极收集足球创意制作材料 | ☆☆☆ | ☆☆☆ |
| 积极参与小组讨论 | ☆☆☆ | ☆☆☆ |
| 小组制作分工明确,动手实践能力强 | ☆☆☆ | ☆☆☆ |
| 作品新颖,独具特色 | ☆☆☆ | ☆☆☆ |
| 总星数 | | |

表 9-2　足球创意制作活动后的班级间自评与互评

| （　）班级　　　　　评价：（　）班 | | |
|---|---|---|
| 评 价 内 容 | 自评星级 | 互评星级 |
| 创新性：作品构思新颖 | ☆☆☆ | ☆☆☆ |
| 可操作性：可操作性强 | ☆☆☆ | ☆☆☆ |
| 安全性：制作结实、耐用、环保 | ☆☆☆ | ☆☆☆ |
| 艺术性：作品色彩搭配协调 | ☆☆☆ | ☆☆☆ |
| 总星数 | | |
| 说一说其他班级的作品优点： | | |

表 9-3　教师对比赛结果的评价

| （　）班级　　　　　评价：（　）班 | | |
|---|---|---|
| 评 价 内 容 | 自评星级 | 互评星级 |
| 创意足球设计与制作相得益彰 | ☆☆☆ | ☆☆☆ |
| 制作过程中小组团结合作、分工明确、组织得当 | ☆☆☆ | ☆☆☆ |
| 班级间评价客观公正、遵守规则 | ☆☆☆ | ☆☆☆ |
| 总星数 | | |

## （2）"小小世界杯"评价设计

一年级足球内容主题旨在培养学生对足球运动的兴趣，培养和发展学生的球感以及控球能力，学习基本的踩球、拨球、运球等技术动作。通过"小小世界杯"的足球比赛，学生领会了足球比赛的基本战术思想，培养了抬头观察能力和意识，培养了正确的跑、跳技术，发展身体动作的柔韧性、协调性、灵敏性和平衡能力，磨炼意志，做到不怕轻伤，不怕失败，不抱怨队友，养成了正确的比赛态度。在"小小世界杯"评价设计时有学生间的过程性评价与总结性评价如表9-4和表9-5所示，又兼顾教师的过程性评价与总结性评价，如表9-6、9-7所示。

表 9-4  比赛过程中的班级内自评与互评

| （  ）班　　　姓名：　　　　学号： | | |
|---|---|---|
| 评 价 内 容 | 自评星级 | 互评星级 |
| 推选足球小明星积极参与班级组队建设 | ☆☆☆ | ☆☆☆ |
| 班级比赛分工明确 | ☆☆☆ | ☆☆☆ |
| 熟练掌握足球相关知识与技术技能 | ☆☆☆ | ☆☆☆ |
| 制作队徽/队旗 | ☆☆☆ | ☆☆☆ |
| 制作观赛道具 | ☆☆☆ | ☆☆☆ |
| 总星数 | | |

表 9-5  比赛后的班级间自评与互评

| （  ）班级　　　　评价:（  ）班 | | |
|---|---|---|
| 评 价 内 容 | 自评星级 | 互评星级 |
| 比赛时能运用简单战术配合 | ☆☆☆ | ☆☆☆ |
| 比赛时熟练运用足球技术 | ☆☆☆ | ☆☆☆ |
| 比赛时体现顽强拼搏,奋勇争先的精神 | ☆☆☆ | ☆☆☆ |
| 文明观赛 | ☆☆☆ | ☆☆☆ |
| 总星数 | | |
| 说一说其他小组有没有其他优点: | | |

表 9-6  教师对班级比赛结果的评价

| （  ）班　名次奖项: | |
|---|---|
| 评 价 内 容 | 成果星级 |
| 团队协作、默契配合、分工明确 | ☆☆☆ |
| 队员能有效、及时地沟通交流 | ☆☆☆ |
| 观赛队员文明观赛 | ☆☆☆ |

表 9-7 教师对班级比赛过程的评价

| 第（）小组成果名称： | | | |
|---|---|---|---|
| 评价维度 | 评价标准（星数） | 标准描述 | 得星数 |
| 运动表现<br>（50%） | 熟练运用技术（30☆） | 学生熟练掌握拨球、踩球等球性技术 | |
| | 灵活应用战术（20☆） | 学生能根据场上的变化进行战术运用 | |
| 团队意识<br>（20%） | 团队配合默契（10☆） | 在比赛中队员之间分工明确、配合度高，传接球配合准确 | |
| | 团队有凝聚力（10☆） | 队员之间齐心协力、目标一致 | |
| 拼搏精神<br>（20%） | 吃苦耐劳（10☆） | 学生不怕脏、不怕苦和累，风雨无阻 | |
| | 勇敢顽强（10☆） | 学生在比赛训练中不怕失败、越挫越勇 | |
| 实践创新<br>（10%） | 文化创新（5☆） | 比赛观赛礼仪、口号创新 | |
| | 战术创新（5☆） | 根据比赛实况针对性设计战术 | |
| 总星数 | | | |
| 评语： | | | |

# 第三节 "我的新朋友——足球"活动实施

本次足球游戏化教学以一年级的足球教学为例，主要分为足球基本技术的学练和校园足球联赛，在足球课程学习和足球活动的过程中融入游戏化的方法手段，将游戏引入到课堂教学中为课堂教学所服务，来提高学生学习的积极性与主动性。因此，下文先以足球教学过程中的两个案例介绍足球游戏化教学实践过程，再从实施效果、案例评价、案例反思等几个维度进行讨论与分析。

## 一、案例实施

### （一）案例一：足球创意制作

制作创意简易足球，先让学生观察足球，使学生了解足球的性质，进一步讲解足球的结构，让学生对于足球有初步认识。然后进行简易足球制作，培养学生的动手制作能力和合作意识。让学生与足球建立紧密联系,从而喜欢足球,爱上足球。足球创意制作的活动安排流程如表9-8所示。

表9-8 足球创意制作活动安排表

| 足球创意制作 | |
|---|---|
| 参与人员 | 一年级学生 |
| 活动内容 | 足球创意制作——小组收集废旧材料,运用集体智慧设计制作方案,实行任务分工,动手制作一个足球。 |
| 活动目的 | 足球创意制作是一项变废为宝的活动,向学生们宣传低碳生活,引导学生们从小事做起、从自身做起,增强了学生爱护环境、保护生态的自觉性。通过小组合作的形式,加强了学生之间沟通与交流的能力,不同思维的碰撞,迸发出智慧的火花;拓宽体育文化交流内容,传递足球运动的快乐,丰富校园足球文化。 |
| 活动流程 | 1. 全校足球创意制作活动比赛通知。<br>2. 学生利用课余时间对废旧材料进行收集整理。<br>3. 小组共同合作设计制作方案,(内部材料、外部材料、最终样式等相关问题达成共识)。<br>4. 对于制作任务进行分工合作,从而制作足球。<br>5. 通过逐级评审,对于优秀作品进行展示。 |

在课堂中我们看到这样的教学片段:

师:每个小组的同学们现在手中都有足球,那么老师来考考同学们,足球表面有多少个五边形和六边形呢?

生:(大家都认真地开始数了起来,片刻后,其中一个小组的代表举起了手)老师,有12个五边形,20个六边形。)

师:这个小组真棒,数得又快又准确。

生:(还有一部分学生抓耳挠腮,其中几位小朋友还出现了争执。小文对小组的其他同学不耐烦地说道:"明明就是按照我说的来数,这样我们早就数完了,都怪你们,现在还没数清楚。哼! 我不要和你们一组了!"从教室的一角传来一段这样的对话。)

师:(连忙走到这个小组身边,一手拍了拍小文,对她说,)你来说说看,你的方法是什么呢? 和同学们分享一下吧!

生:我认为应该先数总数,然后再数五边形,再减去五边形的个数.这样通过一个简单的减法就会算出六边形的个数了。

师：你的想法很特别，用上了数学的加减法运算。老师要给你点赞(同学们此时也响起了热烈的掌声)，于是我继续说道："在小组讨论时，尽量清晰、简明地表达自己的观点，大家相互协商，从而更有效地完成任务，而不是一味地发脾气。"

生：(小文点了点头。)

师：那老师和大家一起按照小文同学的办法来数一数吧，看看到底是多少块，好不好？

(老师把球拿起来，学生们都目不转睛地盯着老师手里的球，看老师一块一块地数，学生不自禁地跟着念出相应数字，老师最后将正确的个数写在了黑板上面。)

师：现在我们一起来看看足球五边形和六边形各自的数量吧！

师、生：五边形 12 个，六边形 20 个。

师：那么同学们是不是需要剪 12 个五边形，和 20 个六边形呢？

生：(齐声回答)是。

师：那就开始制作小足球的衣服吧。

(学生齐刷刷拿起小剪刀，开始剪五边形和六边形，教师指导学生剪布条)

师：看来小朋友们已经剪好了，那就一起把这些布条缝起来吧，缝的时候要保证每个五边形周围都是六边形，小心手哦。

(学生小心认真地将单独的布条缝起来。)

师：剩最后一块的时候，大家先不要缝，把它翻过来，再补上填充物，然后再将最后一块缝合(学生照着做)，一个自制的小足球完成了，同学们完成得真棒！

(二)案例二："小小画图师"

一年级的足球学习，包括足球技术实践和足球理论知识学习。足球技术实践主要以传球、运球、射门技术为主，基本战术融于每节课中。一个学期教授 16 个课时，在学期末组织进行一年级 U8 联赛以及最佳射手的比赛。学期训练计划如表 9-9 所示。

表 9-9　一年级足球课程教学计划

| 一年级足球课程教学计划 | | |
| --- | --- | --- |
| 周次 | 课次/时间 | 训练任务、内容 |
| 第 1 周 | 1 课/35 分钟 | 1. 做好课堂常规，严抓课堂纪律；<br>2. 个人的球感练习：揉、拉、踩球等球性练习 |
| 第 2 周 | 1 课/35 分钟 | 1. 身体素质练习：各种跳跃、后退跑、曲线跑等；<br>2. 小范围揉、拉、踩球等球性练习 |
| 第 3 周 | 1 课/35 分钟 | 1. 足球基本理论知识；2. 正脚背带球 |
| 第 4 周 | 1 课/35 分钟 | 1. 个人的球感练习；2. 正脚背带球 |
| 第 5 周 | 1 课/35 分钟 | 1. 正脚背带球；2. 面对面短传 |
| 第 6 周 | 1 课/35 分钟 | 1. 正脚背带球；2. 面对面短传 |
| 第 7 周 | 1 课/35 分钟 | 1. 脚背内侧外侧带球；2. 面对面短传 |
| 第 8 周 | 1 课/35 分钟 | 1. 脚背内侧外侧带球；2. 面对面短传 |
| 第 9 周 | 1 课/35 分钟 | 1. 正脚背带球；2. 脚背内侧外侧带球 |
| 第 10 周 | 1 课/35 分钟 | 1. 正脚背带球；2. 脚背内侧外侧带球 |
| 第 11 周 | 1 课/35 分钟 | 1. 带球；2. 身体素质练习 |
| 第 12 周 | 1 课/35 分钟 | 1. 脚内侧推射；2. 身体素质练习 |
| 第 13 周 | 1 课/35 分钟 | 1. 带球；2. 脚内侧推射 |
| 第 14 周 | 1 课/35 分钟 | 1. 脚内侧推射；2. 正脚背射门 |
| 第 15 周 | 1 课/35 分钟 | 1. 脚内侧推射；2. 正脚背射门 |
| 第 16 周 | 1 课/35 分钟 | 1 对 1 对抗 |
| 第 17 周 | 校园活动 | 班级联赛 |
| 第 18 周 | 校园活动 | 班级联赛 |

　　传球和接球是足球比赛中联结队员的纽带和进攻的枢纽，是组织进攻、变换战术、渗透突破、创造射门机会和实现战术目的的有效战术手段。足球传接球课上，教师组织学生分小组进行面对面传接球配合的综合活动。在学习时教师会根据一年级的学生设计传接球的小游戏来提高学生的学习兴趣，如"小小画图师"游戏。

游戏规则:① 根据口令小组合作完成正方形。A 传球给 B 并跑向 B 处,B 传球给 C 并跑向 C 处,C 传球给 D 并跑向 D 处。球员移动顺序 A－B－C－D,完成正方形的绘制。如图 9－2 所示。

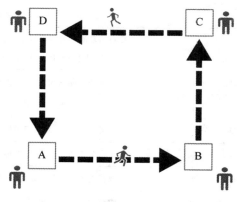

图 9－2 "小小画图师"——画正方形

② 根据口令在有干扰的情况下完成三角形。A 传球给 C 并跑向 C 处,C 传球 B 或 D 并跑向对应位置,可完成 ACB 或 ACD 两个三角形。如图 9－3 所示。

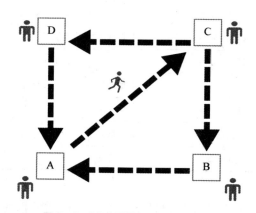

图 9－3 "小小画图师"——画三角形

一位老师在教学时就写下了如下的教学感悟:

"把球传给你,怎么就接不住呢,反应快点好不好!"

"明明是你传球没有传好,反倒怪我没有接好球,拜托你传得准一点行不行!"
突然操场上传来阵阵互不相让的对话,语气里满是埋怨和不耐烦。

我循声望过去,原来是小飞飞和大壮,他们俩现在各站一边,互不理对方。于是我连忙走过去,了解情况。你们俩谁来说一说发生什么事啦?大壮和小飞飞都连忙准备向我告状。我把小飞飞和大壮带到球场边,那你们还原一下刚才的场景吧。小飞飞一边向我描述刚才的经过,一边做着演示说:"我就是这样将球传给大壮,大壮连忙向后退了几步想用脚内侧把球停住,但是没想到球飞得太远,大壮连退了几步还是没有接到球。所以我很着急,就对大壮说了那样的话。"大壮也意识到可能刚才自己也着急了,于是接着小飞飞的话就脱口而出埋怨对方了。进行一次演示后,两个学生的情绪好多了,不再一味地责怪对方。

看到这个情景我继续对他们说道:"传接球,不是一个人的事情,是需要队友间的相互配合,我们不能只想着自己一脚能够踢多远,还要为对方考虑。足球是一项团队运动,靠一个人是无法取胜的,大家要抱着互相配合的心态进行练习,每完成一个配合的技术动作要积极与同伴沟通。"

他们听了以后,都连忙点头赞同,在接下来的练习中,开始学会了为对方考虑问题。小飞飞在传球前会先与大壮进行肢体交流,示意传球的时机,也会在每次练习后去询问大壮刚才传球的力度、准确性是否需要调整。大壮也调整心态投入到练习中,对于小飞飞的传球做好及早判断,积极跑动到位,接好传过来的球。

两个小伙伴越来越默契,每次完成一次传接还会一起喊"嘿"为彼此鼓劲儿,两个人的动作技术配合完成得越来越出色。在这堂课中他们不仅学会了传接球射门,更体悟到了人与人之间配合协作的重要性。

## 二、实施效果

足球游戏化教学的实施,在一定程度上激发了一年级学生对足球学习的兴趣,提高了足球教学的课堂效率。这不仅有助于学生体质提高,而且有利于培养学生养成良好的运动习惯;同时在团队合作中能够促进学生责任教育、文明礼仪的发展,充分发挥了校园足球的育人功能,为学校落实立德树人注入新活力。

### 1. 勇争竞赛成绩,培养良好运动习惯

在校园足球联赛中,一年级各班级都能积极组织队伍参加 U8 足球联赛,"班班有球队,队队有队徽,年年搞联赛,人人爱踢球,生生聊足球"已成为了学校足球

的特色和日常。足球场上，队员们尽力拼搏，挥洒汗水，奔跑如离弦之箭，竞相为自己的班级赢得荣誉。队员们跌倒了，站起来；擦破皮，不流泪。当进球的那一瞬间，整个操场都沸腾了。与此同时，场下啦啦队成员们一声声此起彼伏的欢呼声、喝彩声、加油声不绝于耳。此时此刻，校园里最美的风景线当之无愧是运动场上那一个个跃跃欲试、蓄势待发的足球运动员们。在这样的学习、竞赛氛围中，足球运动的种子在一年级每一个学生内心生根发芽，足球运动习惯开始慢慢养成，足球运动成为学生每周必不可少的一部分。联赛中校队队员起到了非常关键的作用，队员分布在各个班级，为校园足球推广奠定了基础，带动了班级足球氛围。

## 2. 落实责任教育，彰显团队合作风采

责任意识是学生成长的内在动力，也是落实责任教育的前提条件。校园足球这一载体可以重点培养学生的责任心。一个人只有对自己负责，才能拥有健康、健全的人格，才能积极进取、不断进步。另外，每个人都需要与他人交往，都需要在集体中生活，不仅要对自己负责，更要对他人和集体负责。足球比赛归根到底是一项竞技运动，有竞争就会有胜负，学生在失败中学会承担义务，在挫折中展现宽阔胸怀。如果说社会就是球场，那么足球便是人生，学会面对足球的成功与失败，就能坦然肩负起社会中所遇到的种种阻碍。足球更是一项团队合作项目，需要团队每一个人都明确自己的责任，发挥各自的作用，对自己和他人负责任，团结和凝聚每一个人的力量。

在学习足球技术的课堂中，需要学生们凝心聚力、全神贯注、积极投入；在足球创意制作的活动中，需要学生发挥各自的特性和创新能力；在足球联赛中更需要每个队员的齐心协力和顽强拼搏。在足球的赛场，责任教育遍布每一个角落，贯彻责任意识是每一个学生的必修课。这就是我们常说的体育既能育体，也能育人，同时也能育德。

## 三、案例评价

将游戏融入足球教学过程对于一年级学生的足球学习具有一定的实效性，有效全面地落实了校园足球以育人为目的的主要目标，能够帮助学生提高身体素质、掌握足球技能，切实提高学科素养。同时，在游戏化教学过程中融入多样评

价,并根据教学要求设计并落实多维评价,促进学生的全面发展以及学生之间的共同进步。

## 1. 合作学习,教学相长

有效的小组合作学习有利于形成开放、包容的学习氛围,使组内成员间相互激励、相互促进。可以提高学生的学习效率,培养学生的合作精神,激励学生的学习兴趣,促进学生之间的共同进步。课堂中实施促进学习的评价不仅能显著提高学生学习的学业成绩,而且能增强学生学习的动机,提升学生的学习效能,培养学生成为自主学生。在简易足球制作的教学片段中的案例,教师主要以问题导向为出发点,小组成员通过组内合作,合理的分工,集中智慧,既快速又准确地数出足球五边形和六边形的个数。

## 2. 学科融合,提升素养

教育家陶行知先生说过"生活即教育"。学生在校学习的主题也是源于生活,贴近生活。打破学科之间的壁垒,了解不同学科对同一知识的不同呈现.把其他学科学到的知识,放置到体育学科的场景中,让已有的知识经验激活大脑,学习效果达到最大化,产生更充分的学习。足球创意制作作为劳动与技能学科内容,它培养学生的动手实践能力。在制作过程中,组内成员各抒己见,头脑大风暴,采用不同的方法做出别出心裁的小足球。

## 3. 及时关注,正确引导

教师在学生学习活动中充当引导者、引路人,教师制定相应的规则与要求,小组成员以沟通协商合作的方式进行实施和开展。教师及时跟踪,关注学生学习情况,把握学生学习进度。在教学片段中皆出现了学生有小情绪的状况。此时教师起到桥梁和纽带的作用,在分析事情发展的过程中,通过引导帮助学生缓解负面情绪,帮助其更好地融入到合作学习中去。

## 4. 多样评价,提高实效

评价体系依据既定的评价目标,学生根据目标的达成度进行评价。评价的方式有多种,例如传统教学中的练习、讨论、提问,再如表现形式的评价可以把学习成果的展示,学习过程中达到目标等作为评价的方式方法。教学案例中的评价方式略为单一,停留在教师口头的评价。组内评价与组间评价没有明确的评价指标。在教学的过程中可以利用讨论会的形式进行评价,教师可以组织学生自行开展学生讨论会或者师生讨论会,鼓励学生进行自主学习。在讨论会上,教师要少说多听,鼓励学生多发言,减少学生对教师的依赖,培养独立思考,自主学习的能力。评价不仅关注结果,而且要关注过程。例如足球创意制作的过程中,学生讨论先画图案还是确认缝制的方法,以小组畅所欲言的方法进行,充分发挥每个组员的主观能动性。

## 四、案例反思

在实施足球游戏化教学的过程中发现,借助游戏化教学的手段,来帮助学生习得基本运动技能以及足球基本技战术,一定程度上优化了足球教学活动,有利于学校校园足球的开展以及校园足球文化的建设。另外,以足球为载体,在团队活动中有效地落实足球的育人价值,通过游戏以及各种活动来培养学生的团队精神以及责任意识,育体育德。

### 1. 坚持立德树人,注重团队协作

足球对于人的教育作用既不可替代也无法估量,在教学设计中,需要科学合理地运用体育教学手段和方法,培养学生勇敢顽强、积极进取、挑战自我、乐于助人、善于合作、遵守规则、责任感强等体育精神和品德。

在教学活动中,通过一个个小组活动来培养学生的合作意识和团队精神。例如在面对面传接球活动中,合理安排小组活动,每个学生在小组中扮演不同的角色,有的负责传球,有的负责接球,体验不同的挑战。在每一个教学任务中设定一个个具体的、有挑战性的目标,让学生通过自己的努力逐一去实现这些目标,来培养学生克服困难、坚韧不拔的意志品质。这就是我们常说的体育既能育体,也能育人。

### 2. 基于课程标准,优化教学活动

小学阶段,特别是水平一、水平二阶段,应以发展学生的基本身体活动为主,

如走、跑、跳、投、抛、接等动作。在足球项目化的学习中,应尤其关注学生的参与体验感,以游戏的形式和情景化教学进行知识和技能的传授。在课前,体育教师会围绕每堂课的学习目标,设计教学内容,使教学内容更有助于学习目标的达成,在进行每一个技术动作的学练中采用体育游戏活动的形式进行练习,使大多数学生能够基本掌握所学技术动作并能加以运用,进行一定的竞赛游戏。

例如,在进行简易传接球练习的课堂中,在完成了教学任务之后,教师根据这节课的内容设计了传接球的综合活动,让每一个小组在游戏中,不断巩固、不断练习,加强动作技术的学习。

### 3. 改善评价方式,提高教学效果

学生自评互评作为评价体系有效的补充,在教师和学生之间建立一座有效沟通反馈的桥梁,学生在练习时,在课堂中可以根据教师设计的评价量表对自己进行简单的评价。在设计评价单的时候要考虑学生的身心特点。一年级的学生对于文字的理解能力不够,所以在设计时可以设计简单容易被学生理解的句子,也可以适当地穿插一些图片等,让学生能够更好地进行自评互评。评价的主体的改变,在一定程度上提高了评价的质量,提高课堂教学的效果。另外,在足球教学中尝试将评价主动权还给学生,课堂中采取教师评价、学生相互评价和自我评价相结合的方法,选取不同的足球技术内容,灵活地选择不同的评价方法。改变"一刀切"的评价方式,注重个体差异性,进行个性化评价。让学生参与评价过程,体现学生学习的主体地位,提高学生的学习兴趣。

### 4. 以兴趣为先导,弘扬校园特色

学生对运动的喜爱程度是他们是否喜欢上体育课和坚持课外体育锻炼的前提,只有喜爱运动,他们才会主动学习。对于一项运动技能的学习,要先采用有效的方法让学生喜欢上这项运动,比如针对一年级学生年纪较小的身心特点,创建新颖的教学情境,内容融于游戏,设计游戏,让小学生在娱乐和游戏中学习新的体育知识、体育技巧。小学生的一个重要特点就是对新奇事物充满了好奇。因此,教师可依据小学生活泼好动的身心特点,运用不同的游戏和场景化内容,逐渐增加难度来引导他们保持对足球的兴趣。

设置游戏的同时可以适当地安排竞赛,在学习了传接球技术后,教师可以设计综合互动竞赛。教师在完成教学内容的基础上,给学生创造展现自己闪光点的机会,适当的比赛是活跃课堂的兴奋剂,学生在比赛中能展现自己的长处,增强他们的自信心。在比赛的过程中教师要加以适当的引导,在竞赛的过程中培养学生的规则、安全意识,同时也使学生在集体竞赛活动中体验到与同伴合作的乐趣,培养学生的团队精神,通过团队协作来激发学生对体育的兴趣,以便学生能最大限度地参与并发挥自己的潜能。

## 第四节 "我的新朋友——足球"活动总结

足球课程的开展可以充分发挥足球育人功能,丰富学生的校园文化生活。田园外小在多年实践经验的基础上,探索出的校园足球活动模式,深受全校师生的喜爱,促进了田园外小校园足球文化的建设,推动了足球文化与校园体育文化的相互融合。田园外小作为全国青少年校园足球特色学校和闵行区足球项目传统校,将继续坚持推进足球课程教学,把足球项目纳入学校课程教学体系中,力求在全体学生中普及足球。"班班有球队,队队有队徽,年年搞联赛,人人爱踢球,生生聊足球",已成为田园外小的校园足球项目的特色。学校以足球运动为载体,鼓励每一个学生都参与其中,让足球运动融入学生的日常学习和生活,培养其拼搏进取、团结协作、责任担当、永不气馁的体育精神。在校园足球的辐射带动下,促进学校其他体育特色项目的建设与优质发展。

在研究实施的过程中发现,足球项目的开展与主学科的融合较少,在之后的研究中教学需进一步尝试与学校的特色课程进行跨学科融合,并尝试做到科学化、信息化,打造独具特色的校园足球文化,增强学生体质,提高学生核心素养。另外,足球的主要技术如传、控、带、射等基本内容,教学需要考虑如何根据不同年龄学生的身心特点设置足球课程的具体学习内容,"游戏化"教学如何不只仅仅是"玩",而是让学生在足球的游戏中学会遵守规则、团结协作,如何让每位学生都可以在足球活动中找到自己的角色定位,这值得我们进一步研究。

# 第十章　"经典咏流传，京韵滋涵养"项目化学习

## 第一节　"经典咏流传，京韵滋涵养"活动背景

随着社会的快速发展，文化生活的丰富与多元，传统京剧文化的传承与发展受到了严重冲击。京剧在表演和欣赏方面都是一种要求非常高的艺术。相比流行文化，现代群体对于传统戏剧的关注和相关知识层面的储备更显逊色，京剧艺术的爱好者普遍以老龄观众居多，加上京剧的节奏非常缓慢，在快节奏的生活中与年轻观众渐行渐远，许多学生几乎从未接触过京剧。《传承"国粹"艺术的使者》中，提到张学良先生曾说："不懂京剧的中国人，不算完整的中国人"。

2008 年 2 月，教育部办公厅下发《关于开展京剧进中小学课程试点工作的通知》，在全国选择 20 所中小学作为试点，在音乐课程中增加京剧曲目。但在 2015 年《京剧进校园　缘何一波三折》对这些试点学校的跟踪调查显示：多数学校已难寻京剧味、师资缺乏、学生没兴趣等问题，让京剧进校园陷于搁置状态的尴尬境地。调查也发现一些较成功的学校。如金乡县实验小学从 2010 暑假开始把京剧引入学校，聘请教师，特招了京剧专业毕业生，建立了京剧教学实践基地，"京剧进校园"特色教育得到长足发展。2014 年、2015 年，金乡县实验小学两次大型的京剧展演活动走进央视戏曲频道，在社会上引起了强烈反响。金乡县的做法不足在于：虽短期使学校得到良好收益，但本质上还是"拔尖教育"，因为学校的"京剧兴趣小组"太少，京剧活动的规模狭隘，只是针对几十个所谓的"特长生"进行了专门的针对性强化训练，排演了几个京剧片段而已。

面对京剧的盛衰，教育工作者发出了阵阵唏嘘。其实，这也反映出长期以来教育过于注重知识技能的传授，处处以学业成绩作为衡量学生发展优劣的重要标准，导致在文化培育方面有所缺失。《京剧重在传承》一文中，著名京剧艺术家梅

葆玖老师说："京剧进校园，主要是从审美和理念上、文化传承上去做，不是技术层面，而是自身一种修养和素质提高，不要唯效果论。"京剧文化要在校园扎根，充分挖掘京剧的文化价值，弘扬中国的优秀传统文化，建立民族文化自信，每一位教育工作者都任重而道远。

我校从 2004 年开始实施京剧文化项目，主要涉及艺术、德育、少先队特色活动，学生参与率为 100％。由于京剧文化能做到常态化、机制化、普及化研究与落实的学校凤毛麟角，因而可参考的操作性较强的京剧文化特色项目实施成果很难寻觅。十几年来，我们自己摸着石头过河，持之以恒、锲而不舍，聚焦京剧文化项目的持续、创新与发展，通过阶梯式的课程实施来培养全体学生的艺术审美情趣，积淀文化底蕴，获得了累累硕果，孕育了"国粹芬芳溢校园，文化浸润育品格"的校园精神文化品牌，成为了"全国中小学中华优秀文化艺术传承学校"。

2017 年 1 月，《关于实施中华优秀传统文化传承发展工程的意见》颁布，首次以中央文件形式推动延续中华文脉，传承中华文化基因，开新中国成立以来之先河。同年，中共中央四部联合发布了《关于戏曲进校园的实施意见》，目的是弘扬中华优秀传统文化，增强文化自信，促进戏曲传承发展。目前小学音乐与美术教材中有一部分以拓展形式呈现京剧文化知识的内容。然而 35 分钟的课时，从课堂教学结构来说也只能运用 5 到 6 分钟的时间进行这部分内容的教学。面对纷繁庞大的京剧文化体系，这种蜻蜓点水的教学对小学生来说远远不够。在重视传统文化育人价值开发与利用的社会大环境下，全体艺术教师从学生立场与生态出发，以"经典咏流传，京韵滋涵养"为主题，给各年级学生搭建优质的项目化学习平台，以教材中富含京剧元素的执教内容为项目源，充分利用探究课，采用课内外相结合的方式适时、有效推进，满足学生京剧文化的学习需求。引领学生走进经典，在求知、求美、求真、求乐的过程中拓宽传统文化的视野，领悟传统文化的丰富内涵，提高艺术素养和审美素养，树立传承与弘扬优秀传统文化的责任感与使命感，达到对京剧文化学习新的价值认同，进而持续优质推动学校精神文化建设。下面就以点带面，在音乐学科和美术学科中各选取一个案例来阐述日常活动的开展。

## 第二节 "经典咏流传，京韵滋涵养"活动设计与实施

项目化京剧文化活动，尊重学生对京剧文化的现有实践和强烈学习愿望，在问题解决中，感受"经典"的精神力量。它对培育学生文化传承的社会责任和对美的憧憬起着举足轻重的作用，促进新时代少年对传统文化的深入理解和对社会主义核心价值观的深刻践行。音乐学科和美术学科的项目化京剧文化活动，在学科核心素养导向下，基于教材知识增加体验性内容，鼓励学生调动感性思维，关注情感表达，养成主动审美与判断的能力，开阔对京剧文化的眼界，以"中国传统、中国精神和中国智慧"提升探究的立意与格局，塑造美好心灵，增强文化自信，提升责任担当。

### 一、"走进现代京剧《红灯记》"项目化学习活动

三年级开展的"走进现代京剧《红灯记》"项目化学习实践案例，将面向共享调节的项目学习模式引入实际实践过程，围绕项目理解、目标实现、项目评价过程中的调节，实现学习模式从理论走向实践。

#### （一）"走进现代京剧《红灯记》"活动背景

"走进现代京剧《红灯记》"项目化学习，它以沪音版三年级第一学期《音乐》第三单元主题**"爱劳动"**中第一课听赏《穷人的孩子早当家》教学内容为基础，根据学生的实际需求进行学习内容的补充与探究体验，使学生在参与中对现代京剧《红灯记》有全面的了解，感受京剧艺术的魅力，培养学生对京剧的鉴赏能力、审美能力。它既是国家课程内容的有效落实与延展，更是中华优秀传统文化学习的校本化实践，是培养新时代好少年的良好载体。

#### 1. 学生情况分析

我校虽然有浓郁的京剧文化学习氛围，但是三年级学生接触的京剧内容还是非常有限，真正喜欢的学生也不多。他们在一、二年级的音乐学科学习过程中，初步了解了中国的戏曲种类，知道京剧是国粹，是国家级非物质文化遗产，是中华优秀传统文化，中国人的骄傲。同时也在小学音乐教材的《音乐乐园》综合活动中欣赏歌曲《唱脸谱》，感知脸谱的类别。但是对京剧的人物行当、表现手法、唱腔特

点、板式分类等京剧知识还不清楚,特别是舞台表演更是盲区。

## 2. 课程简介

基于学生实际以及音乐学科核心素养的单元设计与评价,本项目以"角色化的情境创设表演"为活动呈现形式,力求激发学生的学习兴趣,引导学生共同参与、探究现代京剧《红灯记》剧目、了解京剧的西皮(原板、流水)唱腔、体验京剧的表演形式,并能和小伙伴一起合作表演。学生在艺术综合性活动探究中,将研究结果以表演的形式展示与呈现出来,从而获得京剧的知识和技能。学生在学习过程中学会人与人之间的沟通和合作方式,建立弘扬与传承中华优秀传统文化的责任意识,提高学生艺术审美能力。

课程内容安排采用讲授与自主探究相结合的形式,具体课程安排如表 10-1 所示。

表 10-1　课程安排

| 课时 | 教 学 目 标 | 时间 |
|---|---|---|
| 第一课时 | 1. 利用网络资源自主探究现代京剧《红灯记》,了解用京剧表现前赴后继、与日寇不屈不挠斗争的英雄故事,感受生生不息的民族精神。<br>2. 能用小报的形式呈现对剧目的理解:剧情、人物、道具等。<br>3. 在小组活动中发表自己的意见,分享、交流、评价探究成果。 | 1 小时 |
| 第二课时 | 1. 欣赏唱段《穷人的孩子早当家》,初步了解现代京剧艺术,激发学习兴趣。<br>2. 了解京剧的板、眼,感知西皮原板唱腔 2/4 拍"有板有眼"唱腔韵律。<br>3. 用聆听、欣赏、听唱、模仿、视唱等方法,学唱《穷人的孩子早当家》。 | 35 分钟 |
| 第三课时 | 1. 正确演唱唱段《都有一颗红亮的心》,感受歌曲欢快的情绪。<br>2. 感知西皮流水 1/4 拍和"有板无眼"唱腔韵律。<br>3. 用聆听、欣赏、听唱、模仿、视唱等方法,学唱《都有一颗红亮的心》。 | 35 分钟 |
| 第四课时 | 1. 积极主动参与团队活动,分享自己的观点,主动承担角色,协同组长完成创编活动。<br>2. 能合理运用"唱、念、做"京剧艺术表现手段进行角色化情境式综合表演。<br>3. 采用组际之间和老师共同评价方式,评出优胜作品。 | 35 分钟 |
| 第五课时 | 各班级优胜小组在学校"京剧小舞台"展演,激发对京剧艺术的热爱之情和自豪感。 | 1 小时 |

## （二）“走进现代京剧《红灯记》”活动设计

本节将详细描述项目教学过程的实际情况以及根据设计进行的项目学习过程的调控。

### 1. 实施过程设计

本项目化学习中利用共享调节工具干预学生的学习过程,通过对原有教学流程的改进,增加了共享调节的部分,并进行实践论证,项目实施流程图如图 10-1 所示,通过不断改进,使课程趋于完善。

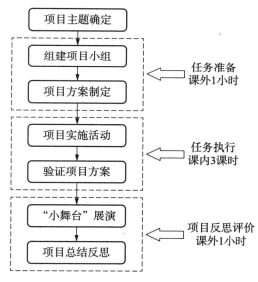

图 10-1　项目实施流程图

本项目学习的周期为一个月,共安排 5 课时,每课时所需要的时间根据学习内容和需要达成相应的教学目标而确定。在共享调节干预项目学习过程理论模式的基础上进行实践探索,通过理论模式的不断改进促进项目学习朝向预期的方向发展。

活动过程中把每个班级的学生分成 6 个学习小组,每个小组设立一位组长。组内每个学生要学习收集信息、分析和组织信息、达成共识、形成作品、展示作品,并在组内和组际之间分享,展示与交流成果,开展自我评价、组内评价、小组之间互评,相互学习。最后教师对各组的项目成果进行评价与总结。第一课时用时 1

小时,明确学习任务,借助网络、录音、录像查阅相关资料,学习和鉴赏现代京剧《红灯记》,以个人探究的形式完成小报制作,每个学生在小组内发表自己的意见,分享与交流。第二课时用时 35 分钟,听赏唱段《穷人的孩子早当家》,初步了解现代京剧艺术,了解唱段人物行当"生",了解京剧的"板""眼",感知、体验"西皮原板"唱腔 2/4 拍唱腔韵律,理解唱词中的育人道理,学习歌曲中小铁梅吃苦耐劳、奋发向上的精神。通过自愿分享的形式,展示交流个人学习成果。第三课时用时 35 分钟,学会正确演唱唱段《都有一颗红亮的心》、模仿京剧念白,感受歌曲欢快的情绪,了解唱段人物行当"旦",感知、体验"西皮流水"1/4 拍和"有板无眼"唱腔韵律,理解唱词中表现主人公李铁梅善于观察、人小志大、天真淳朴的人物性格。并通过自愿分享的形式,展示交流个人学习成果。第四课时用时 35 分钟,每个学生了解活动内容和要求,积极参与小组创编活动,分享自己的观点,主动承担表演角色,共同完成角色化情境综合表演。在这个过程中,学生发现自己和其他成员不同程度的贡献,同时发现每个团队存在的问题,思考、找出可行的解决方法,从而得出项目学习成果最终的优秀团队。第五课时用时 1 小时,利用学校京剧小舞台场地开展各班级优胜小组展演活动,借助网络平台组织家长共同参与评价,激发所有人对京剧艺术的热爱之情和自豪感,激励学生做一个弘扬、传承国粹优秀传统文化的小使者。

### 2. 干预工具

本次项目化学习活动中采用认知群体干预工具、交互支持工具、过程性反思工具对学生协作过程进行指导与干预。

### (1) 认知群体干预工具

项目化学习前期,首先要对学生的学习态度及能力进行调查,有利于项目化学习的有序开展,如表 10-2 所示。我们依据学生的特点对参与学生进行了分组,根据班级人数的不同和学生实际能力特点以 5 至 6 人为基本小组,有组织地围绕项目主题与目标进行学习任务的理解。在该过程中,组成一个团队的学生需要进一步明确任务。由于学生个体认知等的差异,团队中每个成员对于任务都会有自己的理解,整个团队需要通过共享调节达到任务的共同理解。

表 10-2 学生项目学习能力调查表

| 序号 | 调查问题呈现 | | | | 学生选项呈现 (A/B/C/D/E) |
|---|---|---|---|---|---|
| 1 | 你对用项目学习的方式完成本次任务感兴趣吗？ | | | | |
| | A 感兴趣 | B 一般 | C 不感兴趣 | | |
| 2 | 要开始项目学习,此刻你的心情是？ | | | | |
| | A 紧张 | B 自信 | C 失望 | | |
| 3 | 团队完成项目任务过程中发生意见不一致你会？ | | | | |
| | A 坚持己见 | B 听取意见并表达观点 | C 等待别人商量出结果 | | |
| 4 | 你具备哪几项完成该项目的知识储备？（多选） | | | | |
| | A 绘画能力 | B 资料收集能力 | C 自学能力 | D 讲演能力 | E 布展策划能力 |
| 5 | 你认为对项目化学习的最期待的成就是？ | | | | |
| | A 完成作品 | B 小组合作愉快 | C 学到知识 | D 获得学习能力 | |
| 6 | 你能否顺利完成本项目学习？ | | | | |
| | A 很顺利 | B 一般 | C 不确定 | | |
| 7 | 你在合作中希望担任什么角色？ | | | | |
| | A 组长 | B 得力组员 | C 一般组员 | D 观众 | |

## （2）交互支持工具

对于团队整体来说,要科学地组织、协调和控制项目学习的实施过程,就必须进行有效的团队沟通。有效沟通对项目学习的顺利开展和人际关系的改善都有促进作用,因此团队协作时交互的过程也值得关注。根据对京剧文化知识的掌握情况以及对京剧的兴趣等组成合作小组,使每个小组实力基本均衡,团队成员通过合理分工、积极交流,达成学习目标。学生有效交互量化、质化分析表如表 10-3 所示。

表 10-3 学生有效交互量化、质化分析表

| 学生交互指标 | 具体阐述 | 总星级☆☆☆☆☆ | |
|---|---|---|---|
| | | 自评 | 组内评价 |
| 积极性 | 积极搜集资料 | | |
| | 积极参与讨论 | | |
| | 主动参与学习 | | |
| 实效性 | 有效分工和合作 | | |
| | 能围绕主题表达观点 | | |
| | 完成有价值的探究成果 | | |

学生通过对小组有效交互量化、质化分析表填写的结果进行分析,教师能够对他们的调节过程进行更好地监控,通过分析能促使整个小组及时发现不妥,从而做出策略性调整。

（3）过程性反思工具

在项目学习中,需要对项目学习进度进行调控,即对项目学习各阶段的进展程度和项目学习成果最终完成的期限进行管理,其目的是确保项目学习活动按照预先的计划正常开展。项目实施过程中每完成一项学习任务就填写一次团队协作进程反思表,如表10-4所示。小组成员将自己任务的完成情况、团队协作情况及每个成员的贡献值以书面的形式呈现。以此观测组员的学习表现,检查团队实际进度是否按照计划执行,如果出现偏差,则需要及时分析原因,采取必要的补救措施或调整原计划,以确保项目学习顺利开展并按时完成。

表 10-4　协作进程反思表

| 序号 | 协作进程干预项 | A 成员情况描述 | B 成员情况描述 | C 成员… |
|------|----------------|----------------|----------------|---------|
| 1 | 你们合作完成项目时的氛围如何？ | | | |
| 2 | 目前为止你们用到了哪些资源进行学习？ | | | |
| 3 | 你们的学习资源是从哪些地方获得的？ | | | |
| 4 | 目前你们认为完成了项目中的哪些部分？ | | | |
| 5 | 该项目你们认为还有哪些部分未完成？ | | | |
| 6 | 未完成的部分是遇到了什么困难？需要提供什么帮助？ | | | |

### 3. 活动评价设计

（1）过程性评价

项目的过程性评价以学生个人评价、团队成员评价以及小组最后作品展示评价相结合的形式,分别从个人责任、团队责任及社会责任3个维度进行评价,充分体现出京剧项目化学习的社会责任精神内涵。

① 个人责任：学生个人评价

根据学生在整个项目学习过程中的表现，我们从"项目学习兴趣度、搜集与处理信息、疑惑解答、表达交流、同伴合作、责任意识"6个维度，对学生进行评价，如表10-5所示。

表10-5 个人探究任务评价量表

| 评价内容 | 自评星级 | 互评星级 |
|---|---|---|
| 对京剧项目的学习兴趣 | ☆☆☆☆☆ | ☆☆☆☆☆ |
| 搜索、处理信息，自主完成探究任务 | ☆☆☆☆☆ | ☆☆☆☆☆ |
| 积极参与小组讨论，与同伴合作 | ☆☆☆☆☆ | ☆☆☆☆☆ |
| 明确自己在小组中的分工 | ☆☆☆☆☆ | ☆☆☆☆☆ |
| 能主动对自己的作品进行清晰的表述 | ☆☆☆☆☆ | ☆☆☆☆☆ |
| 能对自己的作品进行疑惑解答 | ☆☆☆☆☆ | ☆☆☆☆☆ |

我们会发现学生对于项目学习的兴趣度有了提高，他们能够了解自己在项目学习中所担任的角色，愿意听取同伴的意见并表达、分享自己的观点。能够积极主动参与探究、体验、创编和展示活动，领悟合作在项目学习中的重要性。学生对国粹京剧艺术文化有了进一步的认知，自愿做一个弘扬京剧文化的小使者。

② 团队责任：团队成员评价

责任意识是合作的升华，一个人的力量是渺小的，只有当他融入集体之中，个人的潜力和创造才能得到发展。今天的学生将来不论在哪个岗位，都会加入一个或大或小的团队。有些同学还可能亲自组建一个团队，领导一个团队。无论是作为团队的成员还是团队的领导，团队精神和责任意识都是不可或缺的。在本次"现代京剧《红灯记》"项目化学习中，学生能够主动承担角色表演，勇于将自己和团队的创意转化实践，并创设富有特色的团队综合表演，培养创新表现能力。通过富有创造性的角色化情境式表演，激发自身的艺术潜能和创编能力，培养团队协作精神和创新实践能力，形成弘扬京剧传统艺术的责任意识。

有效的过程性评价有利于增进学生主体意识，还可以促进学生进行知识的建构，有助于教师更全面地把握学生发展的方向。因此，在项目学习任务进行的过程中，小组之间、组员之间进行了互评，如表10-6及表10-7所示，以帮助学生了解在任务进行时自己小组以及自身的不足和优势，能更好地完成最终的任务展示。我们发现学生的合作性有了很大的提高，大部分学生的友好性和可信度较高，是积极合作的表现。但是影响力、贡献度质量，会由于学生之间的听赏、歌唱、表演能力和综合能力的表现力而不一样，个体之间的差异就比较明显。所以想通过小组探究、学习、综合表演活动，在共享调节的影响下，提高学生的合作表现能力。

表10-6　团队责任意识组际评价量表

| 第（　）小组 | | 评价小组：第（　）小组 |
|---|---|---|
| 评价内容 | 自评星级 | 互评星级 |
| 小组组员参与程度高 | ☆☆☆☆☆ | ☆☆☆☆☆ |
| 组员有明确分工 | ☆☆☆☆☆ | ☆☆☆☆☆ |
| 互助互学团队意识强 | ☆☆☆☆☆ | ☆☆☆☆☆ |
| 自主、合作创编氛围好 | ☆☆☆☆☆ | ☆☆☆☆☆ |
| 学习成果展示精彩有特色 | ☆☆☆☆☆ | ☆☆☆☆☆ |
| 总星数 | | |

表10-7　小组合作过程中的组内评价量表

| 第（　）小组　　姓名：　　　学号： | | |
|---|---|---|
| 评价内容 | 自评星级 | 互评星级 |
| 积极收集资料/材料 | ☆☆☆☆☆ | ☆☆☆☆☆ |
| 积极参与小组讨论 | ☆☆☆☆☆ | ☆☆☆☆☆ |
| 明确清晰地表达个人观点 | ☆☆☆☆☆ | ☆☆☆☆☆ |
| 配合组员完成任务 | ☆☆☆☆☆ | ☆☆☆☆☆ |
| 积极参与成果制作 | ☆☆☆☆☆ | ☆☆☆☆☆ |
| 勇于承担角色表演 | ☆☆☆☆☆ | ☆☆☆☆☆ |
| 总星数 | | |

③ **社会责任：项目作品多元主体、多维度评价**

项目学习作品的评价以"京剧小舞台"等各类展演活动为平台，从评价主体、评价维度、评价标准3个方面进行考虑，基本上能客观地、全面地对项目作品进行整体评价。以"同伴评、教师评、家长评"三者的综合评价结果作为项目作品的评价,客观公正。在实施项目作品展示评价时,每个小组都认真地欣赏并且热烈讨论评价细则,充分调动了学生的积极性。同时,学生在学习和表现的过程中逐渐受到艺术的熏陶,感受到传统艺术的独特魅力,在大大小小的舞台上展示着自己的学习成果,激发他们对自己祖国和民族的热爱。这不仅丰富了校园文化,更使学生在各类活动中开拓了眼界,在浓浓的文化氛围中感受传统文化的魅力。评价表如下。

表 10-8  项目学习作品、成果交流展示评价量表

| 评价内容 | 互评星级 | 师评星级 | 家长星级 |
|---|---|---|---|
| 全员参与创编和表演 | ☆☆☆☆☆ | ☆☆☆☆☆ | ☆☆☆☆☆ |
| 角色分工合理,情境创设新意 | ☆☆☆☆☆ | ☆☆☆☆☆ | ☆☆☆☆☆ |
| 人物性格、情绪表达准确 | ☆☆☆☆☆ | ☆☆☆☆☆ | ☆☆☆☆☆ |
| 配合默契、表演生动形象 | ☆☆☆☆☆ | ☆☆☆☆☆ | ☆☆☆☆☆ |
| 喜欢京剧,乐意传承弘扬 | ☆☆☆☆☆ | ☆☆☆☆☆ | ☆☆☆☆☆ |

### (2) 总结性评价

项目的总结阶段,小组进行展示,并针对项目的整个过程以及最终的成果,对自己、对本小组、对其他小组进行客观公正的评价。项目学习结果分两方面进行评价,分别是学生个体评价和项目作品评价。

### ① 学生个体评价

学生在课程的最后填写项目学习能力评价表,分别从个人层面和小组层面对自己在学习中的状态有一个判断,先通过组内口头式的自评与组内互评的方式对学习过程进行回顾,从合作认知方面和情感动机方面进行评价,如表 10-9 所示。接着通过问卷星的形式,以 1 星至 5 星的不等的星数累计,获得最终个人评价。

表 10-9  学生项目学习能力评价表

| 评价维度 | | 评价指标 | 问题自述 |
|---|---|---|---|
| 认知方面 | 个人层面 | (1) 目前为止你已经掌握了完成项目学习相关的知识技能。<br>(2) 你能清楚地描述自己在项目学习过程中承担的角色。<br>(3) 你在团队完成项目目标的过程中参与度怎么样。 | |

| 评价维度 | | 评价指标 | 问题自述 |
|---|---|---|---|
| 情感动机方面 | 团队层面 | (1) 你们团队成员都掌握了完成项目学习相关的知识技能。<br>(2) 你能说出团队各成员彼此的优缺点、擅长的领域。<br>(3) 你能和团队成员一起共同理解项目目标,并完成项目目标。 | |
| | 个人层面 | (1) 你愿意积极参加项目协作。<br>(2) 你在参与项目学习时的情绪状态如何。<br>(3) 当与其他成员发生分歧时你愿意听取别人的建议或批评。<br>(4) 为了项目目标的达成你愿意分享自己的知识和经验。 | |
| | 团队层面 | (1) 你能帮助团队保持积极主动的合作氛围。<br>(2) 团队成员在合作过程中遇到问题,你能够积极想办法。<br>(3) 你能和其他团队成员之间保持高度的默契。<br>(4) 为了实现目标,你和其他成员都有克服困难的信心和勇气。 | |
| 学生评价<br>(A/B/C/D) | | 自评:　　　　组内互评: | 最终得分: |

## ② 项目作品评价

项目作品的评价采用多维度评价和多元主体评价相结合的方式,以素材合理性、技术性、艺术性和作品的整体性四个维度设计二级评价指标,共设计 10 个二级评价指标,每个指标的评价分值为 1 星到 5 星之间。其次,采用多元主体对项目作品的各维度进行评价,取"自评、组际互评、教师评"三者的总分作为作品整体的得分。项目作品评价量表如表 10‑10 所示。

表 10‑10　项目作品评价量表

| 评价维度 | 评价的标准 | 自评星级 | 组际评星级 | 教师评星级 |
|---|---|---|---|---|
| 素材合理性 | 尊重原剧目 | ☆☆☆☆☆ | ☆☆☆☆☆ | ☆☆☆☆☆ |
| | 创编有新意 | ☆☆☆☆☆ | ☆☆☆☆☆ | ☆☆☆☆☆ |
| 技术性 | 人物个性鲜明 | ☆☆☆☆☆ | ☆☆☆☆☆ | ☆☆☆☆☆ |
| | 演唱声情并茂 | ☆☆☆☆☆ | ☆☆☆☆☆ | ☆☆☆☆☆ |
| | 动作规范流畅 | ☆☆☆☆☆ | ☆☆☆☆☆ | ☆☆☆☆☆ |
| 艺术性 | 情感表达准确 | ☆☆☆☆☆ | ☆☆☆☆☆ | ☆☆☆☆☆ |
| | 表现手法多样 | ☆☆☆☆☆ | ☆☆☆☆☆ | ☆☆☆☆☆ |

| 评价维度 | 评价的标准 | 自评星级 | 组际评星级 | 教师评星级 |
|---|---|---|---|---|
| 作品的整体性 | 主题鲜明突出 | ☆☆☆☆☆ | ☆☆☆☆☆ | ☆☆☆☆☆ |
| | 表演生动形象 | ☆☆☆☆☆ | ☆☆☆☆☆ | ☆☆☆☆☆ |
| | 全体配合默契 | ☆☆☆☆☆ | ☆☆☆☆☆ | ☆☆☆☆☆ |
| 整体评价<br>（达到热爱、弘扬京剧文化目的） | | | | |

相比以往只注重结果的评价,本项目设计的学生评价、过程性评价与多元主体、多维度项目学习成果评价相结合的方式,体现了面向共享调节的音乐学科京剧文化项目学习模式更加重视项目学习过程中学生集体意识、合作意识、责任意识的养成,以及学生认知能力、问题解决能力、鉴赏能力、审美能力、创新表现能力等一系列核心能力的培养。由此可见,本研究的评价设计是比较客观、公正、符合学科课程标准要求的,基本上能客观地、全面地对项目作品进行整体评价。

（三）"走进现代京剧《红灯记》"活动实施

在前面的项目设计阶段,我们通过共享调节对项目学习过程干预、调节支架对项目评价进行了设计,初步得到了比较完整的项目学习改进措施。接着笔者在三年级8班进行案例实践研究,根据设计好的项目学习理论干预过程,进行项目学习实践落地。

【案例一】探究现代京剧《红灯记》

（1）案例设计

在本课时中,学生明确学习主题和学习任务与标准,通过现代京剧《红灯记》的自主探究,学生根据自己的理解,完成探究小报。接着以6人一组,以团队的形式对探究小报进行更深一步的讨论,进一步明确剧目内容及表达的情感。团队成员对探究小报的内容形成统一的认识。

（2）评价反馈

笔者根据设计好的项目评价量表,从学生个人责任的维度出发,了解项目学习的动机、情感、认知等信息，以及学习过程中存在的问题。让学生将自评和同伴互评的结果与大家共享，缩小团队成员该项目学习的差异，以期达成共识，确定努力的方向。

**【案例二】学唱唱段《都有一颗红亮的心》**

**（1）案例设计**

本课时一开始，学生在教师的引导下，通过聆听、学唱、模仿等多元化的学习活动，学会正确演唱唱段《都有一颗红亮的心》、模仿京剧念白，感受歌曲欢快的情绪，了解唱段人物行当"旦"，感知、体验"西皮流水"1/4拍和"有板无眼"唱腔韵律，理解唱词中表现主人公李铁梅善于观察、人小志大、天真淳朴的人物性格。学会在演唱唱段的基础上，与同组同伴一起讨论。并通过自愿分享的形式，展示交流个人学习成果，通过完成星级评价量表，提高小组活动的有效性。

任务执行主要分为：听赏唱段——学唱唱段——角色化情境表演。

听赏唱段：在听赏活动中学生5人一小组，共分成8个小组，在学习过程中要了解行当、唱腔、造型特征、特定的道具等，还需要能跟着音乐模唱和模仿表演动作。教师利用欣赏教学策略，运用多媒体资源和教师示范，引导学生感受京剧西皮原板唱腔，认知2/4拍和京剧的"板"和"眼"，采用小组相互评价方式。了解自身的缺点和改进的方向，达成任务。

学唱唱段：教师利用歌唱教学策略，运用多媒体资源和教师示范，引导学生感受京剧西皮流水唱腔，认知1/4拍和京剧有"板"无"眼"，采用小组相互评价方式。了解自身的缺点和改进的方向，达成任务。

角色化情境表演：每个人了解活动内容和要求，积极参与小组创编活动，分享自己的观点，主动承担表演角色，共同完成角色化情境综合表演，用多元主体评价和作品多维度评价相结合的方式进行项目学习成果的星级评定。在这个过程中，学生发现自己和其他成员不同程度的贡献值，同时发现每个团队存在的问题，思考、找出可行的解决方法，从而成为项目学习成果最终的优秀团队。

**（2）评价反馈**

本环节中的评价反馈以小组间互评和组内自评、互动为主，运用评价量

表 10-6 和表 10-7,通过评价反馈发现学习过程中存在的问题,在后续的学习过程中,让一些已经掌握得较好的同学来做"小老师",一对一地去教其他同学。在反复的练习中,学生掌握得越来越好。在学生互助、互动的过程中,老师逐步将互相配合、帮助他人的理念在潜移默化中传递给课堂上的同学们,这有利于学生互助意识的培养。此时此刻课堂熏陶,彼时彼刻社会助人。

**【案例三】"京剧小舞台"展演**

**(1)案例设计**

在完成前两个学习任务后,以小组为单位开展团队学习活动。利用学校"京剧小舞台"场地开展各班级优胜小组展演活动,借助网络平台组织家长共同参与评价,激发所有人对京剧艺术的热爱之情和自豪感,激励学生做一个弘扬、传承国粹优秀传统文化的小使者。在活动中充分发挥每一个组员的个性和能力,进行创编全员参与的角色化情境综合表演活动。

**(2)评价反馈**

本环节通过捆绑式小组合作"展示+评价"的形式,评出优胜团队和优秀作品,完成评价量表 10-8。从量表呈现结果来看,此项活动能做到人人参加表演,主动扮演角色人物,乐意传承京剧文化,学生的创新能力、团队合作能力、艺术表现能力等整体有提高,同时也获得自信与成功,为继续传承、发扬京剧传统文化艺术夯实了基础。

**(四)"走进现代京剧《红灯记》"活动总结与反思**

高质量的项目化学习,被认为是素养时代最为重要的一种学习方式,它指向学习的本质。本次项目化学习过程,是把学科"知识为本"的教学转变为"核心素养为本"的学生自主探究,在亲历学习的过程中,学生的责任意识得到培养,学科素养得到提升,对中华优秀传统文化的热爱之情得到升华。

**1. 合作学习中培养责任意识**

五课时的项目化学习,以学生为学习主体,以团队为学习单位,学生借助课内、课外的时间,亲历项目的生成与选择、表达与展示、评价与反思。学生在完整的学习过程中完成项目学习的相关活动,形成阶段性成果和终极性成果。在"现代京剧《红灯记》"项目化学习中,学生通过自我表达传递和分享自我独特的观点,引起大家的共鸣,提升自我表达的能力。通过有挑战性的系列活动,学生掌握了特定的知识与技能,依托与人沟通、团队协作、问题解决,最终达成自己和小组的学习目标。学生自身的艺术潜能和创编能力得到激发,团队协作精神和创新实践能力得以培养,传承与弘扬京剧传统艺术的责任意识进一步增强。

### 2. 活动体验中拓宽育人方式

京剧蕴含着深厚的文化底蕴,积淀着源远流长的优秀传统文化。现代京剧中的《红灯记》就是一部歌颂中国人民不屈不挠与日寇抗争的红色经典剧目,尤其是"小铁梅"的形象引起了全体学生的情感共鸣。在项目化学习的研究和实施过程中,我们从剧目中包含的戏剧矛盾冲突、京剧人物内涵、京剧唱词意涵,以及京剧布景配乐、唱念做打等,全方位地挖掘其中隐藏的能陶冶精神和感染审美的德育因素,采用"以小见大""沉浸感悟"的方式,让作品的精气神明朗化,释放其道德力量,对学生进行正确价值观的引导,将"爱国"的种子深深植入他们的内心,真正起到了"京韵润童心"的美育效果。

### 3. 项目推进中提升师生素养

项目化学习使全体音乐教师聚焦各年级教材,以单元教学设计的形式对学科教材内容进行重组,寻找适合学生京剧文化学习的切入点,梳理课程标准中涉及的关键概念、核心素养。在一次次的头脑风暴与思维碰撞中,与学生的真实问题有效结合,从而使学习目标向创造性转变。通过项目推进中学生学习的过程性调控,引导学生的学习方式向科学性转变。如:本项目的评价采用过程性评价与总结性评价相结合的方式,教师制定细化的评分规则,采用1至5"☆"的计分方式,依据学生的学习记录、学习作品、思维导图等项目的展开过程进行评价,对表现突出的小组进行表扬,起到规范和引领作用。学生由于自我探究的意愿得到满足而积极性空前高涨,主动投入对经典剧目的全方位探究中,他们除了学习京剧表演程式动作、唱、念、做、打,还加入了更多自己的思考与理解,结合自身的音乐知识能力,以小组形式乐此不疲地有序开展活动。学生根据自我评价表、小组评价表、组际评价表以及教师的点评指导不断完善自己的想法与表现,获得成功的体验。整个过程,他们对作品的理解能力与审美情趣日渐提高,创意表达更能体现和谐美、灵动美以及内涵美。

**反思**:在项目学习过程中,由于学生已有的学科知识和对京剧的认知程度不同,在最后角色化情境综合表演的创编活动中存在一些问题,还需要教师的及时干预,引导学生科学选择剧情中的素材,促进团队成员之间共享信息。其次,评价是项目化学习最难的部分,还需要进一步完善。

**结语**:项目化学习,是培育新时代中国学生良好素养的有利载体与途径,它对教师综合能力是一种考验。只要我们走进学生的世界,为他们创设真实、合理的学习情境,用智慧为他们打开探秘之门,给予他们思维驰骋的空间,科学合理地指导与调控探秘的脚步与方法,定能收获学生主动发展、快乐成长的惊喜。相信这种学习方式一定能成为学科教育教学"新常态"。

## 二、"京·彩——水墨人物"项目化学习活动

结合校园京剧文化,创设"京·彩——水墨人物"项目化学习活动,围绕用传统笔墨知识技能创作传统京剧人物形象的有关知识,通过提出问题、建立联系、小组研究、主题创作及展示等阶段的学习,培养学生对知识技能的理解与运用、迁移和再创造的能力以及学生间团结互助的良好品质。

### (一)"京·彩——水墨人物"活动背景

中国画是我国传统艺术中的瑰宝,反映了中华民族的社会意识和审美情趣,集中体现了中国人对自然、文艺的理解与热爱。本项目是沪教版美术五年级第四单元"彩墨人物"中"彩墨戏剧人物"这一课堂教学的延伸,以国粹京剧传统文化中的京剧人物为研究对象,在表现彩墨戏剧人物的基础上,通过校本化实践探究学习,综合运用水墨技法,表现京剧水墨人物。"彩墨人物"单元内容属于"造型表现"模块,"绘画"主题,"绘画基础"中的"水墨表现"学习内容,教师应引导学生综合运用笔墨技能,结合勾勒、没骨画法等笔墨技法,运用浓、淡墨与彩墨结合的方式表现彩墨戏剧人物形象和表现写生人物。

五年级学生在"彩墨人物"单元学习后,形成了运用笔墨,以及勾勒、没骨画法

表现彩墨人物形象的基本能力。学生在浓郁的京剧文化校园中生活,情不自禁地提出了核心问题:如何运用笔墨技法表现京剧人物? 在学生强烈的探究兴趣中,选定了项目化主题:京·彩——水墨人物。

国家课程美术学科上海教育出版社小学五年级下册《彩墨人物》单元内容,其课程框架如图10-2所示。

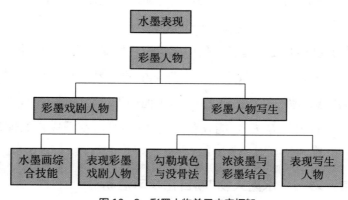

图 10-2　彩墨人物单元内容框架

### (二)"京·彩——水墨人物"活动设计

#### 1. 设计意图

核心素养下的美术教育着眼于学生实践能力和思维的培养,水墨表现是美术绘画基础的重要组成部分,水墨画传承了中国传统文化,学生学习水墨技法的同时激发了创造潜能,培育了创造性思维。通过水墨画的学习,学生能初步学会使用中国画工具和材料进行绘画表现,感受中国画中干、湿、浓、淡的笔墨韵味,感受作品中笔墨变化所产生的画面效果。

学生在已有的表现彩墨人物形象的学习经验基础上,能够联系学校京剧特色提出问题,以学生提出的核心问题为驱动,引发拓展探究学习欲望。选择和利用各种京剧资源,以小组探究的形式,在实践中探索彩墨结合表现人物的方法,获得创作京剧彩墨人物的知识和技能。本研究旨在通过探究京剧人物的动作造型、色彩、服装等要素,使学生了解水墨人物画造型表现方法和不同的构图及表现形式,学习综合运用笔墨技法创作京剧水墨人物形象。对笔墨知识再建构,极大地激发学生学习京剧水墨人物这一传统艺术的热情,培养了学生的人文情怀、审美能力、创造兴趣、实践能力等素养,转化为学生持续探究水墨学习实践的动力。

**2. 学生情况分析**

本案例研究对象是小学五年级学生,该阶段学生学习能力伴随着生理的发育和心理素质的完善逐步发展起来,学习的自觉性、组织纪律性有所增强,开始从被动的学习主体向主动的学习主体转变,有一定的思维与表达能力。同时该阶段学生在之前的国画学习中,已经掌握了一定的彩墨画的技法和造型表达形式,对国画工具使用较熟练,在运笔、用墨、设色上都有所接触。所以本项目学习对于研究对象而言具备一定的基础。

**3. 具体实施设计**

**(1)实施过程设计**

本研究所涉及到的内容是京剧水墨人物画。通过实践研究及教学分析,了解学生学习进程,调节项目实施过程。在项目实施过程中,依据学生作品的呈现质量和评价反馈,不断调整教学流程及进度,从而完善课程模型。项目实施流程如图 10 - 3 所示。

图10-3 项目实施流程图

本项目学习周期为一个月,课内 4 课时另加课外 4 小时。在设计项目的过程中,通过对课程内容及学情的再分析,实践中对学生学习过程的反馈,不断改进项目学习的教学模式,从而促进项目学习朝着预期的方向发展。

师生在项目设计和实施中共同起到调节作用,相辅相成。教师项目设计和学生项目学习的过程如图 10 - 4 所示。

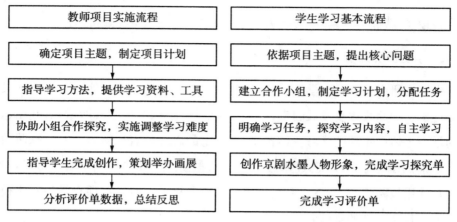

| 教师项目实施流程 | 学生学习基本流程 |
|---|---|
| 确定项目主题，制定项目计划 | 依据项目主题，提出核心问题 |
| 指导学习方法，提供学习资料、工具 | 建立合作小组，制定学习计划，分配任务 |
| 协助小组合作探究，实施调整学习难度 | 明确学习任务，探究学习内容，自主学习 |
| 指导学生完成创作，策划举办画展 | 创作京剧水墨人物形象，完成学习探究单 |
| 分析评价单数据，总结反思 | 完成学习评价单 |

图 10-4　项目设计/学生项目学习过程图

**（2）干预工具**

本次项目化学习活动中采用认知群体干预工具、交互支持工具、过程性反思工具对学生协作过程进行指导与干预。

**① 认知群体干预工具**

项目化学习前期，为优化学生对项目化合作学习的态度及能力，依据学生的特点对参与学生进行了分组安排，根据班级人数的不同和学生实际能力特点以5至6人为基本小组，有组织地围绕项目主题与目标进行学习任务的理解。在该过程中，组成一个团队的学生需要将任务进行进一步明确。由于学生个体认知等的差异，团队中每个成员对于任务都会有自己的理解，整个团队需要通过共享调节达到任务的共同理解。

**② 交互支持工具**

对于团队整体来说，要科学地组织、协调和控制项目学习的实施过程，就必须进行有效的团队沟通，有效沟通对项目学习的顺利开展和人际关系的改善都有促进作用，因此团队协作时交互的过程也值得关注。学生根据一定的规则组成团队：各学生处于中等熟悉程度，每个团队实力基本均衡，团队成员通过合理分工、积极交流，达成学习目标。

表 10-11　学生有效交互量化、质化分析表

| 学生交互指标 | 具体阐述 | 总星级☆☆☆☆☆ | |
| --- | --- | --- | --- |
| | | 自评 | 组内评价 |
| 积极性 | 积极搜集资料 | | |
| | 积极参与讨论 | | |
| | 主动参与学习 | | |
| 实效性 | 有效分工和合作 | | |
| | 能围绕主题表达观点 | | |
| | 完成有价值的探究成果 | | |

学生通过对本团队有效交互量化、质化分析表填写的结果进行分析,能够对他们的调节过程进行更好的监控,通过分析能促使整个团队及时发现不妥,从而做出策略性调整。

③ 过程性反思工具

在项目学习活动过程中,充分利用过程性反思工具对项目学习进度进行实时调控。团队在项目实施阶段遇到很多挑战,通过认知、情感、动机方面的共享调节,使他们突破技术屏障,互相帮助,齐心协力想出解决方案。在项目实施过程中每周填写一次团队协作进程反思表,如表 10-4 所示,团队内的成员依次完成项目进度反思,最后进行整体分析。团队成员将自己任务的完成情况、团队协作情况及每个成员的贡献值以书面的形式呈现,促进团队发现存在的问题,能促使整个团队及时做出策略性调整;学生评估自身的项目参与度及贡献值,并进行分享,使各成员对自己和团队有更加清晰的认识,从而使学生再次明晰任务并调整自己的行为策略。

**4. 评价设计**

学生在本次项目化学习中充分体现了社会责任精神,从个人责任、团队责任、社会责任三方面进行评价。

**(1) 个人责任**

每位学生在项目化学习中承担着角色担当的作用,明确参与项目化活动的个

人责任和任务。通过项目化学习活动,个人能力得以发展和提升,个人探究成果得到认可。

学生能够积极欣赏京剧影视作品及京剧水墨人物画作品,了解京剧水墨人物画的文化内涵,在心中树立起要传承中国传统文化的责任意识。学生能够积极了解项目化学习的内容、方式和要求,善于思考并提出问题,形成探究水墨知识技能的意识。学生根据自己的喜好选取京剧曲目,能够融入集体,以探究小组的形式参与探究活动,积极参与小组合作,完成设定探究计划,明确个人在小组中的职责与探究任务。在小组合作探究中,个人积极完成探究任务,善于倾听和分享,能够吸纳和包容小组组员间的意见和想法,有良好的互动交流,能够正确传达和表达个人观点。完成"个人责任"评价单,如表 10 - 12 所示。

表 10 - 12 "个人责任"评价单

| 评 价 维 度 | 自评 | 组内评价 |
|---|---|---|
| 有主动探究京剧传统文化的责任和意识 | ☆☆☆☆☆ | ☆☆☆☆☆ |
| 能够选取京剧曲目进行探究,有角色担当 | ☆☆☆☆☆ | ☆☆☆☆☆ |
| 能够积极参与小组探究活动,了解京剧水墨人物画的文化内涵 | ☆☆☆☆☆ | ☆☆☆☆☆ |

### （2）团队责任

在项目化学习活动中,各项目化小组团队合作意识强烈,能够有效分工与协作,进行良好的沟通与交流,积极合作完成项目化活动,形成有价值的探究成果。

各小组分工明确,合作探究"京·彩——水墨人物"学习单中的内容,完成小组京剧曲目的介绍,展示交流探究小报、电子小报、PPT 等阶段性学习成果。各小组在交流与合作中寻找合适的探究方法,探究京剧曲目人物造型特点及水墨大师的绘画表现方法,积极完成并展示小组创作小稿。小组探究交流笔墨运用与绘画表现形式,积极参与创作,完成小组水墨作品。各小组用不同的形式进行作品展示,分享团队探究成果,完成团队责任评价单,如表 10 - 13 所示。

表 10-13 "团队责任"评价单

| 评价维度 | 小组自评 | 小组互评 | 师评 |
|---|---|---|---|
| 小组有效协作,探究京剧人物造型特点 | ☆☆☆☆☆ | ☆☆☆☆☆ | ☆☆☆☆☆ |
| 小组探究交流京剧人物的笔墨运用与绘画表现形式 | ☆☆☆☆☆ | ☆☆☆☆☆ | ☆☆☆☆☆ |
| 小组京剧水墨人物作品精美、有创意 | ☆☆☆☆☆ | ☆☆☆☆☆ | ☆☆☆☆☆ |

### (3) 社会责任

学生有文化传承的社会责任和意识,能够以个人或小组的形式弘扬传统文化,使更多的人了解京剧,学习京剧水墨人物技能。

在校园内,各小组能围绕校园艺术节进行策展布展,在学校的展示区创设"京·彩——水墨人物画展"。各小组撰写介绍词,邀请全校师生参观,小组指派解说员参与解说介绍,在欣赏与评价中积极分享京剧水墨人物的绘画方法以及创作心得。

在校园外,学生能以个人或小组的形式参与社区等多途径的展览与宣传,能够介绍京剧人物相关知识,善于分享京剧水墨人物创作方法,使越来越多的人能欣赏和了解京剧传统文化艺术。完成社会责任评价单,如表 10-14 所示。

表 10-14 社会责任评价单

| 评价维度 | 小组自评 | 小组互评 | 师评 |
|---|---|---|---|
| 乐于展示与交流京剧水墨人物作品 | ☆☆☆☆☆ | ☆☆☆☆☆ | ☆☆☆☆☆ |
| 善于分享京剧水墨人物创作方法 | ☆☆☆☆☆ | ☆☆☆☆☆ | ☆☆☆☆☆ |
| 能够介绍京剧人物的相关知识 | ☆☆☆☆☆ | ☆☆☆☆☆ | ☆☆☆☆☆ |
| 能传播京剧传统文化艺术 | ☆☆☆☆☆ | ☆☆☆☆☆ | ☆☆☆☆☆ |

### (三)"京·彩——水墨人物"活动实施

本次项目化学习共有 4 个阶段,分四周完成,分别由课上和课下两个时间段完成相应的项目化活动。

### 1. 任务准备

根据设计好的"学生项目学习能力调查表",从学生了解自我的维度出发,通过 6 个问题了解学生对完成该项目学习的动机、情感、认知等信息,并让学生将自己填表的结果在小组内共享,缩小团队成员对该项目学习的差异,以期达成共识,团队成员一起总结出团队的未知知识,确定努力的方向。分析结果如下。

（1）学生项目学习动机分析

从图 10 - 5 中分析得出 64％的同学对于项目学习充满兴趣,而 58％的学生很有信心完成此次项目化学习。从数据分析上看,大部分学生对项目化学习充满期待,但是有部分学生对于顺利完成的信心并不高,因此需要从提高学生的内驱力入手,通过干预,让学生在学习过程中感受项目本身存在的价值和魅力。

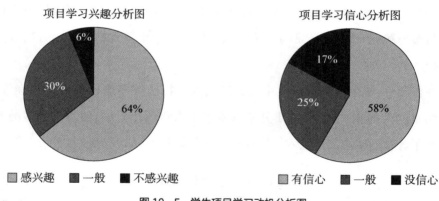

**图 10 - 5　学生项目学习动机分析图**

（2）学生项目认知分析

本次项目化学习需要学生有一定的水墨画基础,从图 10 - 6 中数据分析可以看出,A 班的学生比 B 班的学生绘画能力及布展能力稍强一些,说明 A 班学生有良好的绘画基础。而 B 班的学生在资料收集、自学能力及讲演能力上比 A 班更为自信,展现了很好的自主探究能力。因此在学习过程中,教师可以有针对性地对两个班级进行辅导,调整辅导策略等,帮助学生了解团队中所需要补充的知识,以及知道如何获得这些知识,增强学生的信心是课程项目开始时必须解决的。

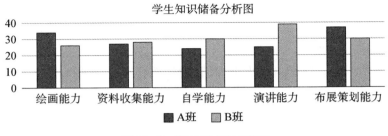

图 10-6　学生知识储备分析图

## 2. 项目执行

### （1）入项活动

课内，确定项目主题。通过对部分京剧影视作品及京剧水墨人物画作的展示，让学生认识到京剧水墨人物画的文化内涵，树立传承中国传统文化的责任意识；初步了解项目化学习的内容、方式和要求，对本课项目化学习提出问题，明确本课所要掌握的知识技能，形成探究意识；学生根据自己的喜好选取京剧曲目，将学生根据不同的京剧曲目进行分组，形成探究小组；学生依据了解的内容以及要掌握的知识技能，设定探究计划，分工和细化组员工作。

课下完成学习单。教师发放学习资料，学生在课下观看学习资料，合作探究"京·彩——水墨人物"学习单中的内容，并完成本组京剧曲目的介绍，展示阶段性学习成果。展示形式有：探究小报、电子小报、PPT 等，叙说创作思路。学生在这一过程中逐渐感受项目化学习的方式方法，在交流与合作中寻找合适的探究方法，从而建构知识体系，达成最终目标。

### （2）知识学习与能力建构

课内分享交流。各小组分别依据京剧曲目进行成果分享，内容包括：介绍本组京剧曲目及曲目中的人物造型特点；展示水墨大师的绘画表现；叙说组内的创作想法；以及展示小组的创作小稿，各组之间进行欣赏及互评。

头脑风暴，引入驱动性问题：京剧人物有其鲜明的造型特点，如何运用中国画中的笔墨技法表现京剧人物，突显人物性格特征。小组讨论，绘画元素有很多，包括人物性格、行当、动态特征、服饰、色彩、墨色、技法、构图等。头脑风暴需要学生畅所欲言,学生间倾听和分享,教师、学生、生生间要达成良好的互动交流,个体之间要有吸纳和包容他人意见和想法的能力,也需要有正确传达和表达自己观点的能力。

课下探究学习。教师引导小组查阅资料,根据所提出的问题,学生需要在网上进行检索,有针对性地查阅图片及文字资料,并交流讨论,商量创作形式。这一阶段最核心的内容是让学生建立知识间的联系,让学生获得解决当前问题的必要知识与技能,并在教师的帮助下对有关联性的问题逐一探究、理解与尝试,最后将知识与技能融会贯通,形成能力的建构,完成项目学习。

（3）小组探索与形成成果

课内学习与创作。教师播放示范微课,让学生了解笔墨运用,对学生绘制的小稿提出部分修改意见。组织学生交流绘画表现形式,提供不同材料,同时根据小组探究学习的内容,对小稿进行最后创作。组内展示自己的作品并交流方法,然后评选小组内优秀作品,让其交流自己的绘画方法以及创作心得,让组内学生相互学习。教师引导学生可以用不同的形式进行展示,比如可以形成画册或者故事连环画,也可以在宣纸上画好之后裱在纸盒或者水瓶上,也可以将作品剪在一张纸上进行展示。

课外修订与评价。学生根据要求修订成果,小组商讨,确定较为新颖的展示形式。小组内同学根据量规对作品进行自评、互评,完成评价量表。在此过程中基于量规进行评价,开展探究性实践活动。根据成果量规对自己的作品进行自评,同时也能分析他人作品,表达自己的观点。

（4）成果展示

课内展示。各小组分组进行展示,并交流创作心得,完成最后的评价单。同时以班级为单位进行策展,围绕校园艺术节,创设"京·彩——水墨人物画展",设计在学校的展示区进行布展。

课下布展。小组学生共同布置"京·彩——水墨人物绘画展",分小组对每个展区进行布展。教师指导学生对作品进行陈列,并指派一名解说员参与解说介绍。请学校其他年级的学生过来参观,并给每一个参观的学生一个评价星星,参观时可以对每组作品进行投票。最终由专家、学生和教师对小组的学习成果进行评价。此外,以小组为单位将作品安排在社区进行展示与交流,宣传国粹文化,在过程中考查学生的审美性实践和社会性实践能力。

布展、评价等都是对学生综合实践能力的考察。对于作品的展示方式是否独到,能否吸引人眼球,学生参与解说和评价时能否很好地运用成果量表,表达见解是否有说服力等都是一种挑战。

### 3. 案例评价

项目的反思评价是以学生个人评价、项目学习团体任务准备、任务执行阶段的过程性评价以及团体项目作品最终评价相结合的形式。美术学科项目化学习的特殊性,以合作学习能力、创新能力、创造视觉形象能力 3 个维度展开评价,比重为 3∶3∶4,最终以作品表现为主,是对学生表现性评价的考察。

### (1) 学生自评

在每次活动中,通过课堂观察和行为表现,结合评价工具,学生对于项目化学习的积极性与兴趣度都有明显的增高,也更有信心完成项目化合作,在项目化学习中能更加清晰自己的角色,并能够积极参与合作学习,通过完成项目学习,掌握基本学习技能。项目结束后,对学生项目学习动态分析,从兴趣、能力、参与度等方面进行了比较,结果如图 10-7 所示。

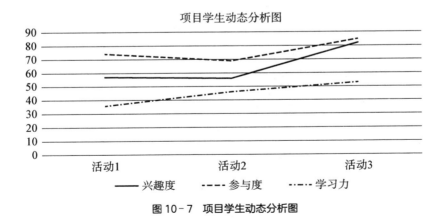

图 10-7 项目学生动态分析图

（2）学生互评

采用问卷星形式完成自评与互评,运用评价工具实施前置性评价以及课后终结性评价,前置性评价帮助教师了解学生的认知基础,以便制定恰当的教学目标,课后评价则是检测学生的学习成效,起到学习单电子化的作用。

学生领悟到了项目学习中合作的重要性,更愿意听取同伴的意见并表达、分享自己的观点。在评价小组互评环节,对同伴的作品进行赞赏,同时也增强了学生之间的互动表现。

（四）"京·彩——水墨人物"活动总结与反思

随着小学美术课程的不断创新,采用"项目化教学"的方法来开展教学活动的情况越来越普遍。这在一定程度上,转变了当前美术课堂的教学模式,更强调以学生的主动学习为主,使学生投入于问题中。项目化学习强调把学习设置到复杂的、有意义的问题情景中,通过学生的合作来解决真正的问题,从而学习隐含在问题背后的科学知识,形成解决问题的技能和自主学习的能力。但在实际项目化教学中,如何合理地设计问题情境,增进学生对知识点的理解,提高学生的学习动力和美术水平,是教师在实践中遇到的问题。通过对案例的研究与跟进,就项目化教学中遇到的问题进行以下总结与反思。

**1. 课堂教学方式的改变**

新型教学方式和教学理念在实际教学工作中运用于课堂,改变了教师的教学方法以及学生的学习方法。通过本次项目化学习,大家认识到:教师既是教育者,也是学生。只有不断地学习教育的方式,才能不断地发展教育的未来。"京·彩——水墨人物"项目实施过程中强调任务的真实性,鼓励自主探究,激发和支持学生的高水平思维,鼓励争论,鼓励对学习内容和过程的反思等。

项目化学习,要求学生在学习上有一定的自主性,让学生实质性地参与教学过程。但是学生的自主性要在教师的引导和控制中,而不是给学生充分的自主权,让学生无序、盲目行动。学生的知识储量、学习能力、生活阅历的局限,需要借助教师的引领、参与、调度。那么教师应该如何做呢? 一是教师必须精心组织,根据教材和学生的实际情况,确定教学的任务、目标和重点,使学生有的放矢地学习;二是教师在课堂上要善于引导,恰当控制节奏,使学生在课堂上科学有序地进行学习;三是教师要选用有效的教学方法,激发诱导学生的学习兴趣,取得事半功倍的效果;四是要不断地启发学生深入思考,解答学生提出的各种疑难,培养学生的思维能力和创新意识。

**2. 学生综合素养的培养**

第一,学生团队协作能力的提升。"京·彩——水墨人物"项目化学习鼓励学生自主探究、小组合作,发挥团队协作精神,充分挖掘集体智慧。在小组合作探究与学习中,各小组间合理分工,有效协作,小组合作意识得以培养。组内成员在交流、分享、聆听、展示、探究成果的过程中,乐于分享经验和建议,在学生自评、互评与教师评价中总结经验,勇于反思不足,使学生学会分享、合作和尊重他人。各小组策划举办画展,群策群力,充分发挥合作精神,充分挖掘并表现集体智慧与能力,展示有创意且形式丰富的作品,分享交流优秀经验和建议,各小组间的团队协作和创意表现美术作品等能力进一步提升。

第二,学生美术素养的提升。"京·彩——水墨人物"项目化学习中关注学科德育渗透,提升美术素养。学生根据兴趣选择京剧曲目内容和展示形式,通过对课程内容的自主学习和实践探究,了解京剧人物特点及动态特征,综合运用笔墨技法表现并创作水墨人物形象;通过欣赏感受京剧水墨人物的表现形式和艺术效果,提高识别与解读图像的能力和审美判断能力,激发对传统艺术的创造兴趣和创造欲望,提升理解文化多样性的能力和创新能力;通过欣赏京剧人物传统民族艺术作品,感受京剧人物造型和水墨特点,借助了解中外艺术观念及手法的不同,学习艺术家勇于创新的精神,体验多元文化的特点,产生对民间艺术的热爱之情。学生运用笔墨等美术语言,选择恰当的工具材料和表现技法创作京剧水墨人物形象,表达自己对京剧人物角色、要素、特点、水墨表现方法的独特理解与感受,增强热爱生活、美化生活的情感,立志躬行,做优秀传统文化的守护者与传承者。

第三,学生自主学习能力的提升。项目化学习强调以学生的主动学习为主、以问题解决为中心、多种学习途径相整合,强调综合性交流合作的作用等,发展有效的问题解决技能,发展自主学习和终生学习的技能。项目化学习强调把学习设置到复杂的、有意义的问题情景中,通过学生的合作来解决真正的问题,从而学习隐含在问题背后的相关知识,形成解决问题的技能和自主学习的能力,为后续的自主学习和发展奠定扎实的基础,提供坚实的保障。

"亲历体验、项目实践"是落实艺术核心素养的重要途径。在"京·彩——水墨人物"文化项目的实施过程中,学生学习的趣味性、主动性更强了,达成了认知领域、情感领域以及技能领域的深度学习,掌握核心知识的同时建构属于自己的知识体系,并达到了学以致用的效果。开展项目化学习需要教师具有较高的专业素养,运用更多的教育智慧,如:实施过程中对学生的学习情况及时跟踪并及时、灵活调整等。美术学科将继续在其他版块开展实践研究,实现师生综合素养的共同提升。

## 第三节 "经典咏流传,京韵滋涵养"活动总结

依据学校的京剧文化特色,满足不同学生的发展需求而量身定制的项目化活动,给学生提供了多元接触与体验传统文化的平台。学生在活动中汲取传统文化的精髓与力量,树立传承与弘扬传统文化的责任与担当。"经典咏流传,京韵滋涵养"项目化学习的持续性、有品质开展,高度表达了学校对教育教学意义的全方位理解,对教育理想、价值和精神的追求,直接体现着教育的人文理想,体现着教育教学存在的意义和价值。它强化了学生对真、善、美的追求,积淀了人文底蕴,培养了人文情怀,实现学校"根植传统、多元理解、幸福成长"的课程目标,体现艺术教育在学校精神文化建设中不可估量的强劲作用:以德立校、以艺润校、美育兴校。

# 第十一章 "舌尖上的早餐"探究式学习

## 第一节 "舌尖上的早餐"活动背景

科教版五年级第二学期的自然学科第 5 单元《营养与消化》这一课通过查找资料、实验、调查等活动,让学生初步了解食物中的主要营养成分及其与人体健康的关系,形成科学饮食意识。

食物有哪些营养成分? 怎样的早餐搭配才是营养健康的呢? 本项目以此为切入点,从国家课程的角度出发,基于学科核心素养的单元设计与评价,围绕学生生活的真实情境,以探究式学习的方式开展"舌尖上的早餐"的学习。

## 第二节 "舌尖上的早餐"活动设计

探究式学习活动设计路径:以社会热点或结合学校特色活动为切入点,激发学生的探究兴趣。以"问题思考"促成学生学习方式的变化,主动经历提出问题(作出假设)、搜集证据、处理信息、解释问题、表达交流的过程;同时,以多种形式的活动及评价的融入,让学生在小组合作学习、家校共育、小队活动等形式中开展探究活动,通过多维度的学生评价和多阶段的过程性评价,如:课堂活动评价单、长周期探究活动单、网上问卷、投票等,对自己、同伴的探究活动展开多种形式的综合性评价,促进学生自我发展与共同成长。

### 一、探究活动教学分析

五年级开展的"舌尖上的早餐"探究式学习活动立足于自然学科的教材内容,结合社会热点,在学生已有活动经验上开展活动,本节从学生情况、学习课程两方面展开介绍。

（一）学生情况分析

本部分的研究对象为五年级 A 班的学生，该部分研究对象经历过自然学科长周期探究活动，具备一定的查找资料、实验探究、处理信息、解释问题的能力，但在探究学习过程中，各个环节都还可能遇到一定的问题。教师通过对这个班级学生探究式学习中的过程性评价与指导，帮助其形成更加成熟的自然探究式学习模式。

（二）学习课程简介

"舌尖上的早餐"学习活动以科学探究为核心，让学生在社会热点话题中发现问题，通过调查了解各类早餐的营养成分，制定计划检测食物营养成分，科学评估饮食结构等。学生亲身经历探究活动和解决问题的过程，基于观察和实验提出问题、形成猜想和假设、设计实验与制定方案、获取和处理信息、基于证据得出结论并作出解释，设计把课堂学习的"简易检测方法""科学评估饮食结构"等内容和课外"亲子早餐制作"等活动紧密结合起来，创设充分的自主探究时间和空间，提升学生对科学探究过程和结果进行交流、评估、反思的能力，体验科学研究的过程，逐步养成良好的行为习惯和求真的科学态度，提升科学素养。同时，学生在学习活动中进一步知道食物中的主要营养成分及其与人体健康的关系，知道适量、丰富、均衡的饮食有助于健康成长，从而养成科学饮食的习惯，并学会关爱自己和他人，形成科学的生命观念。课程内容安排采用讲授与自主探究相结合的形式，具体的课程安排如图 11-1 所示。

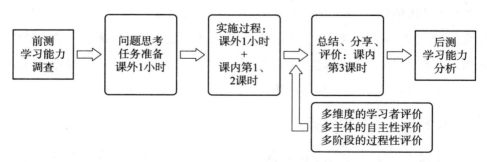

图 11-1 "舌尖上的早餐"学习的课程内容安排

## 二、探究式活动过程设计

### （一）问题思考

"舌尖上的早餐"学习从创设真实问题即"为什么早餐不能喝粥"出发，如图 11-2 所示，整合已学习的知识，在学生已有经验的基础上，在教师的引导下展开合理推测与思考。

**图 11-2　探究性思考过程**

### （二）设计方案

"舌尖上的早餐"探究式学习活动是以探究单元的方式呈现的，学习周期为 3个星期，如图 11-3 所示。整个探究活动包括前期调查（课外 1 小时）即调查学生日常家庭早餐情况并做记录；过程中围绕 3 个小探究学习活动（检测食物中的营养成分、对家庭的饮食进行科学评估、设计并制作营养健康的亲子早餐），以小组为单位进行全部学习活动的实施；以及在最后 1 课时中，各团队展示分享并结合过程进行评价与总结交流。

本学习活动的评价围绕科学探究、社会责任与生命观念 3 个核心素养展开评价，在探究过程中结合多维度的学生评价、多主体的自主性评价和多阶段的过程性评价，得出最终的评价结果。

自然学科非常关注学生科学素养的形成与发展，此次探究以社会热门议题为出发点，引起学生的探究兴趣，使学生经历提出问题并解决问题的过程，在亲历作出假设、搜集证据、处理信息、解释问题、表达交流的科学活动，学会探究方法的同时，提升对科学本质的理解。

本次学习活动的探究过程需要经历食物中营养成分检测的环节，对五年级的学生而言，尚未完全具备独立实验的能力。因此，在实施过程中，主要以小组合作

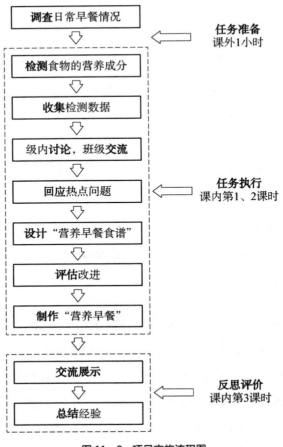

图 11－3　项目实施流程图

的形式呈现。在评估各个成员优势的基础上自主组建小组，并能根据组员的实际情况合理落实具体分工，使每位成员都能有所发挥，形成和谐的小组氛围，培养良好的合作精神。强弱搭配、相辅相成的小组合作形式，在一定程度上体现了学生的理性思维以及社会责任感。

学生通过借鉴学习评价结果对自己参与学习的过程进行反思，从而提升自己参与探究学习的能力。

## 三、探究式活动评价设计

在总结阶段，由学生进行作品的最终展示与说明，参与者对学习活动进程中的过程性表现与最终成果进行多维度、多元化、公正客观的评价,促使学生在探究式学习评价的过程中,吸收内化对自己学习有意义的评价信息,有利于再学习的进程。通过评价结果,了解学生对食物中营养成分对人体重要性的掌握程度以及是否形成科学健康的饮食观念。我们对学习结果的评价分为两方面,一方面是学生的评价,另一方面是作品评价。

### （一）多维度的学生评价

学生在探究学习完成后针对自己在整个学习进程中的表现进行能力评价,如表11-1所示。学生的评价从科学探究、社会责任与生命观念这3个核心素养出发,再从提出问题(作出假设)、搜集与处理信息、解释问题、表达交流、小组合作、体质健康这6个维度进行综合评价。每个评价指标的分值为0到5颗星,参与者通过回顾学习过程中的表现,根据评价指标进行自评、互评、师评、家长评等多方位评价。最后根据3个项目6个维度的评价数据在最终评价中所占权重生成雷达图与最终得分。

表 11-1　学生学习评价量表(基于"科学探究"的评价项目)

| 评价维度 | 评价内容 | 自我评价 | 同学评价（组员 1） | 同学评价（组内 2） | … | 教师评价 |
|---|---|---|---|---|---|---|
| 提出问题 | 能根据热点问题,识别一些可以探究的科学问题 | ☆☆☆☆☆ | ☆☆☆☆☆ | ☆☆☆☆☆ | … | ☆☆☆☆☆ |
| 搜集与处理信息 | 能自主完成日常早餐调查,并制定简单的检测计划,尝试运用一些测量工具进行检测 | ☆☆☆☆☆ | ☆☆☆☆☆ | ☆☆☆☆☆ | … | ☆☆☆☆☆ |
| 解释问题 | 能运用检测结果尝试做出简单解释,并对调查内容进行科学评估 | ☆☆☆☆☆ | ☆☆☆☆☆ | ☆☆☆☆☆ | … | ☆☆☆☆☆ |
| 表达交流 | 能运用各营养成分对人体健康的重要性,设计和制作营养早餐,并能按照探究目的与同伴进行交流与评价,进行调整和完善 | ☆☆☆☆☆ | ☆☆☆☆☆ | ☆☆☆☆☆ | … | ☆☆☆☆☆ |
| 总星数 | | | | | | |

本学习活动以"科学探究"为核心,激发学生对周围事物的兴趣和探究欲望,让学生亲历探究活动和解决问题的过程,培养他们科学思维的能力和科学思考的方式,引领学生逐步养成求真的科学态度。基于以上考虑,在"科学探究"的评价量表中,设计了从观察社会热点问题并形成猜想和假设、多渠道搜集获取和处理信息并实验检测、根据实验操作所得的数据作出结论并能合理解释、根据各种营养成分对人体的重要性设计并制作营养早餐,以上这4个维度进行整体评价。辐射健康饮食对于人体重要性的观念,通过自评、互评、师评三个方式进行科学客观的点评,评价分值在总评中占比40%。

在"提出问题"这一评价维度中,主要观察学生是否能够根据所提供的新闻资料提出问题与猜想,并在提供的情境下判断本探究式活动围绕展开的主题内容是什么,是否能进一步提出问题与假设。这是科学探究的起始步骤,在活动进程中有十分重要的意义,是判断学生是否具备科学探究意识的基础。

在"搜集与处理信息"这一评价维度中,通过自主阅读书籍或网络搜索等方式,了解早餐中的营养成分对人体的重要性,并能够分组检测食物中的营养成分。在探究式活动中,实验设计与实施起着重要作用,是获得有效数据证据的重要渠道,此项评价是考察学生是否具备调查与实验操作能力,在试验检测过程中能否安全、规范地进行操作。

在"解释问题"这一评价维度中,根据学生实验检测出的食物营养成分结果能否对活动一中提出的问题作简单解释,对于学生是否能够结合课本中"营养与健康"的知识,科学评估家庭饮食结构进行评价。主要是考查学生对数据的有效处理,以及科学规范的语言表达能力,判断学生是否有举一反三地以实验结果判断自己的饮食习惯是否健康的发散性思维。

在"表达交流"这一评价维度中,考察学生是否能够根据营养成分对人体健康的重要性与家庭饮食情况来合理设计、制作营养早餐。学生通过实验操作以及课程学习,充分了解食物营养成分及其与健康的关系后,能否正确运用所学知识到实际生活中去,也是检测学生在该探究活动中的学习成果到达何种程度的评测点之一。

本学习活动是通过社会热点"营养早餐"问题进行探讨与研究,在活动进行过程中通过小组合作的方式,学生积极主动发表个人观点并能合理组建小组,根据组员的特征进行有效分工与合作,共同运用所学知识规范检测食物中的营养成分,并能对检测的最终结果进行合理解释。在小组合作过程中,充分体现了学生关注社会热议问题的意识,以及如何根据学生能力与特长的不同组建成组,并通过分工协作、共同解决生活问题的社会责任担当和能力,"社会责任"评价量表以自评、互评的方式展开评价,其分值在总评中占比30%如表11-2所示。

表11-2　学生学习评价量表(基于"社会责任"小组合作的评价项目)

| 评价维度 | 评价内容 | 自我评价 | 同学评价<br>(组员1) | 同学评价<br>(组员2) | …… | 同学评价<br>(组员5) |
|---|---|---|---|---|---|---|
| 小组合作 | 积极收集资料 | ☆☆☆☆☆ | ☆☆☆☆☆ | ☆☆☆☆☆ | …… | ☆☆☆☆☆ |
| | 积极参与小组讨论 | ☆☆☆☆☆ | ☆☆☆☆☆ | ☆☆☆☆☆ | …… | ☆☆☆☆☆ |
| | 明确清晰地表达个人观点 | ☆☆☆☆☆ | ☆☆☆☆☆ | ☆☆☆☆☆ | …… | ☆☆☆☆☆ |
| | 配合组员完成任务 | ☆☆☆☆☆ | ☆☆☆☆☆ | ☆☆☆☆☆ | …… | ☆☆☆☆☆ |
| 总星数 | | | | | | |

在"小组合作"这一评价维度中,主要从4个部分对学生在合作过程中的表现进行评价。

第一部分,考查学生对于资料的收集是否积极。资料完备是后续完成实验操作与得出有效结论的基础,因此,在评价量表中设计了有关资料收集的评价项目,不仅是考查学生在资料准备上的积极程度,同时也能从学生反馈上来的资料了解到不同学生对同一个探究活动思考的全面程度。

第二部分,从小组活动过程中学生是否进行积极讨论这一角度展开,针对同一项探究活动需要不同的思维碰撞才能产生新的想法,学生是否在小组活动过程中主动交流是完成实验设计的前提。

第三部分,主要观察学生能否在已有清晰思路下,对自我想法流畅地进行陈述评价,正确清楚地表达。这从侧面折射出学生当时的参与状态和思维状态,学生在明确先说什么、再说什么的过程中理清想法是促进逻辑思维能力提升的有效方式之一。

第四部分,结合全体成员在小组活动中的整体表现进行评价,能否配合组内成员进行实验操作、数据记录等工作可以反映学生的集体荣誉感是否强烈以及社会适应性的高低。

本学习活动在实施过程中加入了学生自主设计科学营养的早餐食谱并与家人共同制作营养均衡的"亲子"早餐的环节，使学生进一步知道食物中的主要营养成分及其与人体健康之间的关系，知道适量、丰富、均衡的饮食有助于健康成长，从而形成科学饮食的习惯和关爱自己与他人的生命观念。基于以上思考本活动设计了"生命观念"评价量表，通过自我评价、家长评价与教师评价，了解学生在家与在校的饮食情况，其评价分值在总评中占比 30％如表 11-3 所示。

表 11-3 学生学习评价量表（基于"生命观念"体质健康的评价项目）

| 姓名： 学号： | | | | |
|---|---|---|---|---|
| 评价维度 | 评价内容 | 自我评价 | 家长评价 | 教师评价 |
| 体质健康 | 能合理搭配食物，体现营养均衡 | ☆☆☆☆☆ | ☆☆☆☆☆ | ☆☆☆☆☆ |
| | 能结合家庭成员饮食特征，设计制作营养早餐，有关爱家人的意识 | ☆☆☆☆☆ | ☆☆☆☆☆ | ☆☆☆☆☆ |
| | 知道营养与健康的关系，形成科学饮食的习惯 | ☆☆☆☆☆ | ☆☆☆☆☆ | ☆☆☆☆☆ |
| 总星数 | | | | |

在"体质健康"这一评价维度中，主要从 3 部分内容对学生的完成情况进行观察评价。

第一部分，检阅学生设计的早餐食谱是否体现了营养搭配的合理性，考查学生是否能够在充分了解食物中各种营养成分对人体作用的前提下，进行早餐的设计。

第二部分，关注学生在经历整个活动探究后，对食物中的营养成分以及其与人体健康之间的关系是否有更深刻的了解来，并评价，考查学生在亲历本探究式学习后，在饮食方面是否有更为健康且科学的转变。

第三部分，则是从关爱家人的角度出发，每位来自不同家庭的学生有不同的口味和饮食习惯，学生能否从细枝末节处观察家人的饮食特征根据不同的口味和饮食习惯，并结合本活动的实验结果进行早餐的设计制作，是本项评价的核心。

## （二）多主体的自主性评价

多元主体评价是教育发展的必然需求,学生是学习的主体,他们既扮演了参与者与合作者的角色,同时也承担评价者的任务,因此开放的评价氛围的建立存在一定必要性与重要性,而学生、同学、教师与家长相结合的多元主体评价是促进学生全面发展的评价体系中的关键之一,便于教师对学生在整个学习过程中的表现作出客观理性的综合评价,也有利于学生在经历探索过程后形成科学健康的饮食习惯。

教师作为学习引导者的身份且专业性在学生中具有一定权威性。此外,教师对整个学习活动的流程与方向了解得相对清晰并能作出适时指导,因此教师评价在整个活动中占有重要地位。家长对于学生的学习和发展而言,同样也是一个客观存在,在本次学习活动的实践探究中家长也是间接参与者,让家长参与评价过程,不仅能拉近亲子之间的关系,同时也能缩小家校之间的距离。现代教育教学评价中学生是评价的主体,如果脱离学生进行教学评价,教育的作用无法凸显、目标无法实现,因此将学生的自我评价与生生互评纳入评价体系中,有利于加快自我反思与修正的过程,解放个性与创造性。

鉴于以上的考量,"舌尖上的早餐"由学生、同学、教师与家长4个主体共同参与评价。

在基于"科学探究"的评价量表中(如表11-1所示),主要以"自我评价""同学评价"和"教师评价"为主要组成部分,其中"同学评价"又因组员人数进行相应调整。教师作为整个活动的策划者对于整个实施过程比较清楚,需要根据学习活动目标进行评价内容的设计,且在"科学探究"活动中,教师参与过程较多,因此,教师评价在整体评价中占据一定位置;其次,由于本次学习涉及实验的操作与探究,学生需要在保持学习独立性的同时兼顾合作,以小组为形式展开研究,因此,在该评价量表中设计了自我评价与同学评价。

在基于"社会责任"小组合作的评价量表中(如表11-2所示),考虑到本次学习的实施过程主要以小组与个人为参与形式,生生之间需要通过交流确立任务分配与执行以及后期的成果展示,组员之间的了解更多,因此评价的参与对象为学生及组员。

在基于"生命观念"的体质健康评价量表中(如表 11-3 所示),鉴于本活动是结合亲子互动的学习活动,需要学生在了解家庭饮食结构和习惯的基础上,以探究得来的健康饮食观设计并制作科学合理的早餐,基于这一特殊性,将家长评价纳入到整体评价中,从家长参与的角度评价学生在学习活动中的整体完成效果。

多主体的自主性评价使得整个探究式学习进程中在一定程度上提高了整体评价的质量,在评价过程中纳入参与学生学习与发展的不同主体共同参与,对评价对象的了解更为透彻与客观,且比教师单一评价更容易从不同角度发现学生的优势与潜力,评价结果也更具说服力与指导性。

### (三)多阶段的过程性评价

"舌尖上的早餐"是以个人+小组的形式进行开展的,为了充分了解学生在整个活动中的情况,我们对学生进行了前中后的三次网上问卷调查,通过活动完成前后的两次问卷情况对比,感受学生针对此次学习活动的情感变化,通过中期的过程性评价,了解学生在完成过程中的问题所在,并及时干预。

第一,前测调查。如表 11-4 所示,主要从针对"舌尖上的早餐"这一活动的态度情绪、探究的主动性、探究形式与方法等几个方面进行调查。通过前测调查,发现学生对待本次活动的积极性、完成信心以及过程态度,方便教师在本次活动的实施过程中,进行合适的引导和启发,从而保持学生的探究兴趣,保证活动的顺利开展。

表 11-4　前测调查

| 序号 | 具体阐述 | 选项 | | |
|---|---|---|---|---|
| 1 | 主动参加此活动 | ☆☆☆ | ☆☆ | ☆ |
| 2 | 主动提出想法建议 | ☆☆☆ | ☆☆ | ☆ |
| 3 | 配合组员完成活动 | ☆☆☆ | ☆☆ | ☆ |
| 4 | 听取意见作出改进 | ☆☆☆ | ☆☆ | ☆ |
| 5 | 积极参加实验操作 | ☆☆☆ | ☆☆ | ☆ |
| 6 | 有信心顺利完成本次活动 | ☆☆☆ | ☆☆ | ☆ |

第二,活动实施的过程性调查。根据学生在完成过程中的实际情况,设计了过程性调查表。如表11-5所示,主要是了解学生在探究中可能出现的问题,并对集中出现的问题以及困难方向先有整体的把握,以便于教师在过程中进行个性化的指导。

表11-5 过程性调查

| 序号 | 具体阐述 | 选项 | | |
|------|----------|------|------|------|
| 1 | 小组活动中能否积极参与讨论 | 经常 | 有时 | 偶尔 |
| 2 | 在团队合作中,如果意见不一致你会 | 坚持想法 | 听他人意见 | 共同讨论 |
| 3 | 在探究过程中,你在哪一方面有困难 | 资料收集 | 实践检测 | 设计制作 |

第三,后测调查。如表11-6所示,主要是从学生自身在经历本次学习过程后所提升的核心素养出发,检测学生在亲历这样一次探究活动后,是否愿意再次进行此类型的活动研究,并且通过前后测的调查数据对比,发现学生在完成活动前后的情感态度变化,从侧面反映出本学习活动对学生的启发与触动。

表11-6 后测调查

| 序号 | 具体阐述 | 选项 | | |
|------|----------|------|------|------|
| 1 | 如果再有类似活动,是否愿意参加 | ☆☆☆ | ☆☆ | ☆ |
| 2 | 下次活动中,能否主动提出想法建议 | ☆☆☆ | ☆☆ | ☆ |
| 3 | 下次活动中,能否配合组员完成活动 | ☆☆☆ | ☆☆ | ☆ |
| 4 | 下次活动中,能否听取意见作出改进 | ☆☆☆ | ☆☆ | ☆ |
| 5 | 下次活动中,能否积极参加实验操作 | ☆☆☆ | ☆☆ | ☆ |

本学习活动在评价单元的设计中突破了以往只关注结果的最终评价,而是将评价的重点放在学生能力本身、前后情况对比、过程性评价干预等方面,将各种评价相结合,体现了"舌尖上的早餐"这一探究式学习方案在实施过程中,学生发现现实生活中的问题并能提出合理猜想与假设,提升了独立解决问题的能力,以及在探究过程中培养并发展了小组协作的合作意识。本活动的评价设计是较为客

观公正及符合课标的,能全方位地对学生以及学习活动本身作出整体的评价。

## 第三节 "舌尖上的早餐"活动实施

在前面的活动设计阶段,我们对活动评价进行了设计,初步得到了比较完整的探究式学习改进措施,接着笔者在五年级 A 班级进行案例实践研究。

### 一、探究式活动实施与推进

"舌尖上的早餐"探究式活动的实施主要包括 3 个阶段:任务准备、任务执行和反思评价,共三周完成,分别有课上与课外两个时间段完成相应的探究活动。

#### (一)第一阶段:任务准备

学生通过课外的 1 小时,阅读提供的新闻信息,从而引发思考、提出问题,独立完成日常早餐小调查,通过书籍、网络搜索食物营养成分等相关信息,初步了解早餐对人体的重要性。

#### (二)第二阶段:任务执行

确定小组,以团队的形式对收集的一餐食谱中食物所含营养成分进行简单的检测,知道食物中所含的营养成分不是单一的。通过查询常见食物营养成分表,根据所含营养成分对食物归类。

课后,利用企业微信群推送项目的前测调查如表 11-4 所示。通过 6 个问题了解学生对完成"舌尖上的早餐"探究式学习的动机、情感、认知等信息,并利用过程性调查,通过 3 个问题,发现学生的能力缺失项。此外,让学生将自己填表的结果在小组内共享,缩小团队成员对该项目学习的差异,以期达成共识,团队成员一起总结出团队的未知知识,确定努力的方向。本研究共发放问卷 38 份,回收 38 份,有效问卷 38 份,结果分析如图 11-4 所示。

通过过程性调查的结果如图 11-5 所示,分析得出学生对于积极参加实验操作完成度较高,可见学生有一定的实验探究能力,如图可见学生主动参加此活动的意识比较薄弱,教师需要激励学生,从提高学生的内驱力入手,通过干预,让学

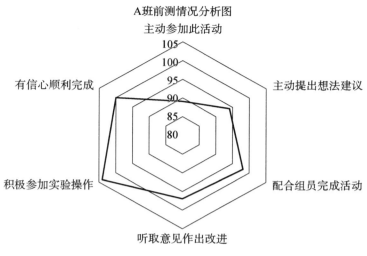

图 11-4　学生前测调查情况

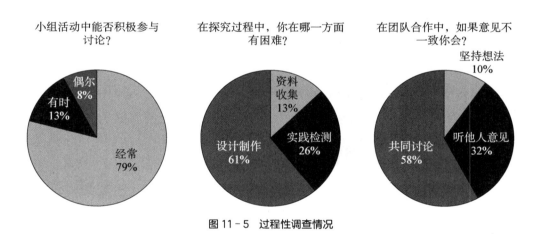

图 11-5　过程性调查情况

生在学习过程中感受本学习活动存在的价值和魅力。此外,探究过程中有 58％ 的学生已经有小组协作的合作意识,遇到问题能共同协商与讨论来解决问题,在后面的课时中需要进一步观察团队合作中的情况,对其进行干预和指导,促进学生在团队活动中增强合作意识。

课内第 1 课时中,对学生进行了过程性调查,如图 11-5 所示,学生在问卷中呈现出在探究过程中对于设计制作项感到比较困难。因此,在课外 1 小时的独立探究活动中,加入了"亲子"制作环节,减少了学生独立制作早餐中操作困难和安全隐患的同时,也增加了亲子互动的合作机会,增进亲子关系,进一步促进合作意识。

课内第2课时,通过学习"营养与健康"的知识,学生知道食物中六大营养成分的作用,通过调查、评估家庭饮食结构的情况,知道应如何合理搭配食物。

学生再次通过课外的1小时,独立根据对六大营养成分的学习以及对自己家庭饮食结构的评估,设计并制作营养的早餐。

### (三)第三阶段:反思评价

在科教版自然学科五年级第二学期第5单元《营养与消化》的单元学习过程中,将教材的内容进行了调整:该单元原有3个课时,如图11-6所示,分别是食物与营养、食物的旅行和营养与健康。活动中,考虑到学生需要知道食物检测的方法、食物中各部分营养成分的作用和科学评估饮食结构的方法,从而形成科学探究的能力,故活动选用了"食物与营养""营养与健康"这两个课时的内容,以帮助学生在整个探究式学习的过程中能结合自己的实际更好地达成学习的目标。而教材中"食物的旅行"这一教学内容与本学习活动的关联不大,所以将这一课时内容后置到整个学习活动结束后,教师再对这部分内容进行教学,以体现整个学习活动的整体性。

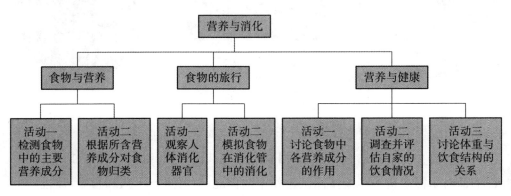

图11-6 《食物与营养》单元教学流程图

活动的反思评价从科学探究、社会责任与生命观念3个核心素养出发,从提出问题(作出假设)、搜集与处理信息、解释问题、表达交流、生命观念、社会责任这6个维度进行以学生个人评价、教师评价、同学互评及家长评价相结合的综合评价形式。其中,提出问题(作出假设)、搜集与处理信息、解释问题、表达交流每个维度分别占比 15%,小组合作、体质健康分别占比 20%,最后根据三项目六维度在最终评价中所占权重生成 A 班学生的综合性评价雷达图与最终评价结果,形成如图 11-7 所示的雷达图。

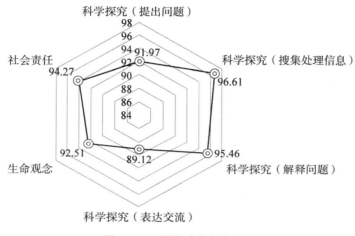

图 11-7 科学探究能力情况分析

由此可见,学生在本探究式学习中掌握了一定的探究学习能力,图 11-7 的雷达图对所有学生的学习能力进行分析,与前期的学习能力前测进行比较,我们发现学生对于探究式学习的兴趣度提高了,他们能够了解自己在探究式学习中所处的角色,并能够积极参与合作学习,具有了较高的社会责任意识;在完成学习的过程中,学生搜集处理信息及解释问题维度的数据显示出他们基本掌握了该探究式学习的技能,这与学生在前测中呈现的"积极参加实验操作"维度的数据相匹配,学生在探究式学习的过程中对该维度的能力发展相对平稳。

整个学习活动结束后,对本项目进行了后测调查,如图 11-8 所示。经过此次活动,学生对于探究式学习的方式有了一定的认识,从图表数据来看,学生愿意参与这样类似的活动,相较于前测中学生对探究式学习的兴趣有了很大的提高。此外,经历了这样的学习,学生的合作意识有了很大的提升,也更愿意在团队的合作中听取其他同学的意见,来更好地完成探究式学习。

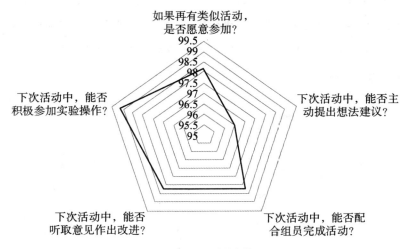

如果再有类似活动,
是否愿意参加?

下次活动中,能否
积极参加实验操作?

下次活动中,能否主
动提出想法建议?

下次活动中,能否
听取意见作出改进?

下次活动中,能否配
合组员完成活动?

**图 11-8 后测调查情况**

## 二、基于"舌尖上的早餐"的学习个案

由于本探究式活动涉及较多调查、检测等活动,考虑到班级学生的实际情况,因此活动以"个人＋小组"的形式开展,调查并设计营养早餐食谱。为了更清楚地了解探究式学习案例的实施情况,选择 E 班 B 同学为典型案例进行深入分析。

由于本学习活动是以"个人＋小组"的形式进行研究,因此以四人为一组,具体分组情况如下:A 同学动手能力较弱,但做事比较认真细心;B 同学对生活中的科学现象不太关注,积极探究的愿望也不是很强烈;C 同学学习能力和动手操作能力比较强;D 同学善于总结和归纳。B 同学在活动的前测调查中,情感动态如图11-9 所示,能明显看到 B 同学非常愿意与组员协作完成探究,并能根据组员想法作出及时调整,但自主探究的愿望相对较低,对本活动是否能顺利完成的期待值不是很高。因此,如何调动起其对本活动研究的积极性与信心,是教师在后期的跟进中需要作出策略调整的。

在第一环节"日常早餐小调查"中,需要根据主题提出自己的疑问并释疑。B 同学一开始的参与度不是很高,为了提高他的积极性,教师以 B 同学日常的早餐食谱为切入点,询问为什么家长要准备这样的早餐?以生活中的常见素材调动起其兴趣,B 同学也开始愿意在教师的指导下,尝试根据当前的热议话题提出自己的

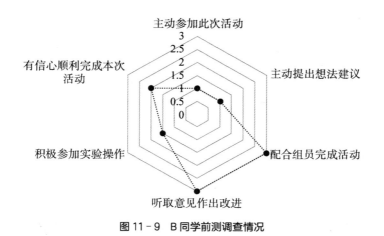

图 11-9　B 同学前测调查情况

疑问:粥自古以来被称为"世间第一补人之物",但为什么有的医生说"早餐不能喝粥呢"? 在他提出问题后,教师及时给予鼓励与反馈,于是他"趁热打铁"借助网络、书籍等各种渠道搜集原因,原来是许多人发烧后免疫力下降,需要增加蛋白质来提高免疫力,而白粥无法有效提供蛋白质。经过初期的探索,B 同学已经初步了解了早餐中的营养成分对人体健康的重要性。

第二环节是根据所调查的早餐食谱进行营养成分的检测,由于本环节需要动手操作的内容较多,团队成员的分工情况由此体现。A 同学主要负责抽取早餐样本中的部分食材,在保证卫生的情况下,分门别类放置食物。B 同学在前测调查中尽管对本次活动的主动性不是很高,但是相对来说还是比较愿意进行动手实践操作的,因此他和动手能力较强的 C 同学主要负责检测环节,比如用碘酒检验淀粉,用挤压方法检测花生所含的脂肪等。A 同学在整个过程中提供辅助,操作过程中三位同学严格遵守实验规范,操作顺利。D 同学负责正确科学地记录最终的检测结果。在实验操作之后,四位同学互相交流、讨论产生最后的结论并在班级内进行了分享。

第三环节是通过教师提供的电子设备查找资料并进行家庭饮食结构的评估与重新设计。在前期教师的鼓励与实践操作中,B 同学逐渐对活动产生兴趣和一定的成就感,因此 B 同学积极根据要求搜索各类食物的营养成分,并以此为依据评估了自己家庭的饮食结构,提出对 7 岁以上孩子而言,每天钙的摄入要达到1 000 毫克,一顿营养丰富的早餐应包含谷物及薯类食物、奶和奶制品或豆制品、水果蔬菜、禽肉蛋类。基于以上调查结果并结合自己家庭成员的饮食偏好，他设计了如下的一周早餐食谱，如表 11-7 所示。

表 11-7　一周早餐菜谱

| 时间 | 周一 | 周二 | 周三 | 周四 | 周五 | 周六 | 周日 |
|------|------|------|------|------|------|------|------|
| 菜谱 | 牛奶麦片<br>面包<br>鸡蛋 | 酸奶<br>三明治 | 豆浆<br>包子<br>豆沙包 | 牛奶<br>红薯<br>玉米 | 豆腐脑<br>油条 | 汤粉<br>面条 | 水果酸奶<br>牛角包 |

第四环节是根据学生设计的营养早餐食谱，以家庭为单位进行"亲子"活动制作。B 同学选择制作荷包蛋和包子，通过网络查找了相应的做法并将制作过程以图片的形式保存了下来以供后续的分享交流，如图 11-10 所示。

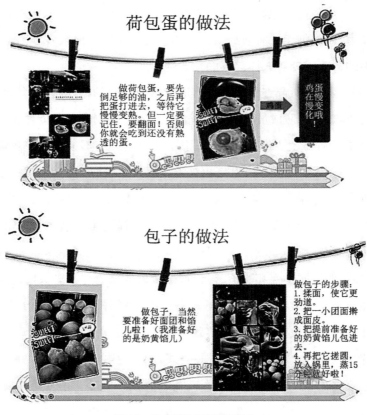

图 11-10　营养早餐亲子制作

本活动对于五年级的学生而言存在一定难度。特别是 B 同学原先对本活动的兴趣度并不是很高,但是在教师的引导鼓励以及实操的吸引下,能够积极转变想法。通过网络的检索与教学内容的学习以及小组的合作,所有成员合理分配任务、互相协作,顺利完成本项任务的探究。由此不难看出,通过过程性的调节与干预,学生在探索过程中情感态度上发生了明显的转变,能够互相积极配合,收获成功。在整个活动结束后,对学生进行了活动的后测调查,图 11 - 11 是 B 同学的情感变化情况,能够明显看出经历了此次活动,他对此类活动的兴趣度与积极性发生了较为明显的变化,由此可以得出在探究式学习的实施过程中,教师过程性的指导对学生的主动学习是会产生较大正面影响的。

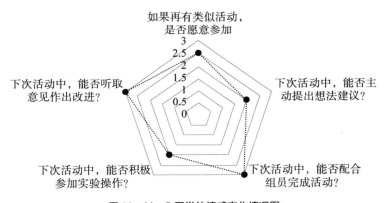

图 11 - 11　B 同学的情感变化情况图

## 第四节　"舌尖上的早餐"活动总结与反思

"舌尖上的早餐"探究式学习是对小学五年级科教版自然《营养与消化》单元的学习与拓展。整个学习活动以科学探究为核心,让学生在社会热点话题中发现问题,并亲身经历解决问题的过程,在小组合作中培养学生的责任意识,体现学科的德育价值,学生通过一系列活动最终能形成科学饮食习惯,形成科学的生命观念。

## 一、活动总结

本探究式学习活动，以社会热议话题为切入点，极大地激发了学生的探究兴趣，引导学生不断提出问题并解决问题。同时，通过融入小组合作，引导学生积极参与活动，主动发表个人观点，促进合作学习。此外，以家校共育的方式，鼓励家长积极参与学生的探究式学习活动，一起制作营养均衡的"亲子早餐"。

### （一）以社会热点激发科学探究

小学自然课程积极倡导让学生亲身经历以探究为主的学习活动，来培养他们的好奇心和探究欲，从而发展他们对科学探究的兴趣及对科学知识本质的理解。

2022年4月，有医生提出："孩子早餐必须要吃好，一定要吃高营养高蛋白的东西，早上不许喝粥"，引发社会热议，与小学五年级科教版自然《营养与消化》单元内容正相契合。本项目将社会热议话题引入课堂，粥自古以来被称为"世间第一补人之物"，但为什么有的医生说"早餐不能喝粥呢"？这种说法与学生以前的认知大相径庭，那么这样的说法有科学依据吗？这一问题极大地激发了学生的探究兴趣。在前测调查"是否主动参加此活动"一题中约90％的学生给出了肯定的答案，可见学生的探究欲空前高涨。学生积极借助网络、书籍等各种渠道搜集原因，通过调查，学生发现原来是因为在发烧后许多人发烧后免疫力下降，需要增加蛋白质来提高免疫力，而白粥无法有效提供蛋白质。经过初期的探索，学生已经初步了解了早餐中的营养成分对人体健康的重要性。

在通过调查解决了"为什么早餐不许喝粥"的问题之后，教师趁热打铁，引导探究欲高涨的学生继续思考并提出相关问题。食物中有哪些营养成分呢？怎样检测常见食物的营养成分呢？由此引发第二个环节的探究：检测食物中的营养成分。检测出营养成分之后，有学生想知道这些营养成分的作用，由此引发第三个环节的探究：了解六大营养成分的作用，并评估家庭饮食结构。那怎样的早餐搭配才是营养健康的呢？由此又引发了第四环节：亲子制作营养早餐和第五环节：展示活动成果。

在活动过程中学生积极主动地亲历了提出问题（作出假设）、搜集证据、处理信息、解释问题、表达交流的科学探究过程。社会热点议题激发了学生科学探究的热情,培养了学生的问题意识,学生在探究过程中学会科学探究的方法,从而提高了科学探究能力。

## (二)以小组合作落实社会责任

本学习活动通过社会热议的"营养早餐"问题,学生在小组合作过程中共同运用所学知识规范地检测食物中的营养成分,并对检测结果进行合理解释。在小组合作探究过程中,学生体验学习科学的乐趣,获取科学知识,形成尊重事实、善于质疑的科学态度,形成关注社会热议问题的意识和科学的自然观、世界观,养成解决问题的社会责任担当和能力。

如何使学生在小组合作中更有效地落实社会责任呢?本学习活动小组合作的实践中主要注重小组的组建与分工、小组合作学习的评价、适时的过程性调控三个方面。

第一方面,关于小组的组建与分工。小组的组建首先要体现学生的自主性,就要让学生按共同的兴趣,自主分组。但学生在组合时又往往缺乏理性思考,仅根据个人喜好来分组,有时可能会出现"强强联手"和部分学生"没人要"的现象,这时就需要教师的集中指导和调整。教师做调整工作时,尽量尊重学生意见,并让学生明白分组时应考虑的问题。首先,小组人数要合理,本项目活动以 6 人为一组。其次,小组成员要搭配均衡,本活动采取异质分组。例如 F 小组 6 个成员:A 同学动手能力较弱,但做事比较认真细心;B 同学动手能力一般,但积极探究的愿望很强烈;C 同学学习能力和动手操作能力比较强;D 同学善于总结和归纳;E 同学性格开朗,具有较强组织领导能力;F 同学动手操作能力较强,但不善交谈。小组成员强弱搭配,各有所长,相辅相成,共同成长。再次,小组分工要合理。在分组后,小组要推荐活动小组组长并进行分工,这时需要教师在方法上做适当的指导,让学生掌握一定的合作分工技能。分工的基本原则是遵循优势互补,要尽量考虑个性差异,让每个同学在小组中都能发挥独特的作用,做到扬长补短,人尽其才。小组合作活动做到责任到人,并在努力做好"本职工作"的同时,积极协助他人。例如,F 小组 6 位成员,在检测食物营养成分中,领导能力较强的 E 同学担任组长,带领大家搜集检测食物营养成分的相关资料并制定检测计划,实施过程中根据成员特点进行分工;细心的 A 同学和积极的 B 同学负责准备相关食材,并布置实验器材;动手能力较强的 C 同学和 F 同学主要负责实验操作;善于总结的 D 同学负责记录并整理实验结果。分工合理让每个组员的价值作用都得到了发挥,当然还可采用动态轮换的分工方法,这样可以保证在解决生活问题时学生愿意积极主动承担责任,并互相配合解决问题,形成良好的团队合作精神。

第二方面,关于小组合作学习的评价。合理的评价机制能够发挥每个成员的最大潜力,促进学生个人努力并促使小组内成员互助合作。首先,小组合作评价指标的设计要关注小组合作的学习状况。各成员是否明确自己的任务,各司其职? 各成员之间能否相互合作,彼此之间有无遇到矛盾,是否能相互帮助,最终达成共识? 因此,本活动基于"社会责任"小组合作的评价,设计了 4 个评价指标:积极搜集资料;积极参与小组讨论;明确清晰地表达个人观点;配合组员完成任务。其次,评价主体多元化,每一个评价指标都包括自我评价和组内互评。自我评价实际上是一个自我反省的过程,在小组合作中,学生对自身参与学习活动的态度、合作精神和合作能力等方面进行判断并及时进行自我调整。组内互评要求学生对同伴的评价有理有据,培养学生对待人、事物客观公正的态度,因此组内互评的侧重点在于小组成员的合作态度。小组合作学习评价有利于学生在科学探究中掌握探究方法和技能,更重要的是能培养学生合作的意识和能力、良好的情感态度和价值观,成为有责任有担当的人。

第三方面,适时的过程性调控。小组合作能极大地发挥学生的主动性和积极性,但并不意味着教师当甩手掌柜完全放任学生自主完成,除了通过自评和组内互评的评价方式激励学生以外,也需要教师适时地进行过程性调控。在小组合作之前,教师通过问卷方式进行前测调查,问题主要包括"主动参与此活动""主动提出想法建议""配合组员完成活动""听取意见作出改进""积极参加实验操作""有信心顺利完成本次活动"6 个方面,通过前测了解学生的探究意愿,对于意愿较低的学生,教师可以进行重点关注并适时进行过程性调控。教师适时的过程性调控是学生进步的强化剂,是在小组合作中落实社会责任的重要保证,因此,教师要及时关注学生个人的表现和小组合作的状况,及时进行调控,激发学生主动参与科学探究的意愿,让学生体验探究成功的快乐,学会团队合作,共同解决问题,实现共同成长。

### (三)以家校共育培养生命观念

小学自然课程遵循小学生身心发展的特点,引领他们亲近自然,感受科学,养成热爱自然、不断探究自然和珍爱生命的情感和态度。本学习活动通过"亲子"共同制作营养均衡的早餐等活动,以家校共育的方式让学生进一步知道食物中的主要营养成分及其与人体健康的关系,知道适量、丰富、均衡的饮食有助于健康成长,从而养成科学饮食的习惯,并学会关爱自己和他人,形成科学的生命观念。

通过前三个环节的学习和探究,学生知道了食物的营养成分以及六大营养成分的重要作用,因此在第四个环节开展了亲子合作制作营养早餐的活动。有些学生和家长在制作营养早餐之前一起搜集了详细的资料,把探究食物营养成分、营养与健康之间的关系等资料整理成了PPT,图文结合,在线进行分享。例如,有位学生归纳出营养的早餐应至少包括四种类别的食物:以提供能量为主的碳水化合物(如面包、馒头等);以供应蛋白质为主的禽蛋类食物;以供应无机盐和维生素为主的新鲜蔬菜和水果;以提供钙为主的奶制品。在满足基本营养的情况下,有些学生还搜集了家人的口味偏好,例如有学生考虑到家人是北方人,所以决定和妈妈一起制作美味可口的包子,包子馅的搭配也综合了家人的口味。还有学生综合食物营养和家人口味偏好,并和家人一起制作了虾仁青菜面,拍摄记录了和家人一起制作营养早餐的全过程。"亲子制作营养早餐"的活动,得到家长们的大力支持,在和家长一起制作营养早餐的过程中,学生不仅将学习到的营养与健康的知识运用到生活中,还在营养早餐制作过程中学会关爱自己和他人,以家校共育的方式逐步养成健康饮食习惯,形成科学生命观念。

## 二、活动反思

"舌尖上的早餐"探究式学习在培养学生科学探究、合作精神、形成生命观念等科学素养方面具有明显的优势。但在实施探究式学习的过程中,却面临着一些具体困难。如何有效解决这些问题,则需要通过实践不断总结与反思。

## （一）学习过程评价与平台评价应适时调整

学习过程评价与平台评价实时客观记录学习过程和评价，及时发现学生学习过程中的偏差，并进行调整。在本探究式学习的实践中，教师建立了一种目标和主体多元的评价方式。教师能在评价中把握学生的学习和能力发展状态，促使自身对教学加以审视和改进。同时，可帮助学生回溯自己的探究式学习经历，反思学习的态度与策略，了解学习目标是否达成。例如在个案中E班B同学在前测中是非常愿意与组员协作完成探究的，并能根据组员想法作出及时调整，但自主探究的愿望相对较低，对本项目是否能顺利完成的期待值不是很高。因此，在"日常早餐小调查"环节中，为了提高B同学的积极性，教师以B同学日常的早餐食谱为切入点，调动起他的探究兴趣。在教师的鼓励与反馈下，B同学通过搜集资料顺利解决了问题，在此过程中逐渐发现了探究的兴趣并产生了成就感。从后测调查结果来看，B同学的积极性发生了较为明显的变化，能够积极主动参与每一个环节的活动。学习是一个动态发展的过程，学生在活动开展的每个阶段都有不同的变化与收获。如何动态地分析学生在探究式活动实施过程中的投入程度、学习方式、学习效果及存在的问题，明确今后的前进方向，还需要进一步思考与实践。

## （二）教师引导为主，学生主动推进较少

传统课堂活动一般都在教师预先的设计中展开。而实施探究式学习，学生的活动情况时刻处于变化中，信息的传递呈现多向性，学习活动中的不确定因素大大增加。此外，大多数学生在传统教学模式的影响下，主动学习、敢于质疑、合作精神等能力相对欠缺，这对老师调控教学能力及师生合作关系提出了更高的要求。

探究式学习的实施不是一蹴而就的，离不开老师的先进教学理念和思想的支撑，离不开老师在日常教学中教学方法、学习形式、评价方式的影响，离不开师生良好学习关系的长期培养，如何指导学生积极开展探究式学习值得进一步思考与实践。

# 后记

为全面落实有理想、有本领、有担当的时代新人的培养要求,每一所学校都应该进一步深入思考自身的育人目标与使命。学校要依据学生终身发展和社会发展需要,明确育人主线,加强正确价值观引导,重视必备品格和关键能力。加强对学生社会责任的培育,是为学生的未来成长奠基。完善社会责任培养的过程性评价路径、方法和评价结果运用,是落实社会责任培养的重要方式。经过三个寒暑的深入研究与实践,我校的成果《面向社会责任的学生过程性评价——田园外语实验小学的实践》正式面世。

走过研究的曲折路,我们更加珍视那来之不易的研究成果。深感荣幸,在此过程中,我们得到了众多教育专家和行政领导的悉心指导与大力支持。为教育创新,我们坚定不移,尤其在"社会责任素养的学生过程性评价"领域持续探索。全体课题组成员,都抱着对教育的热情和严谨的研究态度,致力于发掘、实践和创新。此书不仅是对教育工作的探索和研究,更是我们职业生涯中的一份深情寄语。然而,受到各种因素的限制,我们的研究尚有不足,期望在未来得到更多同行的指导和建议。每一段文字,每一则案例,都是我们实践的真实写照,倾注了课题组的汗水和思考,它们都见证了我们对教育事业的执着与热爱。

最后,我们要向一直关心、支持并为课题研究提供指导的上海市教师教育学院副院长纪明泽、原上海市浦东新区教育发展研究院院长顾志跃、华东师范大学陈向东教授及其研究生团队、闵行区教育局及闵行区教育学院等领导、专家表示最诚挚的感谢。每一次的建议,每一句的鼓励,都成为了我们前行的最大动力。

书中记述的是我们的理解和观点,限于我们的认识水平和时间,难免有不妥之处,敬请读者指正,提出宝贵意见。

编者

2024 年 6 月 20 日

# 参考文献

［1］ 杨九诠.学生发展核心素养三十人谈［M］.上海:华东师范大学出版社,2017:133.

［2］ 罗祖兵,郭超华.学科核心素养评价的困境与出路［J］.基础教育,2019,16(05):49-56.

［3］ European Commission/EACEA/Eurydice. Developing key competences at school in Europe: Challenges and opportunities for policy ［J］. Eurydice report. Luxembourg: Publications Office of the European Union, 2012.

［4］ P Brečka, M Valentová. Model of the students' key competences development through interactive whiteboard in the subject of technology ［J］. Informatics in Education, 2017, 16 (1):25-38.

［5］ 吴芳,吴才鑫.核心素养到学科核心素养的协调与转化［J］.教育理论与实践,2019,39(17): 50-52.

［6］ 季成伟.学科核心素养评价的思考与实践［J］.中学政治教学参考,2016(16):61-63.

［7］ 林颖.核心素养导向的中小学课堂教学评价指标的建构［J］.教育观察,2021,10(11):37-40+47.

［8］ 余文森.有效教学十讲［M］.上海:华东师范大学出版社,2009:4-11.

［9］ 康淑敏.基于学科素养培育的深度学习研究［J］.教育研究,2016,37(07):111-118.

［10］ 余文森.能力导向的课堂有效教学［J］.全球教育展望,2018,47(01):21-34.

［11］ 魏善春.指向核心素养的学习评价:挑战与对策［J］.江苏第二师范学院学报,2020,36(04): 17-22+124.

［12］ 雷浩.基于核心素养的课程评价:理论基础、内涵与研究方法［J］.上海师范大学学报(哲学社会科学版),2020,49(05):78-85.

［13］ Montague W, Olson J, Owens M, et al. Beyond Basic Skills: The Role of Performance Assessment in Achieving 21st Century Standards of Learning.

［14］ 周文叶,陈铭洲.指向核心素养的表现性评价［J］.课程・教材・教法,2017,37(09): 36-43.

［15］ European Commission. Assessment of Key Competence in initial Education and Training Policy Guidance ［EB/OL］. http://euriex. europa. eu/legal-content/EN/ALL/? uri = CELEX:52012SC0371,2017-5-11.

［16］ 李倩,谭霞,吴欣歆,郑国民.教育评价变革背景下语文学科核心素养测评框架研究［J］.课程・教材・教法,2021,41(02):95-102.

［17］ 王彤彦,任洪婉,郑国民.语文核心素养关键能力诊断及学习资源框架研究——以"优秀诗文"测试框架为例［J］.教育科学研究,2017(06):68-72.

［18］ 李珏,黄涛.数据驱动的数学核心素养评价方法［J］.现代教育技术,2021,31(02):12-18.

[19] 陈蓓. 数学核心素养的评价模型研究[J]. 教学与管理,2020(36):34-38.

[20] 朱立明. 高中生数学学科核心素养测评框架构建[J]. 中国教育学刊,2020,(07):78-83.

[21] 李方红,董顺,王朕照. 核心素养视野下的学生评价:互生发展评价的内涵、设计与实施[J]. 教育测量与评价,2018(07):26-32.

[22] 冯莎莎. 基于核心素养的学生过程性评价探索——以七年级数学为例[J]. 基础教育课程, 2019(01):62-67.

[23] Huang X. Aims for cultivating students' key competencies based on artificial intelligence education in China [J]. Education and Information Technologies, 2021:1-21.

[24] 熊梅,杨雨,刘文元. 如何评价:学科核心素养导向的单元学习——以小学"认识万以内的数"为例[J]. 基础教育课程,2019(19):67-73.

[25] 王俊莉,赵金花,李丽娟. 学生发展核心素养评价体系的校本建构与实施[J]. 课程·教材·教法,2017,37(10):70-76.

[26] JIANG Xiu-juan. An Empirical Study on the Correlation between Project-based Learning and Deep Approach of Learning [J]. Education Technology and Training & International Workshop on Geoscience and Remote Sensing, 2009.

[27] 张文兰,苏瑞. 境外项目式学习研究领域的热点、趋势与启示——基于 CiteSpace 的数据可视化分析[J]. 远程教育杂志,2018,36(05):91-102.

[28] Bell, S. Project-based learning for the 21st century: Skills for the future [J]. The Clearing House, 2010,83(2),39-43.

[29] 李梅. 认知视角下的项目化学习解析[J]. 电化教育研究,2017,38(11):102-107.

[30] Scott Ragsdale. Project-based Learning as a Means for Meeting the Needs of 21st Century Students in Common Core States. [D] Lindenwood University, degree of Doctor, 2014.

[31] 巴克教育研究所. 项目学习教师指南:21 世纪的中学教学法[M]. 北京:教育科学出版社,2008.

[32] 夏雪梅. 项目化学习设计:学习素养视角下的国际与本土实践[M]. 北京:教育科学出版社,2018.

[33] Notari, M., Baumgartner, A., & Herzog, W. Social skills as predictors of communication, performance and quality of collaboration in project-based learning [J]. Journal of Computer Assisted Learning, 2014,30(2),132-147.

[34] Markham, T. Project-based learning. Teacher Librarian, 2011,39(2),38-42.

[35] Chu, R. H., Minasian, R. A., & Yi, X. Inspiring student learning in ICT communications electronics through a new integrated project-based learning approach [J]. International Journal of Electrical Engineering Education, 2012,49(2),127-135. doi:10. 7227/IJEEE.49.2.3.

[36] Crockett L, Jukes I, Churches A. Literacy Is "Not" Enough: 21st Century Fluencies for the Digital Age. The 21st Century Fluency Series. [M]. Corwin, A SAGE Publications Company. 2455 Teller Road, Thousand Oaks, CA 91320,2011.

[37] 史鹏楠. 基于项目式学习的小学 Scratch 编程语言的教学实践研究[D]. 沈阳:沈阳师范大学,2020.

[38] Speziale, K. Study confirms project-based learning has a positive impact on how students learn science and math. Defined Learning [EB/OL]. https://www.definedstem.com/

blog/project-based-learning-research/.

[39] 胡红杏. 项目式学习:培养学生核心素养的课堂教学活动[J]. 兰州大学学报(社会科学版),2017,45(06):165 - 172.

[40] 康文彦,刘辉. 培养学生数学抽象核心素养的几种途径[J]. 教育探索,2017(05):38 - 41.

[41] 徐兵,盛丽梅,胥加美. 高职院校"多元发展、项目学习、协同创新"人才培养模式实践研究[J]. 高等工程教育研究,2017(02):180 - 183.

[42] 王晓晓. 高中信息技术课程项目教学模式的研究[D]. 广州:广州大学,2019.

[43] 仇咪. 项目教学在小学低年级语文教学中的运用研究[D]. 镇江:江苏大学,2020.

[44] 薛雨静. 指向小学生数据分析能力培养的项目化学习设计研究[D]. 济南:山东师范大学,2020.

[45] Grau, V., & Whitebread, D. Self and social regulation of learning during collaborative activities in the classroom: The interplay of individual and group cognition [J]. Learning and Instruction, 2012,22(6),401 - 412.

[46] 周春红,陈向东. 教师协作中的集体效能感:共享调节的视角[J]. 远程教育杂志,2021,39(02):72 - 84.

[47] Hou Y, Chen X. (2019). Exploring School-based Teacher Collaboration in China-From the perspective of Socially Shared Regulation Learning. AERA Online Paper Repository.

[48] 陈向东,韩庆慧,钱祎. 基于共享调节的社会性阅读:概念模型及解释[J]. 现代远程教育研究,2020,32(01):68 - 76.

[49] John M Levine, Socially-shared cognition and consensus in small groups [J]. Current Opinion in Psychology, Volume 23,2017, Pages 52 - 56.

[50] Vauras, M., Iiskala, T., Kajamies, A., Kinnunen, R., & Lehtinen, E. Shared-regulation and motivation of collaborating peers: a case analysis [J]. Psychologia, 2003,46(1),19 - 37.

[51] Kempler, T. M., & Linnenbrink, E. A. Helping behaviors in collaborative groups in math: A descriptive analysis. In S. 2006. A. Karabenick & R. S. Newman (Eds.), Help seeking in academic settings: Goals, groups, and contexts (pp. 89 - 116). New York: Taylor & Francis.

[52] Zheng, L. Analysis of socially shared regulation in CSCL [J]. 2016. In Z. Shi, & S. Yu (Eds.), Perspectives on rethinking and reforming education (pp. 65 - 81). Singapore: Springer.

[53] Hadwin A F, JärveläS, Miller M. Self-regulated, co-regulated, and socially shared regulation of learning [J]. Handbook of Self-regulation of Learning and Performance, 2011,30:65 - 84.

[54] 郑兰琴,李欣. 调节性学习的发展:模型、支持工具及培养策略[J]. 现代远程教育研究,2017(02):60 - 66.

[55] Ucan S, Webb M. Social Regulation of Learning During Collaborative Inquiry Learning in Science: How does it emerge and what are its functions? [J]. International Journal of Science Education, 2015,37(15):2503 - 2532.

[56] Su, Y., Li, Y., Hu, H., & Rosé, C. P. Exploring college English language learners' self and social regulation of learning during wiki-supported collaborative reading activities [J]. International Journal of Computer-Supported Collaborative Learning, 2018,13(1),35 - 60.

［57］白雪. 基于共享调节的信息技术　协作学习活动设计——以上海市 F 中学的《电视节目制作》课程为例［D］. 上海：华东师范大学，2019.

［58］张江翔. 面向社会化调节的 STEAM 课程设计——以上海市 X 中学家居设计及 3D 打印课程为例［D］. 上海：华东师范大学，2019.

［59］黄东丽. 面向共享调节的信息技术项目学习研究［D］. 上海：华东师范大学，2020.

［60］Zheng L. Analysis of Co-regulation Behavioral Patterns by Cluster and Sequential Analysis in CSCL［M］. Springer Singapore, 2017.

［61］Dindar M, Alikhani I, Malmberg J, et al. Examining shared monitoring in collaborative learning: A case of a Recurrence Quantification Analysis Approach［J］. Computers in Human Behavior, 2019.

［62］Linnenbrink-Garciasupb/Sup T K R ＆. L. Socially Shared Regulation in Collaborative Groups: An Analysis of the Interplay Between Quality of Social Regulation and Group Processes［J］. Cognition ＆ Instruction, 2011,29(4):375－415.

［63］王靖，崔鑫. 如何支持与评价协作学习中的共享调节？——基于 2007—2020 年国内外共享调节研究的系统性文献综述［J］. 远程教育杂志，2020，38(06)：86－95.

［64］罗淳. 协作学习中的共享任务理解研究［D］. 上海：华东师范大学，2019.

［65］Dillenbourg P, Jermann P. Designing Integrative Scripts［J］. Computer-Supported Collaborative Learning, 2007,6:275－301.

［66］Bodemer D, Dehler J. Group awareness in CSCL environments［J］. Computers in Human Behavior, 2011,27(3):1043－1045.

［67］Lavoué, É., Molinari, G., Prié, Y., Khezami, S. Reflection-in-Action Markers for Reflection-on-Action in Computer-Supported Collaborative Learning Settings［J］. Computers ＆ Education, 2015,88,129－142.

［68］Engelmann T, Dehler J, Bodemer D, et al. Knowledge awareness in CSCL: A psychological perspective Science Direct［J］. Computers in Human Behavior, 2009,25(4):949－960.

［69］Laat M D, Lally V, Lipponen L, et al. Investigating patterns of interaction in networked learning and computer-supported collaborative learning: A role for Social Network Analysis［J］. International Journal of Computer-Supported Collaborative Learning, 2007, 2(1):87－103.

［70］张蕾. 基于社会网络分析的共享调节学习评价研究.［D］. 上海：华东师范大学，2019.

［71］郑笑晗. 浅谈培养学生的社会责任感［J］. 焦作大学学报，2020，34(04)：111－112＋126.

［72］Barberá, V. (2001). La Responsabilidad: Cómo Educar en la Responsabilidad ［Responsibility. How to Educate in Responsibility］. Madrid: Santillana.

［73］Koestenbaum R. For Roman Ingarden: Nine Essays in Phenomenology［J］. Philosophy ＆ Phenomenological Research. 1961,22(1):113.

［74］Kohlberg, L., Levine, C., and Hewer, A. The current formulation of the theory［J］. 1983:5－103.

［75］Hoffman, M. L. Empathy and Moral Development: Implications for Caring and Justice ［M］. 2000.

［76］Jenkins, D. R. (1994) An eight-step plan for teaching responsibility. The Clearing House.

67(5),269－270.

[77] Ellenburg, F. C. Society and schools must teach responsible behavior. Educational Administration, 106(1),9－11.

[78] Nelson, D. B., Low, G. R., Stottlemyer, B. G., & Martinez, S. (2004). Personal responsibility map (PRM). Appleton, WI: Oakwood Solutions, LLC.

[79] A Rodrigo-González, Caballer-Tarazona M. A model to assess students' social responsibility behavior within a classroom experiment [J]. International Review of Economics Education, 2015,18:62－82.

[80] 曲佳玮. 小学生责任担当素养发展现状与对策研究[D]. 曲阜:曲阜师范大学,2020.

[81] 叶文清. 基于核心素养的中小学社会责任教育思考[J]. 教育观察,2020,9(39):81－83.

[82] 徐冠兴,魏锐,刘坚,李静懿,康翠萍,马利红,甘秋玲,刘妍. 合作素养:21 世纪核心素养 5C 模型之五[J]. 华东师范大学学报:教育科学版,2020,38(02):83－96.

[83] 贾绪计,王庆瑾,李雅倩,王一涵,林崇德. 健康素养的内涵与评价[J]. 北京师范大学学报 (社会科学版),2019(02):66－72.

[84] 邓燕琳. 高中生"责任担当"素养评价标准的构建研究[D]. 太原:山西师范大学,2018.

[85] 严莹. 初中生社会责任素养的现状及学校教育策略[D]. 长沙:湖南大学.

[86] 朱磊. 当代大学生社会责任状况调查研究与思考[J]. 湖北社会科学,2016(06):172－178.

[87] 李晓林,苗丹. 社会责任感评价方法探析[J]. 山西高等学校社会科学学报,2016,28(02):20－22.

[88] 黄徐丰. "社会责任"核心素养评估研究——基于 SOLO 分类评价理论和哥特曼量表法 [J]. 中学生物学,2020,36(06):45－47.

[89] 孙佳晶,冯锐. 表现性评价在学生信息社会责任中的应用研究[J]. 艺术科技,2020,33 (17):4.

[90] 黄雅芩. 用科学的评价促进学生社会责任感培养[J]. 中小学德育,2017(04):58－61.

[91] Malinauskas, R. K., & Juodsnukis, D. R. Education of social responsibility among sports schools students. European Journal of Contemporary Education, 2017,6(2),289－296.

[92] 魏海苓. 当代大学生社会责任感特征及影响因素分析——基于广东高校的实证调查[J]. 现代大学教育,2014(01):80－86＋113.

[93] 翁汉标. 班级评价模式下小学生社会责任感培养实践探究[J]. 教育观察(下半月),2017,6 (06):30－35.

[94] 邓莎. 基于小学生责任感培养评价的研究[J]. 教师,2020(01):23－24.